Colección **Nuevos enfoques en educación**

Dirigida por **Carina V. Kaplan**

Los libros que componen la colección pretenden convertirse en textos que superen los modos habituales de describir e interpretar las prácticas sociales y educativas a fin de movilizar a los lectores a pensar el mundo educativo de un modo riguroso a la vez que creativo y heterodoxo. Toda praxis crítica representa un estado tan provisorio y local como prometedor. La criticidad convoca alternativas.

Vivimos tiempos de grandes transformaciones sociales, políticas y culturales en las cuales, particularmente en América Latina, la educación es planteada en nuestras democracias como un derecho humano, como un bien público y popular para una sociedad más justa.

La educación es un proceso en movimiento cuyo horizonte es aquella utopía de construir sociedades que garanticen la igualdad de posibilidades y el ejercicio de la ciudadanía dignificante.

Teniendo la certeza de que el conocimiento comunicado por escrito es potencialmente un ingrediente poderoso para la transformación de las estructuras sociales y las subjetividades, los trabajos aquí incluidos se ponen a disposición como un conjunto de herramientas para la reflexión y la apertura de nuevos interrogantes.

La escritura bella invita al placer de leer. Pensar junto a otros en el transcurrir de nuestras lecturas compartidas nos permitirá saber que no estamos solos en este enorme compromiso de la trasmisión generacional y la construcción del lazo social e identitario a través de la educación y la escuela.

© 2018, Miño y Dávila srl / Miño y Dávila editores sl

Código de catalogación IBIC: JNC [Psicología de la educación]
JMQ [Psicología: emociones]
YXC [Cuestiones personales y sociales:
acoso escolar, violencia y abuso (infantil/juvenil)]

Edición: Primera. Septiembre de 2018

ISBN: 978-84-17133-45-0

Lugar de edición: Buenos Aires, Argentina

Diseño: Gerardo Miño
Composición: Eduardo Rosende

MIÑO y DÁVILA
♦ E D I T O R E S ♦

Dirección postal: Tacuarí 540
(C1071AAL) Buenos Aires, Argentina
Tel: (54 011) 4331-1565

e-mail producción: produccion@minoydavila.com
e-mail administración: info@minoydavila.com
web: www.minoydavila.com
facebook: http://www.facebook.com/MinoyDavila

Carina V. Kaplan
—editora—

Emociones, sentimientos y afectos
Las marcas subjetivas de la educación

Alfredo Furlán (México)

Nilda Alves (Brasil)

Hilda Mar Rodríguez Gómez (Colombia)

Miriam Carlota Ordóñez Ordóñez (Ecuador)

Luis Porta (Argentina)

María Mercedes Ruiz Muñoz (México)

Miguel Alberto González González (Colombia)

Claudia Carrasco Aguilar (Chile)

Gisela Untoiglich (Argentina)

Daniel Korinfeld (Argentina)

Jorge Eduardo Catelli (Argentina)

Nidia Eli Ochoa Reyes (México)

Alessandra Nunes Caldas (Brasil)

Antonio Luzón Trujillo (España)

Verónica Silva (Argentina)

Janeth Catalina Mora Oleas (Ecuador)

Marcia Sandoval Esparza (México)

Francisco Ramallo (Argentina)

Natalia C. Cerullo (Argentina)

Carina V. Kaplan (Argentina)

MIÑO y DÁVILA
◆ E D I T O R E S ◆

Índice

9   Introducción. ¿Hacia una revolución simbólica de la afectividad
       en el ámbito educativo?
       por Carina V. Kaplan

13   **PRIMERA PARTE**
       Apuntes conceptuales para cimentar una pedagogía
       de las emociones

15   Educar las emociones como un problema ético
       por Alfredo Furlán y Nidia Eli Ochoa Reyes

27   Pedagogía con las emociones y los sentimientos
       por Nilda Alves y Alessandra Nunes Caldas

43   Afectos y (d)efectos en educación
       por Hilda Mar Rodríguez Gómez

59   Una narrativa de las emociones para un momento de emergencia.
       Genealogías posibles en la pedagogía
       por Luis Porta y Francisco Ramallo

77   Las vergüenzas de incluir-excluir en la educación, preguntas en
       Diverser y diversar
       por Miguel Alberto González González

109   Emoción y cognición: "Alfarerías" en la educación. Reflexiones psicoanalíticas sobre la construcción posible de conocimientos y subjetividad en educación
por Jorge Eduardo Catelli

129   Fernand Deligny: 136 cometas lanzados al cielo. Sobre prácticas, afectos y emociones en la tarea de educar
por Daniel Korinfeld

147   **SEGUNDA PARTE**
Apuntes de investigación para comprender la emotividad en los procesos educativos

149   El daño emocional del acoso escolar. Habilidades psicosociales y afectividad
por Miriam Carlota Ordóñez Ordóñez y Janeth Catalina Mora Oleas

171   Las huellas emocionales del acoso escolar
por Gisela Untoiglich

185   Afectividad en una escuela municipal chilena. Polifonía de un relato real
por Claudia Carrasco Aguilar y Antonio Luzón Trujillo

203   Trayectorias sociales y escolares de los estudiantes indígenas en Oaxaca, México
por María Mercedes Ruiz Muñoz y Marcia Sandoval Esparza

221   Respeto y menosprecio. Dos sentimientos estructurantes de la autoestima educativa
por Carina V. Kaplan y Verónica Silva

241   Juventudes y estructura emotiva. Reflexiones preliminares sobre el suicidio como dolor social
por Carina V. Kaplan y Natalia C. Cerullo

251   Sobre las autoras y autores

Introducción

¿Hacia una revolución simbólica de la afectividad en el ámbito educativo?

Carina V. Kaplan

La geografía y la botánica de las emociones son vías de recuperación de la memoria histórica y de las biografías subjetivas. Los lenguajes son una de las principales avenidas que unen la naturaleza y la sociedad o la cultura (Elias, 1994). El lenguaje de las emociones nos posibilita lo humano en nuestras relaciones con otros.

Para pensar la vida afectiva, es preciso considerar que los procesos de construcción y transformación psicológica y social sólo pueden ser entendidos en conexión; ligando las transformaciones de largo alcance de la estructura social y la estructura emotiva. Constituir lazos, tejer y forjar tramas junto a otros, es lo que dota de sentido a nuestro existir.

El estudio de las experiencias sentimentales y sensibles involucradas en los procesos de escolarización y de aquellos que se sitúan más allá de la escuela posibilita reafirmar su importancia para la construcción de marcas subjetivas.

Este libro representa, entonces, una apuesta explícita por reivindicar la amorosidad para la comprensión y profundización de los vínculos intersubjetivos y generacionales que se fabrican en la trama educativa. Reúne una serie escogida de trabajos originales de referentes internacionales que, desde enfoques multidisciplinarios, posibilitan visibilizar, mediante aproximaciones epistemológicas, teóricas y empíricas, que la emotividad es constitutiva de la génesis y de la organización subjetiva que caracteriza a los procesos y a las prácticas pedagógicas.

Los seres humanos, por medio de lenguajes, podemos comunicarnos y transmitir conocimientos y sentimientos de una generación a otra. Somos humanos porque tenemos esa inconmensurable capacidad de simbolizar y de aprender. El lenguaje, los pensamientos y las emociones nos organizan como individuos en sociedad en la convivencia. Las formas social e individual de existencia de los seres humanos están íntimamente entrelazadas. Desde una perspectiva de larga duración, se puede sostener que las experiencias subjetivas afectivas son interdependientes de la estructura social. Lo cual nos permite proponer un enfoque socio-psíquico e histórico-cultural de las emociones que las inscribe en el contexto de las dinámicas y transformaciones materiales y simbólicas de una determinada sociedad.

Si las estructuras emocionales y las estructuras sociales son las dos caras de una misma moneda, ello significa sostenerse en una perspectiva donde ni las emociones pueden ser comprendidas sin tener en cuenta la dimensión estructural de lo social, ni esta última puede ser interpretada si no se pone en juego la producción de la vida afectiva de los sujetos. Las emociones están condicionadas por las situaciones sociales y, por lo tanto, no es posible comprenderlas si no atendemos la mirada relacional de los seres humanos. La realidad sentimental o afectiva representa una dimensión central para comprender los procesos sociales ya que permite, en gran parte, dar cuenta de porqué los sujetos se comportan de una cierta manera en las configuraciones escolares. Las configuraciones son formadas por grupos interdependientes de personas: los seres humanos están orientados unos con otros y unidos unos con otros de las más diversas maneras; ellos constituyen "telas de interdependencia" (Elias, 1970: 15) o configuraciones de muchos tipos, tales como familias, escuelas, ciudades, estratos sociales o estados.

Vivimos bajo cadenas de generaciones de exclusión material y simbólica, por lo cual, a los fines de comprender las prácticas educativas, es preciso abordar sistemáticamente los vínculos de interdependencia y las emociones como dimensiones centrales en la producción y reproducción de la vida social. De allí que adquiere relevancia la pregunta por las marcas subjetivas y las experiencias afectivas y vinculares que se construyen en la vida escolar. La escuela deja huellas. Y de allí su valor simbólico sobre la conformación de nuestra organización afectiva.

En la producción de relaciones humanas de nuestro tiempo prevalecen temores y miedos ligados a los sentimientos de humillación, vergüenza y exclusión, en donde la valía social se fabrica sobre frágiles cimientos. Se torna necesario, por tanto, un análisis profundo sobre la construcción social de las emociones. Siguiendo de cerca a Illouz, afirmamos que "sin duda la emoción es un elemento psicológico, pero es en mayor medida un elemento cultural y social" (2007: 16). Necesitamos seguir explorando la realidad afectiva en las que se refleja la vulnerabilidad del yo bajo las condiciones de la modernidad, vulnerabilidad que es institucional y emocional.

Las desigualdades de género, étnicas y de clase constituyen uno de los mayores obstáculos en las expresiones de respeto mutuo (Sennett, 2003). Estas lógicas tensionan y corroen la construcción de lazo social, y favorecen el temor a quedar excluido. La amenaza ante la sola posibilidad de existir excluido opera como un mecanismo eficaz para la reproducción y producción de los (auto) límites simbólicos (Kaplan, 2013). Las relaciones escolares de interdependencia en contextos de exclusión producen experiencias emocionales asociadas a signos de estigmatización y distinción propios del ámbito escolar. Las emociones tales como el miedo, la vergüenza y la humillación se vinculan a ciertas prácticas de violencia y modos de conflictividad que tienden a replicar y/o resignificar la dinámica social del poder.

Este libro transita por senderos académicos asumiendo el desafío de abrir interrogantes y áreas de vacancia en el campo de la investigación educativa. Y en sus trazos emociona, ya que la mirada está puesta en el sujeto y en la comprensión del dolor social.

Referencias bibliográficas

ELIAS, N. (1994) *Teoría del símbolo. Un ensayo de antropología cultural.* Barcelona: Península.

ILLOUZ, E. (2014) *Por qué duele el amor. Una explicación sociológica.* Buenos Aires: Katz.

ILLOUZ, E. (2007) *Intimidades congeladas. Las emociones en el capitalismo.* Buenos Aires: Katz.

KAPLAN, C. (2013) (dir.) *Culturas estudiantiles. Sociología de los vínculos en la escuela.* Buenos Aires: Miño y Dávila editores.

SENNETT, R. (2003). *El respeto. Sobre la dignidad del hombre en un mundo de desigualdad.* Barcelona: Anagrama.

PRIMERA PARTE

Apuntes conceptuales para cimentar una pedagogía de las emociones

Educar las emociones como un problema ético

Alfredo Furlán
Nidia Eli Ochoa Reyes

— I —

Desde que Goleman publicó su libro sobre la inteligencia emocional, vivimos un auge en la producción de textos sobre el tema. La inmensa mayoría de ellos reiteran monótonamente la misma partitura.

Primer movimiento. La escuela ha sido reacia al problema emocional cerrándose en torno a su función instruccional de transmisión de contenidos curriculares.

Segundo movimiento. Esto se debe a la falta de formación de los docentes, que no comprenden la importancia de lo afectivo que tiñe todo el comportamiento de los sujetos. Para la mayoría de ellos basta que estén quietos y atentos para que las lecciones pasen.

Tercer movimiento. Si se tuviera una formación adecuada se ahorrarían muchos problemas de convivencia, disciplina, y se reduciría la proporción del fracaso escolar, pues no se estigmatizaría ni se rechazaría a los alumnos que no responden a las expectativas de la institución.

Cuarto movimiento. La inclusión del aprendizaje social y emocional (SEL por sus siglas en inglés: *Social and Emocional Learning*) trae consigo una serie de beneficios sustanciales:

> Ayudar al alumno a centrar su mente, a marcarse metas y orientar su trabajo sobre las mismas; crear y fortalecer los lazos entre maestro y alumno; hacer al maestro conocedor de aquellas necesidades del alumno que van más allá de lo puramente académico; reducir la tensión emocional, el

estrés y la ansiedad; promover una actitud positiva ante el aprendizaje y la adquisición de nuevo conocimiento, predisposición que puede traducirse en un mayor rendimiento académico; beneficiar una actitud más positiva tanto hacia uno mismo como hacia los demás; fomentar el trabajo en equipo; [prevenir] el bullying; enseñar a manejar la frustración y demás emociones negativas, a aceptar que hay cosas que no se pueden cambiar. (Álvarez, 2018)

Quinto movimiento. La formación necesaria para que el aprendizaje social y emocional sea efectivo requiere fomentar una serie de competencias.

Según CASEL (Collaborative for Academic, Social and Emotional Learning), el aprendizaje social y emocional comprende cinco competencias afectivas y cognitivas del comportamiento:

Self-awareness o autoconocimiento. Habilidad para identificar las propias emociones y conectarlas con nuestras acciones y comportamientos. Tener autoconocimiento implica ser consciente del impacto que nuestras palabras y emociones tienen no solo en nosotros mismos, sino en los demás, así como conocer nuestras fortalezas y debilidades y aprender a aceptarlas.

Self-management o autorregulación. Capacidad para regular nuestras emociones, pensamientos y acciones; autocontrol.

Social awareness o conciencia social. Poseer conciencia social es ser empático, aceptar y abrazar la diversidad, mostrar interés por comprender a los demás y voluntad para acercarse a otros y ayudarlos si lo necesitan. Así mismo, *social awereness* implica aprender tanto a escuchar como a pedir ayuda.

Relationship skills o habilidades de relación social. Habilidad para trabajar en equipo, establecer y mantener relaciones positivas y saludables y manejar y resolver conflictos.

Responsable decision-making o toma responsable de decisiones. Capacidad para evaluar las posibles consecuencias de nuestras acciones o comportamientos, además de la toma de decisiones basadas en valores y estándares éticos. (Álvarez, 2018)

Sexto movimiento. Hay una diversidad de cursos que los maestros pueden tomar por una módica cantidad de pesos. ¿Quién no desea fortalecer su capacidad de relacionarse con los demás positivamente y gozar de los sorprendentes beneficios adjuntos?

Recientemente puestos sobre una larga lista de escritos, conferencias, y cursos, los movimientos anteriores han logrado tal auge que han salido avante impregnando la atmósfera educativa, a tal grado que la educación oficial mexicana se ha visto afectada por su aceptación. A raíz de la reciente publicación del *Modelo educativo para la educación obligatoria. Educar para la libertad y la creatividad*, documento elaborado por la Secretaría de Educación Pública (SEP) de México (2017), una multitud de cuestionamientos ha conformado en este país un ambiente de preocupación respecto a las nuevas tareas destinadas a la escuela y las formas de atenderlas, y es que, entre otros aspectos, la "educación socioemocional" estrena su nombramiento como asignatura. ¿Cuál es el significado y la posibilidad de realizar una "educación socioemocional"?, ¿qué contenidos conformarán su estudio?, ¿qué habilidades se procurarán en los alumnos y cuáles tendrán que desarrollar los docentes? Éstas y un abanico de otras preguntas se dirigen al organismo público, que, para explicar el sentido de la asignatura, recuerda brevemente el viejo problema de la separación entre intelecto y emoción, y con base en él fundamenta su importancia:

> Tradicionalmente, la escuela ha fijado la atención en el desarrollo de las habilidades intelectuales y motrices de las niñas, niños y jóvenes, sin prestar el mismo interés por las emociones. Se pensaba que esta área correspondía más al ámbito familiar que al escolar o que era parte del carácter de cada persona. Sin embargo, cada vez hay más evidencias que señalan el papel central de las emociones en el aprendizaje, así como en la capacidad de los individuos para relacionarse y desenvolverse como seres sanos y productivos. (Secretaría de Educación Pública, 2017: 75)

Más adelante anota:

> [La educación socioemocional] tiene como objetivo que los estudiantes pongan en práctica acciones y actitudes encaminadas a generar un sentido de bienestar, consigo mismos y con los demás, a través de actividades y rutinas asociadas a las actividades escolares de manera que *comprendan y aprendan a manejar de forma satisfactoria los estados emocionales impulsivos o aflictivos*, y logren hacer de la vida emocional y de las relaciones interpersonales un detonante para la motivación, el aprendizaje y el cumplimiento de metas sustantivas y constructivas en la vida. (Secretaría de Educación Pública, 2017: 206; las cursivas son nuestras)

La "autorregulación" o "regulación" de las emociones por parte del alumno también son términos que aparecen con constancia a lo largo del documento. Y si bien es reconocida por la SEP la relevancia de la emoción en relación con el aprendizaje, parece serlo en tanto que la regulación de aquélla permite que éste se dé, y no tanto porque sea parte de él. De cualquier modo, la ambigüedad respecto al significado de la educación emocional, o socioemocional, mostrada por el planteamiento educativo, aunado al retorno del problema de la separación entre emoción e intelecto, son sólo síntomas de la dificultad histórica que ha tenido explicar que el asunto de la emoción, y que se acrecienta con la adscripción casi fiel a los recientes discursos del aprendizaje emocional. Pero ser instituida como futura asignatura escolar manifiesta la urgencia de explorarla y comprenderla, y es un intento de ambas acciones lo que proponemos a continuación.

— II —

Son bastas las disciplinas y las teorías que abordan el problema de la naturaleza de las emociones; cada una enfatiza diversos rasgos de las mismas y resulta complicado relacionarlas sin romper el sistema de una o de otra. De acuerdo con el *Diccionario Iberoamericano de Filosofía de la Educación*, existen dos grandes corrientes:

> [...] las teorías que destacan lo que sentimos, los cambios fisiológicos asociados y las conductas estereotipadas a las que dan lugar, y las llamadas teorías cognitivas, que subrayan los aspectos cognitivos y evaluativos y el papel de las emociones como razones para actuar. Las teorías cognitivas pretenden explicar la conducta humana, la relación entre emociones y moralidad, y la educación de las emociones.
>
> Frente a las teorías cognitivas que dominaron la filosofía en la segunda mitad del siglo XX han surgido nuevas teorías, influidas por Darwin, James, por la biología evolutiva y la neurociencia. Sostienen que las emociones son, ante todo, fenómenos corporales y neurofisiológicos que no necesariamente involucran cogniciones.
>
> Ekman, famoso por sus experimentos acerca de las expresiones faciales de las emociones, toma estas expresiones emocionales como parte importante de los "programas afectivos", que son respuestas complejas que se encuentran en toda la población humana, controladas por mecanismos que operan a un nivel no consciente. Un programa afectivo es un programa neurológico que se ejecuta automáticamente desencadenado por ciertos inputs (por ejemplo, el miedo responde a la amenaza, la ira a la ofensa, la tristeza a la pérdida...). Griffiths afirma que las emociones básicas son programas afectivos que son modulares en el sentido de que son rápidos, están asociados con circuitos neuronales específicos, a menudo operan de una manera obligatoria y están informacionalmente encapsulados. (Hansberg, 2016)

Además de dicha diferenciación, de acuerdo con la entrada del mismo diccionario existen emociones primarias –espontáneas, que pueden reconocerse universalmente– y otras que dependen del intercambio social y de las características personales.

Por su parte, Comte-Sponville (2005: 183) define la emoción como un afecto momentáneo que desemboca en pasiones ("una sucesión de emociones vivas y ligadas a un mismo objeto") o en sentimientos (proporciona una estructura, es el "estado de pasión superado") lo cual agrega elementos que agrandan la dificultad de delimitar el concepto de emoción.

Le Breton, en un intento bastante interesante, explica la pugna existente entre las miradas naturalista y sociocultural de las emociones y describe la mutabilidad de aquellas que se consideran innatas o propias de un proceso evolutivo de la especie humana. Así, sostiene que

> [...] la emoción no es una sustancia, una entidad descriptible, un estado coagulado e inmutable que puede encontrarse en la misma forma y las mismas circunstancias en la unidad de la especie humana, sino una tonalidad afectiva que se extiende como una mancha de aceite sobre el conjunto del comportamiento y no deja de modificarse en todo momento, cada vez que la relación con el mundo se transforma y los interlocutores cambian. La emoción no es un objeto poseído o que posee, en el sentido del trance de posesión, a un individuo tributario de las particularidades de la especie. En la experiencia afectiva corriente, la emoción o el sentimiento no son jamás de un solo color; a menudo están mezclados y, marcados por la ambivalencia, oscilan de una tonalidad a otra. (Le Breton, 1998: 190)

Le Bretón insiste en el carácter social de la construcción de las emociones y, mediante la ejemplificación de la tarea del actor de teatro que puede exponer a voluntad, en el escenario, las emociones que conciernen a su personaje, y transmitirlas y hacerlas creíbles a un público expectante, da cuenta de su "artificialidad". El actor, afirma, es "un maestro de la duplicidad". "Trabaja como un artesano sobre su cuerpo para rechazar su afectividad de persona y da oportunidad a su personaje". Y dicha "... transmutación sólo es posible porque las pasiones no son erigidas en naturaleza, pero son el producto de una construcción social y cultural, y se expresan en un conjunto de signos que el hombre siempre tiene la posibilidad de desplegar, incluso si no las siente" (Le Breton, 2012). Esta analogía y algunos otros ejemplos etnográficos obtenidos de estudios reales sobre formas de vida de distintas comunidades son presentadas por el autor como muestras de que la emoción es una manifestación individual inserta en un marco social, simbólico, móvil y diferente en cada caso.

El guiño a la posibilidad de injerencia educativa sobre las emociones, que tradicionalmente han sido contempladas como inamovibles y tan sólo obstáculo y objeto de regulación mediante la razón, adquiere en Le Bretón un carácter más complejo y completo al mismo tiempo cuando el autor parece sugerir una síntesis de lo que antes eran polos opuestos. Si ya se ha evidenciado que la emoción se construye, se copia, se aprende, ahora toca el turno de exponer por qué esto es así.

"La emoción es a la vez interpretación, expresión, significación, relación, regulación de un intercambio". Un intercambio que sucede entre el individuo y el medio natural y social en el que vive. Una interpretación del medio sugerida también por el medio mismo. Un pensamiento del medio.

El significado conferido al evento establece la emoción experimentada. Esto es lo que las propuestas naturalistas no alcanzan a comprender. En el pánico que se apodera de una multitud, en el odio racial o en las manifestaciones de ira, ya sean individuales o colectivas, no existe el triunfo de la "irracionalidad" o de la "naturaleza", sino la puesta en marcha de un razonamiento, de una lógica mental, de un ambiente social. Las emociones resultan de procesos cognitivos tan complejos como la religión, el arte o la ciencia. (Le Breton, 2012)

"Un hombre que piensa es un hombre afectado", y cualquier proceso de pensamiento lleva consigo una emoción a la vez que en cualquier emoción hay un proceso cognitivo de por medio (Le Breton, 2012). El proceso de pensamiento, por su parte, se constituye por motivos, deseos, juicios, intereses, conocimientos. Si seguimos el supuesto de la estrecha relación entre pensamiento y emoción, también tendríamos que hablar de una estrecha relación entre la emoción y los demás elementos que constituyen el pensamiento.

No obstante, el sentimiento de la angustia, estudiado por Heidegger, por ejemplo, pondría de cara a la relación emoción-pensamiento la "intuición de la nada", que queda fuera de toda razón y de toda experiencia. Los estudios sobre los impulsos y manifestaciones vitales del cuerpo y de la conducta también nos recuerdan que el problema no resulta fácil de resolver. No es clara la ubicación de la línea divisoria entre la emoción y todo aquello que no lo es, y tampoco es nuestra intención identificarla en este texto. En su lugar, hemos preferido, junto a Le Breton, situarnos y enfatizar el carácter relacional entre la emoción y el pensamiento.

— III —

Los personajes de *La educación sentimental* de Flaubert evocan la escenificación de los actores de teatro que describe Le Bretón en su *Antropología de las emociones,* puesto que representan el rol que les ha sido solicitado, en este caso, por los cambios políticos y sociales sucedidos durante la segunda mitad del siglo XIX.

A cada nuevo régimen [político] le corresponden un léxico y una nueva forma de fraseo políticos que se traducen, en el terreno de los sentimientos, por un nuevo efecto de moda: una forma todavía inusitada de afectación, una manera original de contentarse con bellas palabras, una nueva generación de estereotipos lingüísticos. [... El] discurso de la política, cuya historia cambia como se cambia de ropa, se insinúa en lo más profundo de los individuos hasta hacer las veces de subjetividad. *Creemos ser sujetos dotados de interioridad y de sensibilidad porque adaptamos el comportamiento al sentimiento, pero sentimos como hablamos, y hablamos únicamente con palabras prestadas.* (De Biasi, 2016: 23; las cursivas son nuestras)

"Sigo la moda. Me reformo" (Flaubert, 2016: 375) es la respuesta que Frédéric Moreau da a su sorprendida y satisfecha amante cuando éste, en repentino e insólito giro de conducta, la toma por la cintura ya sin miramientos. "[E]l relato [de Flaubert] permitirá adivinar que no se trata sólo de formas de hablar, sino también de maneras de ser" (De Biasi, "Introducción" a *La Educación sentimental*: 23). El cambio en el lenguaje, la conducta y los sentimientos llevan consigo una transformación respecto al modo de percibir, comprender y estar en el mundo. La educación sentimental que muestra el escritor francés, y que bien puede ofrecer mayor claridad sobre el tema que aquí se trata, implica aprender *modos de ser*, y corrobora también que éstos tienen la posibilidad de modificarse en relación con las alteraciones del medio social y natural.

Ahora bien, el campo de estudio al que propiamente pertenece el problema de los modos de ser es la ética. *Ethos*, de acuerdo con Juliana González, posee distintas acepciones:

Significa primeramente "carácter", no en el sentido de expresión emocional psicológica, "sino del carácter propio" de algo, sus características peculiares, su sello o marca distintiva. *Ethos* es así "modo de ser", forma de existir, y señaladamente manera de "estar" en el mundo [...] Remite a la *actitud* fundamental que el hombre tiene ante sí mismo y ante lo que no es sí mismo. Por otra parte, en su significado más arcaico [...] refiere a "guarida", refugio o morada; acepción que se conserva en el sentido de interioridad, de ámbito interno de sí mismo en el que el hombre suele encontrar su fuerza propia, su fortaleza más preciada. Y [...] significa también esa especie de "segunda naturaleza" (la naturaleza *moral* y *cultural*), que el hombre construye por encima de la mera naturaleza dada (natural)... (González, 2002: 7)

La última acepción de *ethos*, la naturaleza moral y cultural, es justamente aquélla que los personajes de Flaubert y los actores de Le Breton construyen y escenifican, y su construcción, su formación, constituye un problema ético. Si son modos de ser, modos de estar en el mundo, y por ello modos de pensar el mundo lo que se edifica con la "segunda naturaleza", entonces, fundidas con el pensamiento, las emociones juegan un papel relevante en dicha labor. En este sentido, el problema de la formación de las emociones es de naturaleza ética.

— IV —

En el parágrafo segundo decíamos que el proceso de pensamiento no dibuja con claridad su línea de separación respecto a las emociones; por el contrario, se encuentran íntimamente comprometidos. Esto significa que todo aquello que conforma al pensamiento, las maneras de entender, valorar, interpretar el medio, están tejidas junto a emociones y no es posible deshilar e identificar los componentes por separado. Un niño que aprende a jugar un deporte nuevo aprende también significados, reglas, estrategias, valores, establece juicios, manifiesta gustos, y en cada caso hay emociones de por medio, que se alternan e incluso se transforman dependiendo del modo personal de relacionar lo viejo con lo nuevo. Algo similar sucede mientras un profesor enseña en clase el proceso de elaboración de las multiplicaciones. La atención del alumno está atravesada por ocurrencias, gustos, experiencias, aprendizajes previos, palabras conocidas, emociones, y sólo podremos suponer el acto que nos devolverá su atención, mas no tendremos el poder de asegurarlo debido a la complejidad que el modo de ser humano conlleva.

Visto así, es claro que desde su institución la escuela ha buscado tomar parte de la formación ética de los alumnos que transitan por ella, es decir, ha intentado incidir en sus modos de ser, comportarse, pensar, interpretar, sentir. A modo de ejemplo, baste mencionar el cuidado actual que se guarda en la preparación y ejecución de los honores a la bandera: el establecimiento de los horarios y la práctica del protocolo intentan asegurar la dignidad que dicho evento conlleva. Profesores y estudiantes saben que cada semana hay un día y hora específicas para la ceremonia. Una vez que el timbre suena, cada alumno reconoce su lugar en la formación de filas alrededor del patio. La escolta ya debe estar en posición. Todos los alumnos visten apropiadamente el uniforme de gala y guardan silencio. En ocasiones, quienes olvidan alguna prenda, interrumpen la disciplina o entonan el himno con la postura o seriedad inadecuadas, son enviados al frente, expuestos ante toda la institución, y es el propio director quien les emite alguna amonestación. Una vez prestado el debido respeto al lábaro patrio, profesores y estudiantes regresan con la misma disciplina a sus aulas y continúan con sus actividades. Más allá de las variaciones del protocolo de acuerdo con las particularidades de la escuela, las emociones que se buscan procurar son las mismas: respeto, orgullo, pertenencia, dignidad, admiración, etcétera.

Las sanciones y los reconocimientos escolares no son fortuitos, ni se aplican sin sentido en la mayoría de los casos; contienen una intencionalidad, que siempre puede ser cuestionable, pero que responde a los fines educativos y al andamio que se crea en torno a ellos. Los contenidos y el modo de enseñar cualquier materia no sólo persiguen el propósito de que un alumno aprenda el conocimiento y las habilidades esperadas, sino que las piense de cierto modo y por ello las juzgue, comprenda y sienta a partir de determinada perspectiva. Y tal práctica tiene tras de sí una larga tradición; Platón, en su *República*, por citar un ejemplo clásico, explicitaba la intención de eliminar algunos textos poéticos porque provocarían actitudes y sentimientos indeseables, que no beneficiarían las aspiraciones educativas del filósofo griego.

A pesar de esto, los discursos sobre inteligencia emocional que mencionábamos al principio de este texto y la propuesta educativa que lanzó la SEP en 2017 denuncian una desatención de las emociones en favor del intelecto y la motricidad. Para reparar tal descuido su apuesta consiste en generar un espacio curricular (asignatura) en el que los alumnos aprendan a conocerse, comprenderse y controlar sus respectivas emociones a fin de cultivar la atención, alcanzar metas positivas, tomar decisiones responsables y sostener relaciones interpersonales armónicas y con sentido de comunidad (Secretaría de Educación Pública, 2017: 75). Autoestima y trabajo en equipo también son vocablos mencionados con constancia.

Hay cierta ingenuidad u olvido al suponer que la escuela no se interesa por nuestras emociones. Todo lo contrario, con mucha lucidez ha reconocido la posibilidad y conveniencia de transformarlas a través de todo el trayecto escolar: no sólo la disciplina y las reglas sino también los contenidos curriculares, el deporte y las artes son piezas clave para su transformación. ¿Qué razón de ser tiene entonces la materia de "educación socioemocional"? Cierto es que los objetivos de la SEP combinan con las aspiraciones "de moda" (recurriendo a la expresión de Flaubert) de nuestro tiempo y parece importante reconocerlos. Pero, la apuesta oficial es más alta: se busca procurarlos. ¿Es factible lograr tales intenciones con la ayuda una sola materia, aun cuando ésta sea específica al tema de estudio? A riesgo de conocer los programas de curso y llevarnos una sorpresa verdaderamente revolucionaria, la respuesta no augura resultados afirmativos. En primer lugar, del mismo modo que el lenguaje no se adquiere ni se transforma con exclusividad en la asignatura de español, el control de las emociones no podría asegurarse por mor de una asignatura dedicada a ellas.

Su naturaleza no lo permite. Por otro lado, es probable que, tal y como sucede en otras asignaturas, la emoción se estudie en tanto información, como un objeto externo interesante, más que como un moldeamiento de la emoción en sí. Por supuesto, habrá modificación de las emociones de los alumnos, pero probablemente no sean las esperadas.

Ahora bien, si una sola materia busca reconstruir y dirigir las emociones de los alumnos, entonces el intento probablemente sea fallido. Sin embargo, si en lugar de lo anterior nuestra intención se dirige a reflexionar nuestras formas de ser y nuestras mutaciones emocionales, las razones por las cuales actuamos de un modo u otro, la manera de sentir y pensar las cosas en la actualidad, la forma en que nos enseñan a pensar y a sentir, la base y el modo de establecer buenas relaciones sociales, etc., entonces quizá haya mayor posibilidad de éxito, pero no mediante el nuevo espacio curricular de "educación socioemocional", sino en la recuperación de la asignatura de Ética, que ya por nombre resulta ser más completa. Si, como hemos visto, la educación emocional es un problema ético y no puede desligarse de valores, interpretaciones, juicios, conductas, etc., ¿qué sentido tiene establecer una nueva división en la que se corre el riesgo de creer que se pueden extraer y formar las emociones sin los elementos antes mencionados?

No es contradictorio el hecho de apostar ahora por otra asignatura pensando que podemos formar éticamente al sujeto. Queda claro que este espacio no basta para garantizar una formación de dicha envergadura, la cual en realidad culmina hasta que la muerte nos asiste. Pero debemos tener claras nuestras posibilidades: la escuela proporciona tiempo libre para poner atención sobre una diversidad de cosas del mundo, puestas en suspensión (Simons y Masschelein, 2017) pero no le es factible controlar con exactitud y a modo de experimento científico las variables que conducen a los estudiantes a pensarlas de cierto modo. Y es difícil decidir si intentar determinarlo debería corresponderle. En ese sentido, no hay forma de controlar el estado emocional de los otros y no hay razón que empate con la libertad del sujeto —libertad que el *Modelo Educativo* postula— para determinar lo que otros sujetos deben sentir. Cuando acudimos a la ética como asignatura se abren dos opciones: o vincular el estudio de las emociones en su carácter de *algo* que se pone para ser estudiado, tal y como lo sostienen Simons y Masschelein —pues, tejidos a otros elementos éticos (aspectos de la misma relevancia que las emociones) no hay razón para que queden separados—, o bien modificar la tradicional estrategia de conocer meramente los conceptos (un problema recurrente en la educación ética actual) y buscar, quizá a través de un cuestionamiento profundo, el sentido de cada elemento. Una variedad de ejemplos, basados en ejercicios de filosofía para niños y jóvenes, pueden ejemplificar lo que aquí se intenta sólo advertir.

Ahora bien, incluso si se lograsen vincular ambas estrategias (dado que el conocimiento de los conceptos pero también su entendimiento son importantes) el carácter de nuestro tiempo nos obliga a tener presente, dentro del pensamiento pedagógico, una cuestión que Hanna Arendt expresa con lucidez:

> La educación es el punto en el que decidimos si amamos lo suficiente al mundo como para asumir una responsabilidad por él y así salvarlo de la ruina que, de no ser por la renovación, de no ser por la llegada de los nuevos y los jóvenes, sería inevitable. También mediante la educación decidimos si amamos a nuestros hijos lo bastante como para no arrojarlos de nuestro mundo y librarlos a sus propios recursos, ni quitarles de las manos la oportunidad de emprender algo nuevo, algo que nosotros no imaginamos, lo bastante como para prepararlos con tiempo para la tarea de renovar un mundo común. (Arendt, 2016: 301)

La formación ética, y con ella la emocional, no intenta enseñar la manera correcta y única de estar en el mundo, de ser y de sentir. Aun habiendo posibilidad de cambio, nuestro trabajo consiste en mostrar alternativas, no en coartarlas. De allí la importancia de que la ética sea una cuestión curricular transversal. Si nuestra nueva preocupación se centra en las emociones, deberíamos ocuparnos de pensar cómo es que lo que enseñamos repercute en el modo de ser de nuestros alumnos, pero, sobre todo, en si les estamos dando, con cada materia, un menú accesible de más posibilidades a fin de que construyan su propio destino, su propio futuro. Para ello, no esperamos que el retorno a la formación ética también implique las antiguas prácticas; en la oportunidad abierta de pensar las emociones y la ética, también es necesario reconsiderar los objetivos y las prácticas de la escuela misma.

Referencias bibliográficas

ÁLVAREZ, D. (2018) "Aprendizaje social y emocional. Qué es y por qué es importante". *az Revista de educación y cultura*. Disponible en: [http://www.educacionyculturaaz.com/educacion/aprendizaje-social-y-emocional-que-es-y-por-que-es-importante] (consultado: 27/07/18).

ARENDT, H. (2016) *Entre el pasado y el futuro. Ocho ejercicios sobre la reflexión política*. Barcelona: Península.

COMTE-SPONVILLE, A. (2005) *Diccionario filosófico*. Barcelona: Paidós.

DE BIASI, M. (2016) "Introducción". En: Flaubert, G., *La educación sentimental*. México: Penguin Clásicos.

FLAUBERT, G. (2016) *La educación sentimental*. México: Penguin Clásicos.

GONZÁLEZ, J. (2002) "Prólogo". En: González, J. y Sagols, L. (coords.) *El ethos del filósofo*. México: Seminario de

Metafísica de la Facultad de Filosofía y Letras de la Universidad Nacional Autónoma de México.

GONZÁLEZ, J. y SAGOLS, L. (coords.) (2002) *El ethos del filósofo*. México: Seminario de Metafísica de la Facultad de Filosofía y Letras de la Universidad Nacional Autónoma de México.

HANSBERG, O. (2016) "Emociones". En: Salmerón, A. *et al.* (coords.) *Diccionario Iberoamericano de Filosofía de la Educación*. México: Fondo de Cultura Económica, FFyL, UNAM. Disponible en: [http://fondodeculturaeconomica.com/dife/definicion.aspx?l=E&id=58] (consultado: 27/07/18)

LE BRETON, D. (1998) *Las pasiones ordinarias. Antropología de las emociones*. Buenos Aires: Ediciones Nueva Visión.

LE BRETON, D. (2012) "Por una antropología de las emociones", *Revista Latinoamericana de Estudios sobre Cuerpos, Emociones y Sociedad*, N° 10, Buenos Aires, año 4, Diciembre 2012-marzo 2013.

SALMERÓN, A. et al. (coords.) (2016) *Diccionario Iberoamericano de Filosofía de la Educación*. México: Fondo de Cultura Económica, FFyL, UNAM. Disponible en: [http://fondodeculturaeconomica.com/dife/definicion.aspx?l=E&id=58] (consultado: 27/07/18).

SECRETARÍA DE EDUCACIÓN PÚBLICA (2017) *Modelo educativo para la educación obligatoria. Educar para la libertad y la creatividad*. México.

SIMONS, M. y MASSCHELEIN, J. (2017) *Defensa de la escuela. Una cuestión pública*. Buenos Aires: Miño y Dávila editores.

Pedagogía con las emociones y los sentimientos

Nilda Alves
Alessandra Nunes Caldas

Los caminos que andamos en las pesquisas que realizamos

Pertenecemos a una corriente de investigación, en Brasil, que se denominó "investigaciones en los/de los/con los cotidianos" (o simplemente "con los cotidianos"[1]) y que se formó hace más de treinta años y hoy cuenta con grupos en varias universidades brasileñas. Teóricamente, comenzamos nuestras investigaciones para pensar los cotidianos con Henri Lefebvre (1992; 1983), seguimos con Michel de Certeau (2012; 1997) y ahora dialogamos, además, con Gilles Deleuze (2010; 2007*a*; 2007*b*; 2005; 2003; 2000; 1991; 1985), incorporando sus obras realizadas junto a Félix Guattari (2014; 1995; 1992). Por la importancia que adquirieron las "conversaciones" a lo largo de las investigaciones, nos encontramos, también, con Humberto Maturana (2002; 2001).

Con la contribución de estos autores, entendimos y articulamos paulatinamente algunas ideas y algunos caminos para mejor conocer los tantos y tan diferentes "*adentroafuera*"[2] de las escuelas: entendemos que los cotidianos son un campo de disputas y negociaciones políticas y de "*prácticateorías*" en procesos curriculares; asumimos que en estas inves-

---

1. Creemos que esta denominación permite entender por qué se incluyó la preposición *con* en el título de este artículo.

2. Con tal forma de escribir éstos y otros términos que aparecen en los textos que escribimos (los términos unidos, en cursiva y con comillas, a menudo en plural) queremos indicar que las dicotomías heredadas de las ciencias de La Modernidad representan, en el presente, límites para los "*conocimientossignificaciones*" que creamos en las investigaciones con los cotidianos.

tigaciones las "conversaciones" son el principal locus de su desarrollo; todos nosotros, a través de relaciones múltiples y complejas, somos parte y nos formamos en redes educativas; que las imágenes y sonidos con los que trabajamos, tejidas y tejidos en innumerables formas de memorias y narrativas, se transforman en "personajes conceptuales" con los que es posible entablar "conversaciones", que nos permiten pensar y producir "*conocimientossignificaciones*"[3] sobre lo que investigamos.

Indicados innumerables veces como "*espaciostiempos*" de inútiles repeticiones, pasamos a entender las permanentes disputas, negociaciones, intercambios y creaciones de los procesos curriculares que estudiábamos. Certeau (1994) nos indica que una inmersión atenta en la vida cotidiana, con disposición para "*veroír*", sentir con todos los sentidos, fuera de la aparente sujeción de las personas a las lógicas y prescripciones del mercado y de las industrias culturales, nos permite percibir que los "*practicantespensantes*" (Oliveira, 2012) de la cultura inventan, en sus operaciones de usuarios de estos productos y tecnologías, otras lógicas y sentidos para aquello que se les ofrece para el consumo, constituyendo redes de "*haceressaberes*", solidaridades e indisciplina que potencian sus vidas. Sobre eso, escribe Certeau:

> [...] productores desconocidos, poetas de sus negocios, inventores de senderos en las selvas de la racionalidad funcionalista, los consumidores producen una cosa que se asemeja a las "líneas de errancia" según Deligny.[4] Trazan "trayectorias indeterminadas", aparentemente desprovistas de sentido porque no son coherentes con el espacio construido, escrito y prefabricado donde se mueven. Son frases imprevisibles en un lugar ordenado por las técnicas organizadoras de sistemas. A pesar de contar con el material de los *vocabularios* de las lenguas recibidas (el vocabulario de la TV, del noticiero, del supermercado o las disposiciones urbanísticas), aunque se inscriban en una *sintaxis* prescrita (modos temporales de los horarios, organizaciones paradigmáticas de los lugares, etc.), estos "senderos" siguen heterogéneos en los sistemas en los que se infiltran y esbozan las astucias de intereses y deseos *diferentes*. (Certeau, 1994: 97)

De esta manera, las repeticiones que dan en los procesos curriculares se deben entender de otra manera. Estudioso de Deleuze, Tomaz Tadeu

---

3. En el desarrollo de nuestras investigaciones entendimos que cada momento en que se producen conocimientos, las significaciones también aparecen para justificar: que estos son mejores o más importantes que aquellos que los precedieron; que tienen una importancia social, política, histórica u otra, etcétera. Por eso, en vez de dicotomizar estos términos, los escribimos de la siguiente forma: "*conocimientossignificaciones*"

4. Pedagogo francés que, en innumerables experiencias pedagógicas por él desarrolladas, registró y pensó lo que vivía, dejándonos un importante e interesante legado "*prácticoteórico*".

nos trae, pues, aclaraciones sobre el modo de pensar la repetición y la diferencia según el filósofo, cuando explica:

> [...] sin diferenciación no hay creación. Pero para que esto que salta lo haga sin la ayuda de una intervención externa, sin un elemento trascendental indeterminado [...], para que haya una diferenciación sin que haya un "diferenciador" externo, es necesario concebir algo que "comande" este proceso, es decir, desde "adentro", de forma inmanente. Esto es precisamente lo que [...] Deleuze denomina "diferencia". [...]. Por otro lado, es necesario que el proceso de diferenciación que está en el centro del proceso de creación se renueve en forma constante, que siempre empiece otra vez. Es necesario que el *proceso* (y no la "cosa" creada, no su resultado, no su producto) se repita incesantemente. Es siempre necesario volver, retornar (Nietzsche), al inicio del proceso, es necesario que la diferencia siga, en forma renovada, su acción productora y productiva. El ciclo de la diferencia debe retomar incesantemente, incansablemente, su trabajo, su movimiento. En otras palabras, es necesario que se repita sin parar, es necesario que se produzca una repetición. Sin el retorno, la repetición de la primavera (considerada como proceso), no es posible una nueva floración (diferenciación), no se acciona aquello (la "diferencia") que permite el surgimiento de la nueva floración. Sin repetición, no hay diferencia. Lo que parece una paradoja es, en realidad, un lío sin solución. Ocurre que la repetición no es, en este caso, la repetición de la misma "cosa", la repetición de lo que ya está hecho, de lo ya formado. La repetición no es, aquí, copia, duplicación, reproducción de lo mismo. No es la muerte, cesación del movimiento. La repetición, en este vínculo sin solución con la diferencia, se encuentra, al revés, en el "origen" mismo de la renovación, del flujo, de la vida. (Tadeu, 2004: 20-21)

Con la relación a las "conversaciones" como locus principal de las investigaciones que desarrollamos, incorporamos lo que Maturana (2002) escribe a continuación:

> [...] como animales lenguajantes, existimos en el lenguaje, pero como seres humanos existimos (nosotros mismos lo llevamos a mano en nuestras distinciones) dentro de la fluencia de estas conversaciones, y todas las actividades ocurren como diferentes tipos de conversaciones. En consecuencia, nuestros diferentes dominios de acciones (dominios cognitivos) como seres humanos (culturas, instituciones, sociedades, clubes, juegos, etcétera) son constituidos por diferentes redes de conversaciones, cada una definida por un criterio particular de validación, explícito o implícito, que define y constituye aquello que le pertenece. (*Ibídem*: 132)

De esta manera, las redes que trataremos como redes educativas luego se podrán entender como "redes de conversaciones".

¿Cómo explicar el surgimiento de estas conversaciones y cómo conocer sus contextos? También con Maturana, nos aproximamos a lo que queremos tratar en este artículo: con las emociones y los sentidos, aprendemos que

> [...] a menudo nos dicen que es necesario controlar nuestras emociones y comportarnos de manera racional, principalmente cuando somos niños o mujeres.[5] Quien así nos habla desea que nos comportemos de acuerdo con alguna norma de su elección. Vivimos en una cultura que opone la emoción a la razón como si se trataran de dimensiones antagónicas del espacio psíquico. Hablamos como si lo emocional fuese lo contrario a lo racional y decimos que lo racional define lo Humano. Al mismo tiempo sabemos que, cuando negamos nuestras emociones, no hay raciocinio capaz de terminar el sufrimiento que generamos en nosotros mismos y en los demás. Finalmente, cuando vivimos una discordia, aun con resabios de bronca, también decimos que debemos resolver nuestras diferencias conversando y, de hecho, si logramos entablar una conversación, las emociones cambian y la discordia se desvanece o se transforma, con o sin pelea de por medio, en una discordancia respetable.
>
> ¿Qué ocurre? Pienso que, además, lo racional nos distingue de otros animales, lo humano se constituye con el surgimiento del lenguaje en el linaje homínido al que pertenecemos, en la conservación de un modo particular de vivir el entrelazamiento de lo emocional y lo racional que aparece expresado en nuestra habilidad de resolver nuestras diferencias emocionales y racionales mediante la conversación. Por eso, para la comprensión de lo humano, tanto en la salud como en el sufrimiento psíquico o somático, considero central entender la participación del lenguaje y de las emociones en lo que, en la vida cotidiana, significamos con la palabra "conversar". (*Ibídem*: 167)

Además, nuestras investigaciones con los cotidianos nos han indicado, en especial cuando prestamos atención a las posibilidades educativas que poseen, que con nuestras acciones formamos redes educativas, en las que nos formamos. Entendidas como de "*prácticasteorías*" (ya que observamos que en éstas se crean, permanentemente, prácticas necesarias y posibles de los cotidianos e íntimamente relacionadas con la creación de formas de pensamiento, que podemos llamar "teorías"), las redes educativas con las que trabajamos se enuncian de la siguiente forma: la de la formación

---

5. Con la influencia de los movimientos que nos ayudan a entender la sociedad en que vivimos e investigamos, agregamos: afrodescendientes, homosexuales, jóvenes, portadores de necesidades especiales, es decir, cualquier variedad que expresa nuestra propia condición de ser humano.

académico-escolar; la de las acciones pedagógicas cotidianas; la de las políticas de gobierno; la de las acciones colectivas de los movimientos sociales; la de la creación y el "uso" de las artes; la de las investigaciones en educación; la de producción y "usos" de los medios; la de las vivencias en las ciudades, en el campo o al borde de las carreteras.

Con características propias, todas éstas se hallan presentes en nuestros tantos cotidianos a pesar de las diferencias en la temporalidad, intensidad, constancia e intencionalidad. Sin embargo, con las relaciones entre éstas efectivamente nos formamos en las diferencias, ya sean acciones prácticas, formas de pensamiento, modo de sentir los acontecimientos[6] que ocurren, en el ámbito de los varios cotidianos vividos, de las tantas redes educativas por las que circulamos y nos relacionamos con tantos otros seres humanos.

Por fin, a través del trabajo con imágenes y sonidos hace bastante tiempo, entendemos que están en nuestros textos como "personajes conceptuales". Mediante el trabajo con imágenes de varios tipos (fotografías, tiras cómicas, artesanías, videos, películas, y varios sonidos, músicas, diferentes sonidos de la naturaleza o creados por la tecnología, narraciones), logramos entender que su presencia en las investigaciones que realizábamos eran necesarias, con el peso que posee la idea de "necesidad".

De esta manera, todo este conjunto comenzó a estar presente en nuestras investigaciones como "personajes conceptuales", tal como lo piensa y según lo trabajado por Deleuze (Deleuze y Guattari, 1992). Para este autor, los "personajes conceptuales" son intercesores del pensamiento, permiten que los cuestionamientos que nos hacen (o que hacemos que nos hagan) lleven a la creación y al avance del pensamiento alrededor de la cuestión con la que trabajamos. Cuando entabla una "conversación" con/estudia a determinado autor, ya sea de literatura, como con Proust (Deleuze, 2003), en artes plásticas como lo hizo con Bacon (Deleuze, 2007*b*), en filosofía como lo hizo con Leibniz (Deleuze, 1991), en historia/filosofía como lo hizo con Foucault (Deleuze, 2005), con el teatro (Deleuze, 2010) o con el cine con tantos de sus autores (Deleuze, 2007*a*; 1985), Deleuze crea posibilidades de cuestionamiento de su propio pen-

---

6. Siempre hemos trabajado con el modo en que Foucault entiende este acontecimiento. Él afirma: "[...] acontecimiento: es necesario que lo entendamos no como una decisión, un tratado, un reino o una batalla, sino como una relación de fuerzas que se invierte, un poder confiscado, un vocabulario retomado y apuntado contra sus usuarios, una dominación que se debilita, se distiende, se envenena a sí misma, y otra que entra, enmascarada. Las fuerzas en juego en la historia no obedecen ni un destino, ni una mecánica, sino efectivamente la intersección de la lucha. Éstas no se manifiestan como las formas sucesivas de una intención primordial; tampoco asumen el aspecto de un resultado. Siempre aparecen en lo aleatorio singular del acontecimiento" (Foucault, 1971: 145-172).

samiento permitiendo que con estas "conversaciones" se cree aquello que llamará "conceptos".[7]

En este mismo sentido, logramos que las imágenes y sonidos con que trabajamos nos interroguen y propongan cuestiones que necesitamos resolver en nuestra investigación.

Cabe recordar que, hace mucho tiempo, al trabajar con imágenes y sonidos, éramos interrogados por colegas de otros grupos de investigación, con insistencia, respecto a lo que éstas y estos significaban en las investigaciones que realizábamos: ¿"representaban" algo en concreto? ¿Eran "ilustraciones" de lo que decíamos en los textos? ¿Para qué servían? Encontramos en Deleuze y Guattari (1992) la comprensión de que eran "personajes conceptuales", o sea, aquellos que "hacemos que hablen y pregunten por nosotros", como Deleuze indica que el personaje "el Idiota" lo hace de Cusa, o mejor, como de Cusa lo hizo con su personaje "el Idiota".

Para estos autores, los "personajes conceptuales" aparecen por necesidad de compartir su pensamiento y hacerlo avanzar, o sea, crear. De esta manera, "ya no son determinaciones empíricas, psicológicas y sociales, mucho menos abstracciones, sino intercesores, cristales o gérmenes de pensamientos" (Deleuze y Guattari, 1992: 85). Para estos autores:

> Lo esencial son los intercesores. La creación son los intercesores. Sin ellos no hay obra. Es posible que sean personas (para un filósofo, artistas o científicos; para un científico, filósofos o artistas) y también cosas, plantas, incluso animales, como en Castañeda. Ficticios o reales, animados o inanimados, es necesario fabricar intercesores propios. Es una serie. Si no formamos una serie, aunque sea totalmente imaginaria, estamos perdidos. Necesito de mis intercesores para exprimirme, ellos a su vez jamás se exprimieron sin mí: siempre el trabajo es de varios, aunque no sea posible ver esto. Y más es así cuando es visible: Félix Guattari y yo somos intercesores uno del otro. (Deleuze y Guattari, 1992: 156)

Empezamos a entender los artefactos culturales con los que trabajamos, entonces, como el "otro" con quien "conversamos" permanentemente, el que nos hace preguntas, que nos obliga a *"hacerpensar"* para permitir que el pensamiento pueda "caminar" y con los que creamos *"conocimientossignificaciones"* con todo lo que vamos acumulando, organizando y articulando al desarrollar las investigaciones con los cotidianos. De esta manera, contamos con un camino importante para recorrer en las investigaciones, el registrar en videos las "conversaciones" que desarrollamos

---

7. Más adelante, Deleuze desarrolla, también con Guattari, este mismo proceso, en trabajo conjunto, al estudiar la obra de Kafka (Deleuze y Guattari, 2014).

con los *"practicantespensantes"*[8] (Oliveira, 2012) de las escuelas sobre imágenes y sonidos de películas, para que, una vez revisadas, creemos *"espaciostiempos"* en el grupo de investigación, con el fin de que nos cuestionen, permitiendo la producción de nuevos *"conocimientossignificaciones"* acerca de las redes educativas y de los cotidianos escolares, en las diversas narrativas de escuelas que surgen durante los encuentros que desarrollamos. Estas narrativas traen, siempre, memorias virtuales (reinventadas) ya que siempre están en movimiento.

De este modo, para nosotros, imágenes, sonidos y narrativas han funcionado como "personajes conceptuales", permitiendo la formulación de pensamientos relacionados con lo que va apareciendo en las "conversaciones" acerca de lo realizado o que se ha visto realizar, en algún momento, en los procesos curriculares, en las escuelas, como lo que aparece como posibilidad de realización futura. En resumen: nos interesa *"veroír"* los procesos diferenciados y complejos y, siempre, caóticos, que en las escuelas aparecen como "realidad" o como "virtualidad", en posibilidades múltiples y complejas, a partir de necesidades sentidas y posibilidades "usadas" (Certeau, 2012). De esta manera, no nos interesa "lo que ocurre en las escuelas" o, en términos de las ciencias "duras", la "verdad sobre las escuelas"; queremos conocer aquello que sus *"practicantespensantes"* piensan que ocurrió o que ocurre o que ocurrirá en las escuelas, en las que se incorporan todas las emociones involucradas que nos narran, en las varias memorias creadas para que nos cuenten sobre las escuelas donde se vinculan.

Por estos tantos procesos, nuestros escritos se volvieron "narrativas" creadas a partir de las relaciones que establecemos con las imágenes y sonidos que piensan (Samain, 2012) y que nos hablan y nos cuestionan y que debemos responder.

Narrativas sobre Antonio

En esta historia quisiéramos pensar los modos en que la red educativa de las *"prácticasteorías"* de la formación académico-escolar se entrelazan con otras redes y, en especial, con la de las *"prácticasteorías"* de creación y "uso" de las artes. Sin embargo, también haciéndolo a través de los encuentros de las *"prácticasteorías"* colectivas de los movimientos sociales,

---

8. Oliveira (2012) usa estos términos, coherente con el pensamiento de Certeau (2012) que los llama "practicantes", pero los ve como a creadores permanentes de *"conocimientosignificaciones"*. De este modo, la autora da un paso adelante, indicando lo que éste dice que sucede: los nombra, entonces, como *"practicantespensantes"*.

además de las *"prácticasteorías"* de vivencias en las ciudades, en campo o a orillas de la carretera.

Antonio es un profesor de Artes, que trabaja en dos colegios diferentes de la red pública del Estado de Rio de Janeiro. En sus clases desarrolla, desde hace bastante tiempo, pequeñas películas con los estudiantes. Militante del movimiento LGBTT, con una disertación escrita sobre las múltiples redes en las que participa[9] (Pinheiro, 2013) plantea, con sensibilidad y responsabilidad, la discusión sobre género en sus clases. Para seguir con esta historia, podrán ver, a continuación, algunas de las películas resultantes de este trabajo:

Alice:
[https://www.youtube.com/watch?v=bUP8RL3femo&feature=youtu.be]

Daniel:
[https://www.youtube.com/watch?v=_K-JC3S04JI&feature=youtu.be]

ViaçãoSofia:
[https://www.youtube.com/watch?v=ZlFXw79VKGU&feature=youtu.be]

Borboletas e lagartos:
[https://www.youtube.com/watch?v=_eNZI5c-Vdg&feature=youtu.be]

O príncipe e o sapo:
[https://www.youtube.com/watch?v=DaKJ4W6vT7k]

Bateu asas e voou:
[https://www.youtube.com/watch?v=-GTem3OLRHQ]

A través de técnicas variadas, con materiales diversos, Antonio pone en movimiento a los grupos para que produzcan en forma creativa, creando artefactos audiovisuales bonitos y estética y éticamente importantes.

Además, éticamente, Antonio invita a los estudiantes para que participen de las películas, que siempre se producen colectivamente. Cualquier estudiante que no quiera participar del trabajo, luego de establecer conversaciones con el profesor, podrá asumir otra responsabilidad. Es necesario saber que son muy pocos los que así actúan, incluso entre aquellos (esto es un tema complicado en las escuelas brasileñas, hoy) que profesan las

---

9. Para leer, acceda: [http://www.proped.pro.br/teses/teses_pdf/2010_1-668-ME.pdf].

nuevas religiones transformadas, las cuales representan una gran fuerza política en nuestro país.

El trabajo siempre se desarrolla con gran participación, tranquilidad y libertad para hablar y moverse. Además, hay una gran preocupación con la imagen de los estudiantes, por parte del docente. Podemos ver que no aparecen con sus propias caras en ninguna de las películas. Portan máscaras, aparecen de la cintura hacia abajo, etc. Sin embargo, por decisión colectiva y de derecho, sus nombres aparecen al final.

Los procesos pedagógicos participativos, los temas movilizadores de los estudiantes jóvenes, la posibilidad de uso de recursos variados y la libertad de desarrollo del itinerario permiten la aparición de "conversaciones" en torno al tema[10] y soluciones técnicas para lo que quieren decir, siempre articuladas con el material existente (es necesario saber que todo el material es adquirido por el profesor, pues la escuela no tiene nada de lo que es necesario por no ser un tradicional "almacén de tizas", como decimos por aquí, y por disponer de una sala de audiovisuales cuyo uso se debe programar con algo de antelación). Con esto, el profesor usa la misma aula designada a las clases con las que trabaja, compra el material en tiendas baratas, transporta cotidianamente su laptop (usada como isla de edición) y su teléfono, responsable de las grabaciones.

En una experiencia como ésta, podemos afirmar que los sentidos, sensibilidades, "*conocimientossignificaciones*" están presentes en todo momento. Por parte del docente, desde escuchar, al momento de la propuesta de trabajo, las risas que acompañan nuestra sociedad prejuiciosa que nos forma a todos, hasta escuchar y entender que un estudiante no puede participar porque es hijo del pastor de una de esas iglesias que crecen día a día, o elegir el momento más apropiado para intervenir en la creación de los estudiantes en éste o en aquel momento de difícil solución... Por parte de los estudiantes: entender que ésta es una técnica importante que nos llama a todos y todas; conseguir trabajar con colegas que muchas veces piensan diferente entre sí; conseguir crear con libertad cuando están habituados, con frecuencia, a repetir lo que memorizan; usar material que nunca antes usaron...

No es posible organizar esto, semestre tras semestre, sin entender, profundamente, que las repeticiones crean las diferencias y que éstas tan solo se podrán comprender efectivamente con la repetición de actos que nos sensibilizan a todos frente a los cambios y nos permiten vencer odios y prejuicios existentes, porque creamos para vencerlos como tales.

---

10. Hubo un año que, por cuestiones creadas por dirigentes de las escuelas, Antonio trabajó con la cuestión de la discriminación racial en el país.

Narrativas sobre la "profesora-bomba"

Estas narrativas que haremos ahora permitirán entender modos sensibles, en este caso, con un predominio de la ironía, sobre cómo en los movimientos sociales sus "*participantespensantes*" actúan y crean. A esta red de las "*prácticasteorías*" colectivas de los movimientos sociales podremos articular las redes de las "*prácticasteorías*" de vivencias en las ciudades, en el campo o al borde de la carretera, además de las "*prácticasteorías*" de la formación académico-escolar y, también, la de las "*prácticasteorías*" de producción y "usos" de medios.

Dentro del intenso movimiento que condujo al "*impeachment*" de la Presidenta DilmaRoussef, se inició otro movimiento, el del fuerte ataque a las escuelas públicas. En algunas observaciones hechas de las imágenes vehiculadas por diversos medios (televisión, diarios, también Facebook), el movimiento fue creado u organizado por un profesor cualquiera (cuyo nombre no recordamos más, ni es necesario hacerlo) que se decía cansado con el "marxismo de Paulo Freire" existente en las escuelas y que quería libertad para actuar. Incluimos dos fotografías que muestran este movimiento[11]:

Imagen 1: El profesor no es un educador/escuela sin partido ya

Fuente: Facebook.

---

11. Aunque aquí se reproducen en escalas de grises, en su forma original estas fotografías permiten apreciar a través de sus colores que todos los carteles de la misma manifestación se hicieron en un solo lugar: siempre verde claro y con el mismo tipo de letras.

Imagen 2: Basta de adoctrinamiento marxista/Basta de Paulo Freire

Fuente: fotografía tomada y cedida por el profesor.

Este movimiento se articuló exactamente con el nombre "escuela sin partido", presente en la primera movilización callejera y pretende, en la actualidad, en la Cámara Federal de Diputados, transformarse en ley, para controlar lo que dicen y hacen los docentes en las clases.

En aquel momento, diversos movimientos se aglutinaban, con el fin de contener el golpe legislativo judicial que se implantaba. Casi todos los días iban a las calles de las principales ciudades del país. En una de estas manifestaciones de lucha contra el golpe,[12] una profesora aparece con un traje de "profesora bomba". Observemos las fotografías que permitió que le tomen y fueron publicadas en Facebook por otro participante de la misma manifestación:

_____

12. Es necesario recordar que, en diferentes días, también salían a las calles los movimientos que luchaban por el "*impeachment*" y que también contaban con miles de personas.

Imagen 3 y 4: Profesora bomba

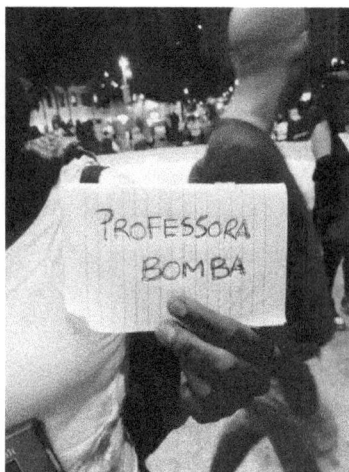

Con el rostro cubierto con un velo negro, en referencia a una terrorista, la profesora intenta dejar en claro, mediante el pequeño papel que tiene en su mano izquierda, que es una "peligrosa profesora bomba". Esto se ve reforzado por el bolígrafo que lleva atado a su ropa por una cuerdita. En las fotos a continuación, vemos por qué es "peligrosa": en la cintura lleva, en una red, tres libros: uno de Paulo Freire, otro de Foucault y el tercero de Milton Santos, geógrafo progresista brasileño. Veamos las fotografías:

Imagen 5: Libro de Paulo Freire

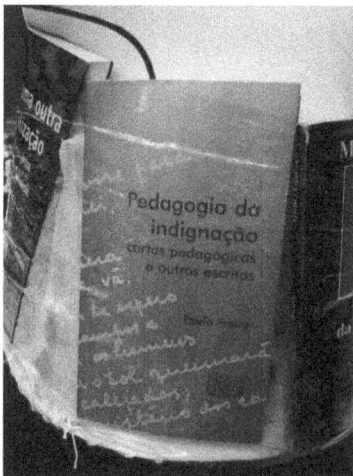

Imagen 6: Libro de Michel Foucault

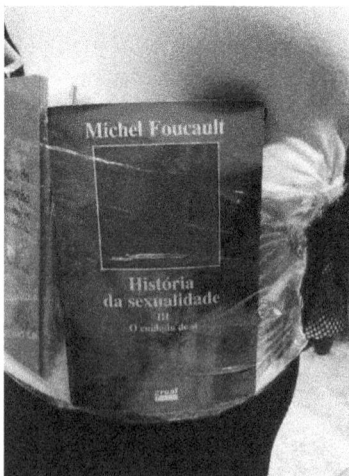

Imagen 7: Libro de Milton Santos

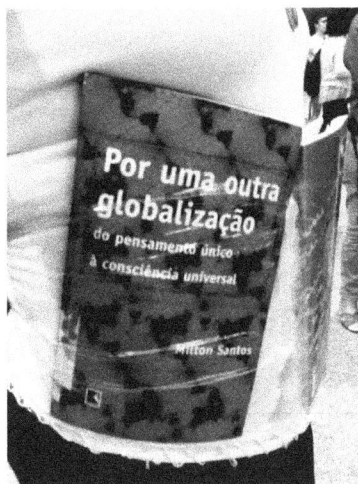

Esta elección de libros realizada por el docente nos permite entender que:

1. ella miraba y comentaba, con contrariedad, lo que los medios hegemónicos decían respecto a la necesidad de tal "escuela sin partido";
2. habiendo pasado por la universidad, fue lectora y estudió a todos estos escritores "peligrosos" por las ideas que nos trajeron.

Sin duda alguna, uno de los sentimientos que frecuenta los movimientos sociales y nos forman es la posibilidad de ironía que fue tan bien usada por esta profesora, que nos dijo lo que pensaba a través de su disfraz: "Además de Paulo Freire, hay otros: ¿qué harán con ellos?".

Narrativas de investigaciones

Incluimos, finalmente, con el propósito de "conversar" sobre las posibilidades pedagógicas con las emociones y los sentimientos, la discusión sobre cómo estos son necesarios para los procesos en lo que identificamos como la red educativa de las "*prácticasteorías*" de las investigaciones en educación que podremos ver articuladas con otras, como la "*prácticasteorías*" de las políticas de gobierno o las "*prácticasteorías*" de producción y "usos" de medios, por ejemplo.

Si en el proyecto anterior[13] también trabajamos con películas, buscando discutir una serie de cuestiones que estaban en los tantos *"adentroafuera"* de las escuelas y que en ellas entraban encarnadas en sus diversos *"practicantespensantes"*, en la investigación que actualmente desarrollamos,[14] durante la preparación del grupo de investigación para actuar en los cineclubes de docentes y estudiantes que estamos creando, hemos usado imágenes y sonidos de películas que trabajan con migraciones humanas, por sus diversos motivos (guerras, acontecimientos ecológicos, disolución de *"espaciostiempos"* de trabajo, por crisis económicas) como nuestros "personajes conceptuales", junto con lo hablado por los docentes (en servicio o en formación) en las conversaciones que establecemos acerca de las películas *"vistosescuchadas"*. Los invitamos a los lectores a que vean el video que producimos para que observen esta preparación y que muestra este entrelazamiento de redes educativas, además de algunas de las emociones que nos produjeron las imágenes y sonidos en ese entonces (marzo/2017 a febrero/2018): [https://vimeo.com/218818085].

Este video, que se llama "Los varios mundos de las migraciones y los currículos escolares: Iniciando el proyecto", nos hizo revivir emociones de cuando veíamos las terribles imágenes de la migración o los aspectos de la solidaridad posible. Revivimos la lectura de textos que nos permitieron entender que siempre hubo movimientos de poblaciones y que las guerras son las grandes responsables, con gran emoción al leer este fragmento escrito por Virilio (2009):

> Últimas noticias. En el 2008, treinta y seis millones de personas fueron desplazadas de su lugar de origen, por razones climáticas, catástrofes naturales, conflictos. Se prevé que mil millones de personas pasarán por lo mismo en los próximos cincuenta años. Mil millones de personas que se van a mover. Toda la situación mundial se verá perturbada. Perturbada por la crisis de localización. Las sociedades antiguas se inscribían en un territorio, la tierra natal. Hoy, están a la deriva por razones de deslocalización del empleo, debido a conflictos que nunca se terminan. Y, además, evidentemente, por la gran cuestión climática: la desaparición de archipiélagos, la inundación de las costas. Toda la historia que se pone en movimiento.

---

13. El proyecto anterior se titulaba "Redes educativas, flujos culturales y trabajo docente: El caso del cine, sus imágenes y sonidos", también fue coordinado por Nilda Alves y contó con el apoyo de CNPq, CAPES, FAPERJ y UERJ.

14. El título del proyecto es "Procesos curriculares y movimientos migratorios: los modos como cuestiones sociales se transforman en cuestiones curriculares en las escuelas", se desarrolla entre 2017 y 2022, con el apoyo de CNPq, CAPES, FAPERJ y UERJ.

Toda la historia que se pone en la ruta. Mil millones de personas que se mueven en medio siglo, algo nunca antes visto. (*Ibídem*: 7)

O, además, cuando seleccionamos fragmentos de películas que habíamos "*vistoescuchado*" acerca de migraciones, revivimos emociones generadas por familias enteras que se desplazaban en búsqueda de trabajo y un lecho para descansar.

A modo de conclusión

Trabajando, de esta manera, con la idea de redes educativas, en torno a la posibilidad y necesidad de pedagogías con las emociones y los sentimientos, logramos entender que en todas esas redes enunciadas, de modos diferentes pero relacionados, tales pedagogías están presentes y se tejen fuertemente. Los vínculos humanos necesarios para las investigaciones que desarrollamos y en las que las "conversaciones" se asumen tanto como el locus principal de realización y acumulación de datos y comprensiones diversificadas como la posibilidad metodológica de articular nuestros "personajes conceptuales" con los que también necesitamos "conversar", nos muestran esto. Sin embargo, incuestionablemente, porque todo el movimiento en las redes educativas se da con seres humanos que se relacionan y pasan de unas a otras llevando lo que "*aprendieronenseñaron*" en cada una, se tejen las pedagogías con las emociones y sentimientos. Terminamos, entonces, una vez más mencionando a Maturana (2002) cuando afirma:

> [...] sostengo que no hay acción humana sin una emoción que la establezca como tal y la haga posible como acto. Por eso pienso, además, que, para que diera un modo de vida con base en la unidad en interacciones recurrentes en el plano de la sensualidad en que surge el lenguaje, sería necesario una emoción fundadora particular, sin la que este modo de vida en la convivencia no es posible. Esta emoción es el amor. El amor es la emoción que constituye el dominio de acciones en que nuestras interacciones recurrentes con otro hacen del otro un otro legítimo en la convivencia. Las interacciones recurrentes en el amor amplían y estabilizan la convivencia; las interacciones recurrentes en la agresión interfieren y rompen con la convivencia. Por eso, el lenguaje, como dominio de coordinaciones consensuadas de conducta, no debe surgir de la agresión, puesto que ésta restringe la convivencia, además de que, ya en el lenguaje, abre las puertas a la agresión. (Ibídem: 22-23)

Referencias bibliográficas

CERTEAU, M. de (2012) *História e Psicanálise – entre ciência e ficção*. Trad.: G.J. de Freitas Teixeira. Belo Horizonte: MG: Autêntic.

CERTEAU, M. de (1994) *A invenção do cotidiano – artes de fazer*. Petrópolis, RJ: Vozes.

CERTEAU, M. de *et al*. (1997) *A invenção do cotidiano – 2. Morar, cozinhar*. Petrópolis, RJ: Vozes.

DELEUZE, G. (2010) *Sobre o teatro – um manifesto de menos*. Trad.: F. Saadi, O. de Abreu y R. Machado. Rio de Janeiro: Zahar.

DELEUZE, G. (2007a) *Cinema 2: a imagem-tempo*. Trad.: E. de Araujo Ribeiro. São Paulo: Brasiliense.

DELEUZE, G. (2007b) *Francis Bacon: lógica da sensação*. Trad.: R. Machado. Rio de Janeiro: Zahar.

DELEUZE, G. (2005) *Foucault*. Trad.: J.L. Gomes. Lisboa: Edições 70.

DELEUZE, G. (2003) *Proust e os signos*. Trad.: A. Piquet y R. Machado. Rio de Janeiro: Forense Universitária.

DELEUZE, G. (2000) *Diferença e repetição*. Lisboa: RelógioD'Água.

DELEUZE, G. (1991) *A dobra– Leibniz e o barroco*. Trad.: L. Orlandi. Campinas, SP: Papirus.

DELEUZE, G. (1985) *Cinema 1: a imagem-movimento*. Trad.: Sousa Dias. São Paulo: Brasiliense.

DELEUZE, G. y GUATTARI, F. (2014) *Kafka – por uma literatura menor*. Trad.: C. Vieira da Silva; rev. de la trad.: L. Orlandi. Belo Horizonte, MG: Autêntica.

DELEUZE, G. y GUATTARI, F. (1995) "Rizoma". En: Deleuze, G. y Guattari, F., *Mil platôs– Capitalismo e esquizofrenia*. Trad.: A. Guerra Neto y C. Pinto Costa. Rio de Janeiro: Editora 34, 15-32.

DELEUZE, G. y GUATTARI, F. (1992) "Os personagens conceituais". En:

Deleuze, G. y Guattari, F., *O que é filosofia?* Trad.: B. Prado Jr. y A. Alonso Munoz. Rio de Janeiro: Editora 34, 81-109.

FOUCAULT, M. (1971) *L'Ordre du discours– leçon inaugurale au Collège de France prononcé, 2 décembre 1970*. Paris: Gallimard.

LEFEBVRE, H. (1992) *A vida cotidiana no mundo moderno*. S. Paulo: Ática.

LEFEBVRE, H. (1983) *Lógica formal – lógica dialética*. Rio de Janeiro: Civilização Brasileira.

MATURANA, H. (2002) *Emoções e linguagens na Educação e na Política*. Belo Horizonte, MG: EdUFMG.

MATURANA, H. (2001) *Cognição, ciência e vida cotidiana*. Belo Horizonte, MG: EdUFMG.

OLIVEIRA, I.B. de (2012) "Currículos e pesquisas com os cotidianos: o caráter emancipatório dos currículos 'pensados-praticados' pelos 'praticantespensantes' dos cotidianos das escolas". En: Ferraço, C.E. y Carvalho, J.M. (orgs.). *Currículos, Pesquisas, Conhecimentos e Produção de Subjetividades*. Petrópolis: DP etAlli, 47-70.

PINHEIRO, A.R. Costa (2013) Abrir o gás ou sair para dançar rock: os dilemas de nós lésbicas, gays, bissexuais, travestis e transexuais – as múltiplas redes educativas em movimento. Rio de Janeiro: ProPEd/UERJ (disertación).

SAMAIN, E. (org.) (2012) *Como pensam as imagens*. Campinas, SP: Ed da UNI-CAMP.

TADEU, T. (2004) *A filosofia de Deleuze e o currículo*. Goiânia: Faculdade de Artes Visuais.

VIRILIO, P. (2009) "Préface". En: Virilio, P. y Depardon, R. *et al.*, *Terre natale – ailleurs commence ici*. Actes Sud. Paris: Fondation Cartier pourl'artcontemporain, 7-8.

Afectos y (d)efectos en educación

Hilda Mar Rodríguez Gómez

> *"—Vamos, tú que lo sabes todo sin haber aprendido*
> *nada, ¿cuál es el modo de enseñar sin estar prepara-*
> *do para ello? ¿Hay algún método?*
> *— No son métodos lo que faltan, solo habláis de los*
> *métodos. Os pasáis todo el tiempo refugiándoos en*
> *los métodos cuando, en el fondo de vosotros mismos,*
> *sabéis muy bien que el método no basta. Le falta algo.*
> *— ¿Qué le falta?*
> *— No puedo decirlo.*
> *— ¿Por qué?*
> *— Porque es una palabrota.*
> *— ¿Peor que «empatía»?*
> *— Sin comparación posible. Una palabra que no*
> *puedes ni siquiera pronunciar en una escuela, un*
> *instituto, una facultad o cualquier lugar semejante.*
> *— ¿A saber?*
> *— No, de verdad, no puedo...*
> *— ¡Vamos, dilo!*
> *— Te digo que no puedo. Si sueltas esta palabra ha-*
> *blando de instrucción, te linchan, seguro.*
> *— ...*
> *— ...*
> *— ...*
> *— El amor."*
>
> *(Pennac, 2008: 249-50)*

*L*a *historia comienza* es el título de un libro de Amos Oz (2007) en el que analiza el inicio de algunas obras literarias; este ejercicio le permite al autor revisar y (re)crear los primeros párrafos, pasar revista a sus sentidos, develar historias ocultas y sorprendernos con la fuerza de un inicio. Esto mismo podría decir de la escuela, de la vida en el aula. Cada día es un comienzo, una historia que empieza, hay algo que se inventa en ese encuentro diario en las aulas. Y ese algo, como dice Pennac, está fuera del método, la estrategia, los indicadores o las políticas. Ese algo es la palabra prohibida, proscrita, denostada. Es algo que causa temor, confusión, angustia. El amor en la educación es, dice Dussel, "[...] objeto de sospecha, de alabanza crítica o bien de domesticación tecnocrática –vía el concepto de inteligencia emocional–..." (2006: 145).

Ana Abramowski (2010), en su libro *Maneras de querer. Los afectos docentes en las relaciones pedagógicas,* da cuenta de "**los afectos**" en pedagogía. Para la autora la palabra afecto es más amplia que amor y permite indicar aquellos "afectos negativos" como el odio, el malestar, la crueldad. A lo largo del libro la autora busca responder a la pregunta que abrió su indagación: *¿por qué tengo que quererlos?*, refiriéndose a los chicos de la escuela. A partir de aquí, se inicia un camino de indagación de los afectos en educación para dar cuenta de:

- la idea del querer, o del amor en educación, referida a los lazos para la producción de subjetividad y subjetivaciones de los sujetos que participan en el acto educativo;
- el afecto como una producción cultural, esto es, como una producción humana regulada o definida por el *espíritu* de una época; así, será necesario preguntarnos en cada momento a qué llamamos afecto, de qué se nutre, de qué se vale, a quién se dirige;
- el afecto como la contraparte, no siempre reconocida y estimada, de la razón; el afecto que se ubica en el extremo contrario, en la línea antagónica de la racionalidad, y
- el afecto, también, como algo que hace parte del ámbito privado; por ello se cuestiona su presencia o expresión en la escuela, ámbito público por excelencia.

De este modo, podemos comprender con la autora que "los afectos docentes, en todas sus variantes, no son naturales, espontáneos, instintivos, universales, eternos ni inmutables. Tampoco son puros, ni algo de por sí bueno o saludable. Se trata de afectos históricos, cambiantes, construidos, aprendidos". Los afectos, además, se encuentran bajo sospecha, su falta o exceso causan inquietud, generan desconfianza, provocan confusión.

> [...] los docentes se encuentran enfrentados a una especie de paradoja. Por un lado, tienen que vérselas con el estereotipo emocional –todavía vigente– que incita a "querer a los alumnos". Pero, por otro lado, los maestros son sospechados por querer demasiado [...]. En el rincón de la sospecha se ubica el discurso de la des/profesionalización cuya ecuación asevera: a mayor afecto, menos profesionalización. (Abramowski, 2010: 82)

Por ello, para clarificar eso del amor en educación conviene encontrar un lugar que no sea la imposición; sino, una exhortación; como dice Abramowski: "Que el amor, en el campo educativo, se pronuncie privilegiadamente bajo la fórmula del deber ser nos lleva a hablar de exhortaciones y llamamientos" (2016: 91). Ahora, ¿cómo se responde a una exhortación? Cabe la posibilidad de que sea una negación, o una respuesta incompleta, limitada por nuestras concepciones sobre el afecto, por las condiciones materiales del oficio, por las modalidades del encuentro, por las presiones y rigores de la tarea de educar. Así, el afecto como respuesta toma el matiz de lo que somos, por ello se trata de una respuesta personal, pasada por los filtros de nuestras propias construcciones y producciones.

Maneras de manifestar el afecto

La expresión tradicional del afecto en educación está marcada por la relación con los estudiantes, por la manera en que nos vinculamos a/ con los alumnos. Quiero, en este texto ampliar esa concepción e indicar que el afecto no se dirigen sólo a los alumnos; se despliega en objetos, temas, espacios, relaciones, modos y sujetos. Y que, al igual que con los estudiantes, este despliegue del afecto también implica compromiso, cuidado, atención.

La experiencia del afecto en la escuela es, como lo dicen Contreras y Pérez de Lara:

[...] centrarse en las cualidades de lo que se vive: acontecimientos que están situados en el tiempo, que se viven temporalmente, que están localizados en momentos, lugares, relaciones; lo que se vive, además, sucede siempre en un cuerpo sexuado; por todo lo cual situarse desde la experiencia supone también la posición subjetiva; la forma en que es experimentado, sentido, vivido por alguien en particular; lo que hace que sea una experiencia para alguien; lo que mueve y le conmueve en esa vivencia, lo que le da que pensar o le remueve en su sentido de las cosas. Tiene que ver con las dimensiones del vivir en donde tu ser íntimo está implicado, y en cuanto tal, están implicadas las múltiples dimensiones del existir. (2010: 23)

La experiencia del afecto es, entonces: particular, personal, propia, enraizada en nuestra historia, puesta en la perspectiva de nuestra condición de género y de las construcciones asociadas a éste; es una posición que se asume frente al mundo y sus eventos. Así, la experiencia es lente y lupa para mirar en perspectiva y proyección las situaciones; tono y matiz de la mirada, la escucha y la palabra sobre la escuela y la educación; es camino y tránsito, pasaje y lugar.

Quiero poner esas experiencias del afecto en la escuela, lugar privilegiado para las vida humana. La escuela que hemos vivido y experimentado, la escuela que hemos conocido, la escuela que soñamos, aquella que reclamamos, tiene en su base:

• las ventajas de haberla vivido, de haber pisados sus aulas, bebido sus saberes, construido amistades; los recuerdos y memorias del tiempo allí transcurrido están signados por múltiples sensaciones: alegría, temor, tristeza, esperanza, ilusión;

- las (des)ventajas de haberla padecido, de "sufrir", dejarnos afectar, por esas condiciones de obligatoriedad, disciplinamiento, por el espacio, las filas o los exámenes;
- la evidencia de su crisis permanente, aquella que se esgrime para develar que no sirve, que es insuficiente, que es inadecuada; una crisis que tiene alterada su función, formas de actuación, función social e intelectual –aquí surge, entonces, una inquietud–;
- la esperanza de su poder para transformar, formar, para lograr el "desarrollo", el bienestar; esperanza en su capacidad para ordenar, controlar, instruir, educar.
- la memoria de su pasado –permanencia–, que es una institución que nos ha acompañado durante mucho tiempo;
- los temores de su futuro: desaparición; los relatos sobre su desaparición física,[1] las transformaciones de sus modos de funcionamiento, espacios de encuentro o sujetos que intervienen en la relación pedagógica.

Así, la escuela es un amasijo de contradicciones, un concepto propicio para evidenciar las tensiones de la acción. Es, también, lugar de vivencias humanas que constituyen al ser; por ello, he querido detenerme allí para develar los afectos que la cruzan, que la constituyen. Los afectos son, creo yo, el tejido que hace que nuestro paso por ella no sea un trámite burocrático. Por ello, elegimos hacer *zoom* a la escuela y verla en perspectiva, en relación con... Verla de cerca nos permite una mirada atenta que nos hace centrar en los puntajes, el rendimiento, la calidad. Elegimos mirarla en contexto, pensar la mirada como acontecimiento, para que nos permita advertir el mundo de sus complejidades y confirmar una obviedad que pasan por alto administradores y burócratas: *la escuela no es reductible a las estadísticas, la escuela no es sólo datos*; volverla un tema o un objeto medible solo disfraza sus limitaciones y encubre sus potencialidades, también dificulta conocerla:

---

1. A este respecto vale la pena citar un relato de Isaac Asimov en el que describe una escuela en el año 2157. Esta escuela futurista está compuesta por un "maestro automático" que da la lección cada día y pide la prueba de su aprendizaje mediante un examen. Aquí, la función de la escuela es transmitir, examinar y calificar. Tommy y Margie, los protagonistas del cuento descubren, con asombro, un libro sobre la escuela del pasado (recuerden que estamos en 2157). Una escuela con libro, con un ser humano en el lugar de la enseñanza y, especialmente, con un grupo de referencia para las tareas. Esto, el grupo, el encuentro, el apoyo que se dan, es lo que maravilla a Margie, que piensa: ¡Cuánto se divertían en esa escuela!

No creo que sea posible mejorar nuestras escuelas si nos distanciamos de sus problemas o sus logros. Imparcialidad y distanciamiento no son virtudes cuando uno quiere mejorar las organizaciones sociales complejas o una realización tan complicada como la enseñanza. Es importante conocer la escena. Y debido a que la escena en organizaciones como las escuelas es una mezcla de factores interactivos, mejorar las escuelas significa saber cómo interactúan los principales rasgos o dimensiones de las mismas. Es imposible comprender el páncreas humano si se estudia sin referencia con el resto del cuerpo. Sólo se puede entender como una parte de un sistema. Las aulas no son fundamentalmente distintas. Lo que hagan los profesores y alumnos está influido por su ubicación en un sistema. [...]. (Eisner, 1998: 16)

Para no reducir la escuela a estándares e indicadores, nos conviene pensar los afectos como un nudo tensional que articula y (des)ordena múltiples fuerzas, lugares, posiciones y sujetos. Además, lo diré de una vez, el afecto en educación, en la escuela, individualiza, permite la mirada a UNA persona, es elemento para la identificación de un ser humano singular. El afecto nos permite (re)conocer a la otra persona que está frente a nosotros, como alguien dotado de humanidad y, por tanto, de dobleces y complejidades. Escuela como espacio de relaciones. Escuela como quiebre con los propósitos de una actualidad que ha puesto en la velocidad, el mercado y la técnica sus esperanzas y énfasis. Escuela como tejido de relaciones, no solo como edificación o tarea de socializar.

Los afectos en la escuela, como indiqué antes, están distribuidos en el saber, el espacio, el tiempo, el encuentro, el silencio. Y para hacer esto hablo no desde el borde, al pie del abismo, sino desde el centro de la escuela. Ello significa, desde la acción cotidiana en la escuela para reafirmar la condición del oficio de maestro. Esta postura de los afectos distribuidos se encuentra con la propuesta de Zambrano sobre el encuentro entre los sujetos de la educación, en la que busca que ninguna de las dos partes dimita, renuncie; y que tampoco sea destituida por otros saberes o prácticas o demandas.

Afecto por el saber

El afecto por el saber es, en maestros y maestras, una forma del cultivo de la inteligencia y la sabiduría, es el medio de vinculación con las tradiciones intelectuales de su saber, es la disposición al aprendizaje permanente.

Sólo mediante el cultivo y la satisfacción permanentes del interés de aprender y de comprender, puede mantener el educador viva su relación con el saber (y sólo así puede "enseñar lo que es carne de su carne", según la expresión del Profesor Carlo Federici). Esa relación viva con el conocimiento impide también que el educador se instale en un saber empobrecido por la repetición. La voluntad de conocer es constitutiva de la identidad del educador, y el cultivo de esa voluntad en los alumnos es tal vez su misión más específica. Esto significa una batalla permanente contra el desgano, el desinterés por el conocimiento (subproducto de los procesos de selección y exclusión propios de las instituciones educativas), contra la falsa idea, permanentemente reiterada, que sólo unos pocos están llamados a conocer, y contra la engañosa solución de la industria cultural que ofrece una masa informe de conocimientos sueltos para consumo de los que aún conservan sus deseos de saber. (Mockus *et al.*, 1985: 87)

La voluntad de saber hace parte de la identidad del maestro, de aquel sello que caracteriza su pensar y su actuar. Afecto por el saber, como voluntad, para incitar a aprender más y de diversos modos y materias; como responsabilidad intelectual con el saber al convocar a la autoformación y que "[...] fortalece en él los sentimientos de pertenencia e identificación con una comunidad en la que se arraiga a lo largo de un buen periodo de su vida" (Restrepo, 2014: 13). El afecto por el saber, además, permite que maestros y maestras transiten diversos escenarios. Para describir este movimiento, vale la metáfora del anfibio cultural que Mockus desarrolla.

Esa solvencia del anfibio cultural -capaz de obedecer a sistemas de reglas distintos en tiempos y en contextos diversos- hace que él deba ser un "camaleón". Por otro lado, el anfibio debe tener la capacidad de generar comunicación entre los diversos medios y tradiciones con los cuales entra en contacto. El anfibio cultural tiene que entender y traducir y comunicar aunque sea fragmentariamente saberes y pautas morales. Es decir, debe ser un intérprete. (Mockus, 1994: 127)

Afecto por el saber que, en otras palabras, nos hace partícipes del conocimiento, practicantes de los saberes, usuarios de los espacios de producción. Esto borra, o atenúa, una imagen desfigurada del docente como consumidor (acrítico) del saber, como reproductor mecánico de teorías o conceptos. Por el contrario, nos pone de presente frente a un maestro que se construye como aprendiz, que se vive como intelectual, como un sujeto apasionado por el mundo de las letras, las artes, la ciencias.

Afecto por enseñar

Este afecto por el saber, convertido en afecto por la transmisión, nos permite hablar del afecto por la tarea de educar, por las cualidades para la transmisión. ¿Cómo se hace esto? Enseñar es mostrar, indicar, compartir. Mostrar caminos, saberes, lógicas. Indicar recorridos, tradiciones. Compartir conocimientos, ¡pasiones!, la voluntad de saber, correlato de la voluntad de enseñar y, por tanto, de entregar saberes para, como dice Pennac estar preparadas para "[...] la colisión entre saber e ignorancia, [...]" (2008: 246).

El afecto por el saber, expresado en la voluntad, es una de las vías para amar la transmisión, en el sentido que le asigna Debray (1997: 15-21):

- transmisión de bienes, objetos y fuerzas;
- transmisión como transporte en el espacio;
- transmisión como trayecto e influjo;
- transmisión como transmutación.

Transmisión como misión y tarea. Transmisión como gesto del maestro que abre el lugar al diálogo y el pensamiento; se transmite para entablar una conversación, para que el maestro ocupe su lugar; ejerza su función, transmita su oficio. Si no hay maestro con voluntad, con pasión, con afecto por el saber se produce una tragedia, pues: "No tener maestro es no tener a quién preguntar y más hondamente todavía, no tener ante quién preguntarse. Quedar encerrado dentro del laberinto primario que es la mente de todo hombre originariamente: quedar encerrado como el Minotauro, desbordante de ímpetu sin salida" (Zambrano, 1965: ¶ 1659).

El afecto por el saber es condición para enseñar, para "[...] comprender el estado de ignorancia en el que se cuecen sus zoquetes [...]" (Pennac, 2008: 246); en otras palabras, es condición para ver al otro, para darle un lugar en el mundo del saber. El deseo de saber, por contraposición a la voluntad, nos hace vanos y arrogantes con el conocimiento, lo que nos lleva a la destitución del alumno, a la incapacidad de transmitir, a la falsa creencia de que la ignorancia es una afrenta (lo que provocaría sentimientos de rabia, malestar, humillación). Por ello, conviene que los docentes tengan "[...] ¡cursos de ignorancia! Os hacen pasar toda clase de exámenes y de oposiciones sobre vuestros conocimientos adquiridos, cuando vuestra primera cualidad debiera ser la aptitud para concebir *el estado de quien ignora lo que vosotros sabéis* (*ibídem*: 247). Al lado de los ignorantes de la clase se encuentran los "alumnos golosina", aquellos alumnos "[...] excelentes, esas raras perlas... [que] [...] Me ayudaban a descansar de los demás. ¡Y me estimulaban! El que capta más pronto, responde más acertadamente, y a menudo con humor; esos ojos que brillan y esa discreción en la soltura que es la gracia suprema de la inteligencia (*ibídem*: 232).

Este afecto por enseñar tiene, además, otra cara y es la insistencia, la persistencia, o lo que Zambrano denomina "no dimitir", no renunciar al lugar de enseñante, no deponer la voluntad de saber, no cejar en nuestro intento de enseñar, de compartir, de mostrar. Y ello va de la mano de dos asuntos. De un lado, estar "[...] poseídos por la pasión comunicativa de [la] materia" (Pennac, 2008: 221). Pues, se trata compartir no solo el saber "[...] sino el propio deseo de saber" (*ibídem*: 223). Contagiar una pasión. También enseñamos con lo que somos: modos de mirar, tonos al hablar, formas de caminar, disposición al sentarnos, gestos, sonrisas, miedos y temores. La enseñanza está hecha del saber que se enseña, como sugiere Pennac:

> ¿Con qué estaba hecha aquella hora que tanto nos retenía? Esencialmente con la materia que el señor Bal enseñaba y que parecía habitarle, lo que le convertía en un ser curiosamente vivo, tranquilo y bueno. Extraña bondad, nacida del propio conocimiento, deseo natural de compartir con nosotros la «materia» que arrobaba su espíritu y de la que no podía concebir que nos resultara repulsiva, o sencillamente ajena. Bal estaba amasado con su materia y sus alumnos. Tenía algo del ánimo cándido de las matemáticas, una pasmosa inocencia. (*Ibídem*: 219)

Afecto por el error

Un aula es –puede ser– un espacio anodino o impactante, un escenario o una vivencia, una experiencia. Un aula es un instante en la vida de los seres humanos. El aula –léase también la escuela– es atadura, lazo, unión, articulación. El aula es espacio para advertir que la equivocación es parte de la vida; por ello, tener afecto por el error es comprender que éste educa, forma, advierte, indica, enseña. Afecto por el error significa encontrar caminos para que la evaluación no sea castigo, sino posibilidad; hallar los medios para que la escuela no sea "[...] un lugar criminógeno [...]" (*ibídem*: 205).

En el aula de clase las transacciones se hacen a través de la evaluación; por ello, "Sea cual sea la materia que enseñe, un profesor descubre muy pronto que a cada pregunta que hace, el alumno interrogado dispone de tres respuestas posibles: la acertada, la errónea y la absurda[2]" (*ibídem*: 148). En el error tiene el maestro la posibilidad de vivir el oficio, tal como lo describe Dubet, "[...] como capacidad de producir algo, de conocerlo y de hacerlo reconocer" (2006: 444). Producir desde el afecto por el saber un

---

2. "[...] La respuesta absurda constituye la diplomática confesión de una ignorancia que, a pesar de todo, intenta mantener un vínculo" (Pennac, 2010: 149).

afecto por la enseñanza; conocer al alumno, sus limitaciones y posibilidades y hacer reconocer los límites de la acción pedagógica. Una respuesta errada en el seno de una relación pedagógica no es una falta de respeto, una afrenta[3] a la autoridad del maestro o desidia. Puede ser, como señala Pennac, un esfuerzo por hacerse notar, una estrategia para desaparecer o un eje de relación para insistir con la enseñanza:

> Los profesores que me salvaron —y que hicieron de mí un profesor— no estaban formados para hacerlo. No se preocuparon de los orígenes de mi incapacidad escolar. No perdieron el tiempo buscando sus causas ni tampoco sermoneándome. Eran adultos enfrentados a adolescentes en peligro. Se dijeron que era urgente. Se zambulleron. No lograron atraparme. Se zambulleron de nuevo, día tras día, más y más... Y acabaron sacándome de allí. Y a muchos otros conmigo. Literalmente, nos repescaron. Les debemos la vida. (Pennac, 2008: 23)

En el aula de clase, el error debe ser un nuevo punto de partida, una oportunidad para recomenzar, para retomar la enseñanza. Ello es posible en tanto tenemos un oficio; esto es, en tanto el maestro es "[...] capaz de producir un trabajo autónomo y previsible en contextos diferentes" (Dubet, 2006: 358). En otras palabras, nuestro oficio es atender/acompañar/guiar a los buenos alumnos y a los zoquetes, sin que emitamos juicios determinativos sobre sus aspiraciones, sin que dañemos su voluntad o les despojemos de la esperanza. Para ello hemos de cuidar las palabras y no usar "el superlativo de inferioridad":

> Para estos, éramos siempre la peor clase, de cualquier curso, de toda su carrera, nunca había tenido una clase menos... tan...
> Parecía como si, año tras año, se dirigieran a un público cada vez menos digno de sus enseñanzas. [...] (Digamos que eran sobre todo nuestros culpables ideales, como nosotros éramos los suyos: su rutinaria depresión alimentaba en nosotros una cómoda maldad). (Pennac, 2008: 224)

Afecto por el error implica la intención de seguir, la esperanza de encontrar una respuesta, la voluntad de enseñar para encontrar el equilibrio entre acompañar (puedo guiarte, dice el maestro) y dejar estar solo (confío, indica con su acción).

---

3. "Acompañaban paso a paso nuestros esfuerzos, se alegraban de nuestros progresos, no se impacientaban por nuestras lentitudes, nunca consideraban nuestros fracasos como una injuria personal y se mostraban con nosotros de una exigencia tanto más rigurosa cuanto estaba basada en la calidad, la constancia y la generosidad de su propio trabajo" (Pennac, 2008: 149).

Afecto por la singularidad

> *"Sucede con la pedagogía como con todo lo demás: en cuanto dejamos de reflexionar sobre casos particulares (pero en este campo, todos los casos son particulares), para regular nuestros actos, buscamos la sombra de la buena doctrina, la protección de la autoridad competente, la caución del decreto, el cheque en blanco ideológico. Luego nos plantamos sobre certezas que nadie hace vacilar, ni tan siquiera el desmentido cotidiano de la realidad"*
>
> *(Pennac, 2008: 120)*

El afecto por la singularidad se expresa como una capacidad/disposición de la escuela (su función, su lugar, las personas que la habitan y la hacen) para responder a la pregunta personal, a la inquietud propia, para escuchar la voz. A veces la educación no percibe al sujeto, solo observa la masa. A veces la educación es incapaz de educarnos, de ofrecernos territorios, señales, signos, para ser –cada uno–, para encontrarnos. Pues, a veces la educación iguala, homogeneiza, borra las particularidades; y ello por efecto de las palabras, de esas nuevas, novedosas, potentes, bullosas, escandalosas que hablan más fuerte que las demás. Esta incapacidad es fracaso que se traduce en expulsiones del sistema o de la institución, en derrotas de la palabra, en fallas de la acción, en limitaciones de la esperanza. Este fracaso, como bien dice Kertész, es una forma de totalitarismo:

> La esencia del estado totalitario consiste precisamente en ser total, en obligar de forma continua a la confrontación o a la identificación: es propia totalmente del pensamiento, nos arranque de nuestra existencia personal a modo de catástrofes inesperadas y nos ofrece las alternativas propias de una pesadilla, entre las cuales nos obliga a elegir. De esta manera, la persona entra a la pesadilla, se convierte en la misma en un personaje del sueño angustioso, ejecutar actos parecidos a los únicos por los que en circunstancias normales no asumiría ninguna responsabilidad personal, y a menudo ni siquiera la percibe. (2007: 68)

En cambio, el afecto por la singularidad requiere el "tacto"[4] que "[...] implica sensibilidad, una percepción consciente y estética [...]" (Van Manen,

---

4. "La persona que introdujo la noción del tacto y de la falta de tacto en el discurso educativo fue el educador alemán Johann Friedrich Herbart. En 1802, en su primera conferencia sobre educación, Herbart dijo a su audiencia: «La verdadera cuestión de si un educador es un buen o un mal educador es simplemente ésta: ¿ha desarrollado esta persona un sentido del tacto?», Herbart planteaba que el tacto ocupa un lugar esencial en la acción educativa práctica. Los principales puntos de su conferencia referida al tacto eran: a) «el tacto se inserta

1998: 137); el tacto es respuesta y disposición; estar y permanecer, saber e intuir. Tener tacto es leer en el rostro, en el mundo, en los libros las realidades. "[...] *tacto* deriva etimológicamente del latín *tactus,* y significa tocar, realizar, de *tangere,* tocar [...]" (*ibídem*: 138). En este texto quiero proponer tres maneras de expresar el tacto: mirar, decir, escuchar. Diría que son tres dispositivos para manifestar el afecto por la singularidad.

- Mirar, sin censura o reprobación, mirar como quien ad-mira, con asombro y desmesura. Mirar para conocer y (re)conocer. Mirar a quien es un acontecimiento, a alguien irreductible a un dato, una fórmula o un indicador. Mirar a alguien como un milagro.[5] Mirar para descubrir los rostros magisteriales.[6]
- Decir. Nombrar, llamar, convocar. Usar un lenguaje capaz de nombrar al otro, de darle existencia simbólica, de ofrecerle un estatuto.
- Escuchar. Sin prejuicios, sin pensar en la necesidad de responder, escuchar para comprender, escuchar en silencio para dejar fluir las ideas y el pensamiento. Como dice Zambrano, el oído recoge los sonidos que son "[...] llamados, avisos, señales que anuncian que algo va llegar o que está llegando" (1964: ¶ 729).

El afecto por la singularidad implica crearle al alumno un espacio en el mundo del maestro, en el de la escuela, crear una abertura para que el otro exista. El afecto por la singularidad es "Tener tacto[,] es ser solícito, sensible, perceptivo, discreto, consciente, prudente, juicioso, sagaz, perspicaz, cortés, considerado, precavido y cuidadoso" (Van Manen, 1998: 138).

---

entre la teoría y la práctica»; b) el tacto se manifiesta en la vida cotidiana en el proceso de «hacer juicios instantáneos y tomar decisiones rápidas»; c) el tacto conforma una manera de actuar que «depende en primer lugar de *das Gefühl* [sentimiento o sensibilidad] y sólo más remotamente de la convicciones» derivadas de la teoría y las creencias; d) el tacto es sensible a «la singularidad de la situación»; y e) el tacto es «la regla inmediata de la práctica». (Van Manen, 1998: 140).

5. "El otro en cuanto otro no es aquí un objeto que se torna nuestro o que se convierte en nosotros; al contrario, se retira en su misterio [...]. El otro no es un ser con quien nos enfrentamos, que nos amenaza o que quiere dominarnos [...]. La relación con otro no es una relación idílica y armoniosa de comunión ni una empatía mediante la cual podemos ponernos en su lugar; lo reconocemos como semejante a nosotros y al mismo tiempo exterior: la relación con otro es una relación con un misterio" (Levinas, 1993: 129-130).

6. No se debe confundir el rostro magisterial con la cara, cutis, la tez o una imagen publicitaria del rostro; el rostro magisterial es paisaje, enunciados, prácticas, luchas estratégicas, imágenes, territorios, luz y oscuridad. Es pura visibilidad en el sentido de ser una expresión de cuerpos e imágenes que no emergen en medio del salón de clase o de las filas que se hacían en el patio. En una palabra, los rostros magisteriales son dispositivos, no son el rostro de cualquier maestro, son rostros tutelares productos de la composición y la descomposición de cuerpos y miradas en un determinado periodo (Echeverri, 2004).

Afecto por el tiempo

> *"Habría que inventar un tiempo especial para el aprendizaje.*
> *El presente de encarnación, por ejemplo. ¡Estoy aquí, en esta*
> *clase, y comprendo por fin! ¡Ya está! Mi cerebro se difunde por*
> *mi cuerpo: se encarna. Cuando no es así, cuando no comprendo*
> *nada, me deshago allí mismo, me desintegro en ese tiempo que no*
> *pasa, acabo hecho polvo y el menor soplo me disemina. Pero*
> *para que el conocimiento tenga alguna posibilidad de encarnarse*
> *en el presente de un curso, es necesario dejar de blandir*
> *el pasado como una vergüenza y el porvenir como un castigo"*
>
> *(Pennac, 2008: 11)*

La educación también está hecha de tiempo. De un tiempo cronológico, que hace pasar las horas de clase, los días, los meses, los grados escolares. Un tiempo necesario, que muestra el avance, el progreso, el cambio, para hacernos crecer. Un tiempo burocrático que se mide, regula, define, programa. Dice Hargreaves:

> Los profesores se toman el tiempo con seriedad. Lo viven como una limitación fundamental que se impone a lo que son capaces de hacer y espera que hagan en sus escuelas. "No tengo tiempo", "no hay bastante tiempo", "necesito más tiempo" son guantes que los profesores lanzan reiteradamente al paso de los innovadores entusiastas. [...] Para el docente el tiempo no solo constituye una restricción objetiva y opresora, sino también un horizonte de posibilidades y limitaciones subjetivamente definido. (1996: 119)

La educación contiene, también, otro tiempo. Uno que no se mide; que se siente, que fluye, que espera; un tiempo que se habita, que no se extiende, sino que se disfruta, se vive. Con este tiempo somos pacientes, pues:

> Ahí no cabe medir por el tiempo. Un año no tiene valor y diez años nada son. Ser artista es no calcular, no contar, sino madurar como el árbol que no apremia su savia, mas permanece tranquilo y confiado bajo las tormentas de la primavera, sin temor a que tras ella tal vez nunca pueda llegar otro verano. A pesar de todo, el verano llega. Pero sólo para quienes sepan tener paciencia y vivir con ánimo tan tranquilo, sereno, anchuroso, como si ante ellos se extendiera la eternidad. Esto lo aprendo yo cada día. Lo aprendo entre sufrimientos, a los que por ello quedo agradecido. ¡La paciencia lo es todo! (Rilke, 2010: 13)

La educación está hecha de tiempo, no de horas o de segundos, sino de tiempo que pasa y se convierte en acción, en experiencia; de un *tiempo que produce confianza*, de un tiempo presente que se actualiza. La educación no es un futuro imperfecto, en un presente insuficiente, con base en un pasado p(e)asado. Ser lo que no somos, a costa de lo que somos ahora. La educación es *un presente* que debe cultivarse. Y allí, se escapa el instante.

Afecto por el espacio

Por supuesto, la educación está hecha de espacio, de lugares. Aquí pongo, apiladas, algunas palabras, como ladrillos, vigas, soportes; para ofrecernos ideas, imágenes y sentidos sobre el espacio, las formas de habitarlo, su orientación pedagógica y las miradas que se ponen sobre los muros, las paredes, las ventanas, los techos, los patios de recreo, las sillas y demás elementos que sirven de escenario a la educación.

Recorrer los espacios implica, también, pensar su distribución, el mobiliario, su uso; la cercanía de los cuerpos y los saberes, la lejanía de la vida y las distracciones, la distancia entre las formas, las separaciones que produce el horario, el silencio y la voz; relaciones y ordenamientos. Y cuando digo pensar me refiero a revisar, proponer, reconocer la historia y la tradición, escuchar, tener en cuenta otros puntos de vista, identificar modelos y tendencias.

Los discursos sobre el espacio son variados, diversos; cada uno de ellos ha dejado una huella en la escuela: las filas, la distribución de los pupitres o los bancos escolares, la ubicación del tablero, la especialización de los espacios; en fin, son huellas que permanecen de diversos modos y hablan de lo que fue la educación y de lo que está siendo. El espacio (escolar) se llena de sentidos y no de objetos; de ideas y no sólo de ladrillos; de encuentros y no sólo de rituales. Por ello, la educación, con relación al espacio, es acogida, hospitalidad, recepción, bienvenida. La hospitalidad, la recepción no es una actitud sino, siempre, una tensión, como dice Mélich, una respuesta:

> [...] la ética nos reclama a responder en una situación inaudita *sin saber cuál es la respuesta correcta*. Dicho de otro modo, desde una perspectiva antropológica en la que la finitud —y, por tanto, la situación, el contexto, la preposición, la adverbialidad— es ineludible, la ética sería la *respuesta* (nunca suficientemente) *adecuada* a una situación de *radical excepcionalidad*, y lo grave del asunto es que no hay manera de saber a priori cuál es la respuesta adecuada. (2010: 322-3)

El afecto por el espacio devela las relaciones que lo componen:

- relaciones con el conocimiento; así, el espacio nos permite reconstruirlo y vivirlo, ofrece medios para explorarlo, de modo que nos sea posible interrogar, indagar, confrontar, criticar. Esta relación debe servir para descentrar los saberes, explorar otras lógicas y conocimientos, para hacer *justicia curricular*[7] (Torres, 2012) o construir una *ecología de saberes*[8] (Santos, 2017);

* relaciones con la democracia, a través de la participación, el respeto, la justicia y la solidaridad;
* relaciones con los demás, a través del silencio, la palabra, el juego, las reglas del saber, la autoridad, y
* relaciones con el espacio mismo como mecanismo de regulación de los cuerpos, de disposición de los saberes, de imposición de una estética.

(d) Efectos del afecto

El afecto en educación, como he dejado ver en estas páginas, no se circunscribe a la relación entre los sujetos. Está distribuido en espacios, tiempos, formas de actuar y formas de estar y habitar. El afecto es hilo que sirve de tejido a la cotidianidad escolar para unir, en perspectiva teórica y analítica, el paso de los días, los encuentros, la ocupación de los espacios, la construcción del saber.

La educación es camino, trayecto; es el recorrido que nos permite llegar hasta ella. Y como es camino, para caminantes, implica el inicio, el primer paso, la mirada, el equipaje, los preparativos. En este camino todo cuenta: la palabra, el silencio, la voz, la escucha, el espacio, el tiempo (el de la preparación, el del viaje, el de la llegada). El afecto no permite que se cosifique la educación, que se reduzca su horizonte vital a datos, cifras o estadísticas, sino que invita a que se la mire en perspectiva de dimensiones y posibilidades. Así, la educación es trayecto. Y como tal implica un punto de llegada, un arribo. Supone el movimiento, al menos entre esos dos puntos, esos dos lugares. El de partida: el deseo, la voluntad. El de llegada: la espera, la hospitalidad. Entonces nuestra labor, como docentes, es la de ser cartógrafos, para hacer mapas de rutas; quizás para

---

7. "La justicia curricular es el resultado de analizar el currículum que se diseña, pone en acción, evalúa e investiga tomando en consideración el grado en el que todo lo que se decide y hace en las aulas es respetuoso y atiende a las necesidades y urgencias de todos los colectivos sociales; les ayuda a verse, analizarse, comprenderse y juzgarse en cuanto personas éticas, solidarias, colaborativas y corresponsables de un proyecto más amplio de intervención sociopolítica destinado a construir un mundo más humano, justo y democrático" (Torres, 2012).

8. "[...] la ecología de los saberes se opone a la lógica de la monocultura del conocimiento y del rigor científico, e identifica otros saberes y criterios de rigor y validez que operan de forma creíble en prácticas sociales que la razón metonímica declara no existente" (Santos, 2017: 237).

descubrir un continente o dar forma a una idea (ya lo hicieron en otras épocas Colón y Codazzi), para definir unos límites o marcar un territorio. Una cartografía que descubre señales, espacios. Un mapa que orienta, solo eso; y entonces, advierte, indica, resalta.

El afecto encarnado, corporizado, puesto. El afecto como puerta a la experiencia, para ir más allá de la experiencia; como apertura a la imaginación que, según Dewey es una puerta por la que los "[...] significados pueden encontrar su camino hacia la interacción en curso; o más bien, [...], la imaginación es el ajuste consciente de lo nuevo y lo viejo" (2008: 307). Es decir, entre lo actual y lo porvenir que en educación es cada día, cada hora de clase, cada encuentro o espacio de interacción. Así, el afecto como experiencia a la imaginación nos permite creer, estar y actuar. El afecto como experiencia de la imaginación es motor de búsqueda, sistema de alerta, es conciencia de la ubicación en el aquí y el ahora.

Referencias bibliográficas

ABRAMOWSKI, A. (2016) "¿Por qué llamarlo amor? Acerca de los afectos en el campo pedagógico". *Revista Fermentario* N° 10, Vol. 2, pp. 89-104.

ABRAMOWSKI, A. (2010) *Maneras de querer. Los afectos docentes en las relaciones pedagógicas*. Buenos Aires: Paidós.

ASIMOV, I. (1992) "Cuánto nos divertíamos". En: *Cuentos Completos I*, Barcelona.

CONTRERAS, J. y PÉREZ DE LARA, N. (2010) "La experiencia y la investigación educativa". En: Contreras, J. y Pérez de Lara, N. (comps.) *Investigar la experiencia educativa*. Madrid: Morata.

DEBRAY, R. (1997) *Transmitir*. Buenos Aires: Manantial.

DEWEY, J. (2008) *El arte como experiencia*. Barcelona: Paidós.

DUBET, F. (2006) *El declive de la institución. Profesiones, sujetos e individuos en la modernidad*. Barcelona: Gedisa.

DUSSEL, I. (2006) "Del amor y la pedagogía. Notas sobre las dificultades de un vínculo". En: Frigerio, G. y Diker, G. (comps.) *Educar: figuras y efectos del amor*. Buenos Aires: Del Estante.

ECHEVERRI, A. (2004) "Cartas a Clotilde". *Revista Colombiana de Educación*, N° 47, Universidad Pedagógica Nacional. Disponible en: [http://revistas.pedagogica.edu.co/index.php/RCE/article/view/5521/4548].

EISNER, E. (1998) *El ojo ilustrado. Indagación cualitativa y mejora de la práctica educativa*. Madrid: Paidós.

HARGREAVES, A. (1996) *Profesorado, cultura y postmodernidad. (Cambian los tiempos, cambia el profesorado)*. Madrid: Morata.

KERTÉSZ, I. (2007) *La lengua exiliada*, Madrid: Taurus.

LEVINAS, E. (1993) *El tiempo y el otro*. Paidós: Barcelona.

MÉLICH, J.-C. (2010) "Poética de lo íntimo (sobre ética y antropología)", *Ars Brevis*, anuario de la Cátedra Ramon Llul Blanquerna, N° 16, pp. 314-331.

MOCKUS, A. (1994) "Anfibios culturales, moral y productividad". *Revista Colombiana de Psicología*, N° 3, pp. 125-135.

MOCKUS, A.; HERNÁNDEZ, C.A.; GUERRERO, B.; GRANÉS, J.; CASTRO, M.C.; CHARUM, J. y FEDERI-

CI, C. (1985) "La Reforma Curricular y el magisterio". *Educación y Cultura N°* 4, pp. 65-88.

OZ, A. (2007) *La historia comienza. Ensayos sobre literatura.* México: Fondo de Cultura Económica/Siruela.

PENNAC, D. (2008) *Mal de escuela.* Barcelona: Mondadori.

RESTREPO GALLEGO, B. (2014) *Reflexiones sobre educación, ética y política,* Medellín: Fondo Editorial Eafit.

RILKE, R. (2010) *Cartas a un joven poeta,* Libros en red. Disponible en: [http://www.librosenred.com/TriviaRegalos/1a2s3d4f/6515-Cartas%20a%20un.pdf].

TERIGI, F. (2010) "El saber pedagógico frente a la crisis de la monocromía". En Frigerio, G. y Diker, G. (comps.) *Educar: saberes alterados.* Buenos Aires: Del Estante editorial/CLACSO.

SANTOS, B. (2017) *Justicia entre saberes: epistemologías del sur contra el epistemicidio.* Madrid: Morata.

TORRES, J. (2012) *La justicia curricular. El caballo de Troya de la cultura escolar.* Madrid: Morata.

VAN MANEN, M. (1998) *El tacto en la enseñanza. El significado de la sensibilidad pedagógica.* Barcelona: Paidós.

ZAMBRANO, M. (1965) "La Mediación del maestro", en: Sánchez-Gey Venegas, J. y Casado Marcos de León, Á. (eds.) *María Zambrano. Filosofía y Educación (manuscritos),* octubre. Versión para Kindle.

ZAMBRANO, M. (1964) "Entre el ver y el escuchar", en: Sánchez-Gey Venegas, J. y Casado Marcos de León, Á. (eds.) *María Zambrano. Filosofía y Educación (manuscritos),* octubre. Versión para Kindle. .

Una narrativa de las emociones para un momento de emergencia: genealogías posibles en la pedagogía

Luis Porta
Francisco Ramallo

"Los elementos desaparecidos son más numerosos que los elementos archivados. Incluso ahí donde hay archivo, el criterio de selección y la saturación hermenéutica de las lecturas canónicas parecen imposibilitar una genealogía política que dé cuenta, como Foucault pedía, no tanto de los orígenes como de los momentos de emergencia, de los puntos de fuga, de las inflexiones producidas por la crítica en el discurso dominante"
(Preciado, 2004)

"[...] todo silencio está hecho de palabras que no se han dicho"
(Yourcenar, 2018)

Una narrativa posible y situada para estar-en-el-mundo

Este capítulo proviene de un punto de fuga de la investigación sobre la formación docente en nuestra comunidad académica –el Grupo de Investigaciones en Educación y Estudios Culturales (GIEEC)– que en los últimos años se tornó una reflexión central: el lugar de las emociones en la pedagogía universitaria. De este modo, se propone ampliar sentidos para el tratamiento de cuestiones ligadas al afecto y lo sensible desde la formación docente –a la que llamamos, (auto)arrogándonos la potestad discursiva de nombrar, educación del profesorado (Yedaide y Porta, 2017)–. A la vez, se funda en la necesidad de componer una narrativa contextual e inmediata de la educación, caracterizada por habilitar otros hilos de significación capaces de imaginar otros modos y mundos posibles para la pedagogía. Entre repeticiones, diferencias críticas y nuestro vecindario, las emociones alimentaron una serie de discusiones en nuestra comunidad que retomamos brevemente en este texto; respecto de sus presencias en las aulas y en la reflexión de las prácticas docentes, de sus formas de abordaje en la investigación educativa y de la posibilidad de componer una genealogía política de estos puntos de fuga de la pedagogía en Argentina.

En una enunciación general, podríamos decir que la teoría de la educación como forma epistémica de colonización y normalización, anula pulsiones activas y amorosas en los relatos de la pedagogía moderna. Advertimos que la pérdida de las emociones y los sentidos vitales, aniquila posibilidades de registrar transgresiones sensibles, en un relato que respete y cuide las diferencias en las formas afectivas de cada ser. En el GIEEC compartimos una serie de coordenadas epistemológicas, conceptuales, metodológicas, políticas y ontológicas en las que las emociones no son sólo temáticas a investigar, sino también formas de afectarnos por nuestros relatos y nuestras prácticas de enseñanza universitaria. La ponderación de nuestros afectos y de una mirada (auto)biográfica, entraman un pensar y un sentir de y con nuestras emociones, que además invita a expandir la performatividad de nuestras palabras. Desde nuestra práctica político-pedagógica de investigación, que intenta radicalizar los sentidos de una exploración narrativa en educación –a partir de pedagogías críticas, queer y descoloniales– estas afecciones en los relatos se reconocen como subversivas, en el sentido que son anteriores a los relatos que habitamos. En el cruce entre investigación narrativa y pedagogías críticas, reconocemos la importancia de contribuir a la construcción de nuevos discursos que revelen una creciente legitimidad por tales cuestiones, restituyendo la intimidad entre la educación y la vida, en un contexto en el que el giro afectivo (Arfuch, 2018) abre las posibilidades de potenciar este abordaje.

Podríamos iniciar esta narrativa remarcando que las emociones cobraron centralidad a partir del estudio de la buena enseñanza y los profesores memorables en las aulas universitarias, especialmente los aspectos de la práctica destacados por los docentes y sus biografías.[1] Estas nos ayudaron a reconocer las buenas acciones docentes identificadas por la intuición, la sabiduría práctica y las acciones espontáneas, según el marco interpretativo para el estudio de las prácticas de la enseñanza propuesto por Edith Litwin (1998) y las categorías centrales que se definen en la Nueva Agenda de la Didáctica (NAD). Nuestro tratamiento de la buena enseñanza partió de la definición de Fenstermacher (1989, 2005), en su sentido moral; como las acciones docentes que pueden justificarse basándose en principios morales, y en el sentido epistemológico en referencia a que lo que se enseña sea "racionalmente justificable", "digno de que el estudiante lo conozca, lo crea o lo entienda". Por otra parte, no poco importante fue la lectura que realizó Philip Jackson (2002) al jerarquizar el lugar de la narrativa

---

1. Las dimensiones del sujeto que ponemos a jugar en las biografías de los profesores consignados como memorables por los estudiantes, proponen en las entrevistas un interjuego entre: lo afectivo/emocional; lo institucional; lo profesional y los acontecimientos macrosociales.

en la enseñanza, haciendo referencia a la función "epistemológica" de los relatos, y aludiendo a que muchos de ellos contienen el conocimiento que se enseña en el mundo exterior. No sólo eso, sino que constituyen de por sí aquellos saberes que deseamos que nuestros alumnos aprendan.

Especialmente, esta indagación profundizó en categorías nativas que se desprenden de los distintos proyectos que desde el año 2003 viene desarrollando el GIEEC desde una perspectiva narrativa que fue la puerta de entrada para abordar dimensiones que relacionan aspectos emocionales y afectivos en la construcción del vínculo enseñanza y aprendizaje en aulas universitarias. Ahondando en cuestiones vinculadas a una triple dimensión de los afectos en el aula: la pasión por la enseñanza, la pasión por la disciplina y la pasión por el vínculo con los estudiantes (Flores, Yedaide y Porta, 2013). Desde este lugar se abordaron tres grandes líneas de trabajo vinculados al campo de la teoría y la práctica en las aulas de Educación Superior: la primera articula aspectos críticos en relación con la didáctica y los estudios sobre la narrativa, la segunda aborda la enseñanza en relación con los vínculos, los afectos y las pasiones puestas en juego y la última relacionada al vínculo con la disciplina y la representación de la disciplina enseñada en la formación docente.

Especialmente en este contexto, cobraron centralidad una serie de categorías asociadas a la enseñanza, tales como hospitalidad, enseñanza apasionada, enseñanza rizomática, resonancia emocional o urdimbre vincular. La emergencia de estas categorías fue posible mediante el entramado de materiales obtenidos a partir de la articulación metodológica entre el enfoque biográfico-narrativo con la perspectiva etnográfica, logrando acercar los sentidos y significados que tanto los profesores memorables como los demás protagonistas de las clases atribuyen a su enseñanza. En esta línea, el relato de Cecilia, profesora memorable de la carrera de Filosofía desde su planteo de la enseñanza como ejercicio de la teatralidad, nos introduce en ello:

> [...] El teatro es un acontecimiento que se da entre quienes sostienen la escena y quienes la reciben activamente. Son parte del juego teatral, hay una implicación mutua. Cuando hay acontecimiento teatral, no hay un receptor pasivo en el público. El público trabaja, actúa... hay algo performativo del público. No obstante, me parece que en el eje del ejercicio de la docencia... habría que entender y desmenuzar que no todas las formas del ejercicio docente son iguales. No es lo mismo una clase masiva, que una clase acotada de un seminario de doctorado, por ejemplo. Hay una cuestión del número, de la territorialidad del aula, allí donde la cosa se vuelve muy masiva que impide o que no son las mejores condiciones, por lo menos, para una equiparación de la teatralidad de lo performativo. Del

despliegue de los cuerpos, etc., etc. En esos casos, creo que hay una carga de la teatralidad en quien está dando la clase. Por eso, cuando hablamos de esto, tenemos que ver desde dónde nos ubicamos. Hace muchísimos años trabajo con clases muy masivas, de mucha gente. Estamos hablando de ochenta, o cien personas en los teóricos. Allí, el juego de los cuerpos puestos en el escenario, para seguir pensando la metáfora teatral, es más difícil. Por lo tanto, las tintas, lo más florido, lo más visible, lo más performativo del cuerpo saliendo a escena es del que está sosteniendo la trasmisión de lo que se está diciendo. Pero insisto y vuelvo al teatro griego: ¿es un auditorio pasivo? De ninguna manera. En realidad, si aquel teatro era una puesta en diálogo de emociones, si la intención teatral tenía que ver con una interpelación a la emoción del otro y al intelecto, en el caso de una clase, del otro. Más allá de que haya como un matiz menos florido, en esa interpelación del otro, hay actividad en ese otro. Preguntando, interviniendo, comprendiendo. No es menor, no me voy a cansar de valorar una clase que se cierre y que el otro haya comprendido. Insisto, es un mimo al otro, es un mimo mutuo. Los alumnos pueden no comprender lo que el otro les está diciendo y no comprender es una forma de dejarlo fuera, del circuito del discurso. Por lo tanto, esforzar que la teatralidad ponga en juego algo de la comprensión del otro, como la acumulación de un capital cultural que se está compartiendo. El otro comprende y entonces entramos en un mismo espacio de diálogo. No es poca cosa. (Entrevista focalizada 3, 23/10/16)

En ese camino destacamos a la enseñanza como hecho cultural que prioriza una trama vincular afectiva y revela una implicación intelectual y emocional que incorpora a los estudiantes a ese escenario. Así, las emociones problematizan la idea de enseñanza como apelación unilateral a lo intelectual, como campo aséptico o neutral, como topos de características universales y como mera transmisión. La trama afectiva compone una educación que recupera el lazo con el otro e implica un modelo educativo que prioriza la relación emocional como modo de constituir el espacio adecuado para la transmisión, recepción y circulación de los saberes (Flores, 2017). A partir de, por ejemplo, prácticas de adecuación discursiva a las necesidades de los estudiantes, el uso de un lenguaje cálido y un trato cordial y afectuoso, incluyendo el humor habitualmente en las clases, la generación de un sentimiento de alegría compartido, así como relatos de la vida personal que los estudiantes disfrutan (*ibídem*: 131).

En efecto, cuando aludimos a la pasión en la enseñanza no proponemos practicar un culto a lo emocional ni un reduccionismo emocional. Se trata de comprender que en la capacidad de discernimiento, razón y emoción son complementarias porque ambos son resortes de la conducta humana.

La enseñanza apasionada muestra que ni los sentimientos son irracionales ni la racionalidad se consolida sin el apoyo de los sentimientos, es decir, cuando unos estudiantes dicen que una profesora ama lo que enseña y enseña con pasión, y cuando una profesora dice que ama enseñar y que todo en su vida lo hace con pasión, se consolida una concepción de enseñanza como urdimbre ética que conjuga intelecto y afectos (*ibídem*).

Del mismo modo que el rizoma se distingue de las raíces, las prácticas de enseñanza rizomáticas rompen la idea de transmisión en el sentido pedagógico tradicional. La enseñanza rizomática conlleva a la imbricación de lo ético, lo epistemológico y lo político y se vincula con la consideración de la clase como acontecimiento porque habilita la efectuación de actos de "sentidización" y resistencia a las clausuras de significado y, a la vez, posibilita la potenciación de los estudiantes mediante el ejercicio de la libertad que esta enseñanza conlleva, ya que contrasta con la transmisión orientada a replicar un modo de ser y pensar (*ibídem*). El sentido ético de la enseñanza rizomática coincide en parte con la enseñanza apasionada porque deja huellas en los estudiantes que proceden de una cualidad de potencia que es intensidad pasional y, como tal, los impacta. A esto se agrega que la enseñanza rizomática desbloquea multiplicidades, dibuja el mapa transformacional en conexiones heterogéneas y así no adormece el deseo, lo hace brotar en medio de una circulación de intensidades.

La irrupción de las emociones en la trama discursiva de la educación docente, entonces, se fue consolidando con legítima fuerza. La pasión forma parte hoy de los relatos de la buena enseñanza, aunque bordeando los límites de la academia y generando aún resistencias. No resultaría difícil reconocer que durante largos períodos razón y pasión fueron términos dicotómicos. El lado oscuro de este binomio componía la creencia que el hombre debía librarse de las pasiones a través de la disciplina y el autocontrol, aunque ya en la filosofía moderna de Descartes y Spinoza se explicitó lo inadecuado de entender a las pasiones como un simple enceguecimiento de razón (Bordelois en Flores, Yedaide y Porta, 2013). El relato de Cecilia, lo pone de manifiesto:

[...] Me parece que allí donde se despliega energía puede darse una adhesión contagiosa, se pueden generar las condiciones de posibilidad de una empatía. Si se logra fecundar un espacio común donde circule el afecto, donde circule esa erótica, me parece que esos climas son contagiosos. Y, lo que pone el contagio con el campo lexical del término no me parece menor, ese "con" de adelante aludiendo a la posibilidad de convergencia. El contagio es una forma de reunión, una forma de estar en una sintonía semejante. Si se logran las condiciones de posibilidad de una práctica docente, donde circule la energía, el afecto, la comprensión del objeto que se ha recortado, hay placer. Hay placer. Resulta una experiencia placentera. Y desde esa convergencia del placer, y de esa confluencia del contagio que es una forma de contacto, me parece que son las mejores condiciones para pasarla bien y para salir de algún mundo contagiado. Si uno lo piensa desde la enfermedad, el contagio es por el contacto y adquirir algo que el otro tiene... varicela, rubeola, hepatitis, etc... que se trataría de que el contacto contagie algo del entusiasmo y la pasión. Y se da. Se da. Yo veo alumnos entusiasmados, contagiados. Porque se ha generado el clima del contagio. Por contacto, se contagia de algo que el otro posee. Y yo también me contagio de su juventud. Yo tengo un particular rollo personal con las formas de la decadencia. Con las formas de la decrepitud. En última instancia con los estigmas de la finitud. Yo creo que sin alumnos la pasaría mal. Arrojada a este momento de la existencia, donde a uno le falta muchísimo menos de lo que lleva vivido para morirse, porque lleva vivido 60 años, la presencia de la muerte se vuelve cada vez más insistente. Y a mí me resulta intolerable esa imagen del deterioro, del fin. Allí es donde la figura de los estudiantes, con sus años, con su juventud, se vuelve absolutamente terapéutico. Ellos me cuidan a mí. Me encanta estar con la gente joven. No porque yo tenga una conducta de volverme una joven, no lo tengo con mis hijas, de entrar en cuestiones de competencias de paridad, yo estoy bien instalada en la edad que tengo. Pero hay algo de esa juventud, hay algo de esa frescura, de esa fuerza, de toda esa vida que queda por delante, que a mí me hace bien, definitivamente bien. Yo la paso mal en el verano, porque no hay universidad, a mí me gusta estar con ellos, me gusta mucho, ellos son terapéuticos. (Entrevista focalizada 3, 23/10/2016)

En el estado actual de la agenda educativa, ya no es nuevo ni novedoso hablar de la pasión en la enseñanza, aunque es aún excepcional abordarla como un principio o condición constitutiva de las buenas prácticas. En los relatos de los grandes maestros, la pasión se manifiesta recurrentemente a veces volcada sobre la disciplina, a veces sobre las personas y muchas veces sobre ambas, recuperadas en la narrativa como placer, empatía e incluso amor. La pasión como contenido de la educación docente, es factible de interpretarse en la intimidad entre la persona y su arte y el compromiso con la posibilidad de conmover al otro (Flores, Yedaide y Porta, 2013). Desde los grandes maestros y la formación del profesorado hace tiempo Robert Fried (1995) comenzó abonando esta cuestión desde su concepto nodal de enseñanza apasionada. Destacó el valor como principio ordenador de toda propuesta de enseñanza, que funda su sentido en el compromiso y los vínculos vitales. También Christopher Day (2011) se encargó de ubicar docentes apasionados en los recuerdos que él mismo atesoró de ciertos maestros, señalando que en la enseñanza –en especial–, es imposible e indeseable mantener divisiones entre lo personal y lo profesional, el afecto y la compasión son características esenciales del establecimiento y el mantenimiento de la conexión con los estudiantes y con los colegas. En este escenario, para nosotros recuperar los atributos de mundo sensible que impregnan neurálgicamente las prácticas y discursos sobre la enseñanza y sus sentidos, es central. Y lo hacemos comprendiendo la subjetividad docente a partir de la profundidad semántica que componen las emociones, los sentimientos y las afecciones en la consolidación de una mirada hacia la educación docente más humanizada y humanizante (Yedaide y Porta, 2017). Cecilia, lo explicita claramente cuando vincula la docencia con la metáfora del viaje:

> Vamos a pensar desde la metáfora del viaje y después desde lo odiseico. Creo que enseñar es un modo de viajar con uno mismo y en dirección al otro. Fundamentalmente, porque el otro tiene su bagaje de experiencias, conocimientos. Tiene un modelo de instalación propio que frente a nuestro modelo de instalación como docentes hace que se genere un encuentro. Como se encuentran las coordenadas de un viaje. Uno va hacia un lugar con todo su bagaje, pero cuando llega a ese lugar, el propio sitio, la propia ciudad, el propio país, para pensarlo metafóricamente en el aula, tiene su propia espesura que se pone a dialogar con lo que nosotros llevamos al viaje. Por lo tanto, acontece un encuentro. Los viajes son encuentros. Uno viaja para encontrar, viaja para encontrar ciudades, viaja para encontrar costumbres, viaja para encontrar prácticas sociales. Y eso es lo que uno encuentra en un aula. Uno encuentra personas, encuentra discursos, encuentra prácticas sociales, encuentra costumbres, encuentra paisaje, encuentra paisaje antropológico. Si uno viaja con la idea del encuentro, abierto al encuentro, de ese encuentro sale enriquecido, como sale enriquecido de los viajes. Uno no es el mismo al retornar del viaje. Yo creo que uno no es el mismo luego de enfrentar sus prácticas docentes. No es el mismo en absoluto. Y es otro histórico, un otro que se va haciendo históricamente a medida que sostiene sus prácticas de enseñanza. Y en este punto entonces, hasta ahí, podemos pensarlo desde la idea del viaje, del encuentro, de las intersecciones con el otro, como uno reconoce ciudades, reconoce alumnos, colegas, instituciones. ¿Por qué odiseico? Porque yo entiendo la "Odisea", como ese viaje de Odiseo en busca de su propia subjetividad. El camino de Odiseo, el viaje, la "Odisea" como poema, no es otra cosa que un camino del reconocimiento del propio Ulises...

> Entrevistador: — *¿En la metáfora de la vuelta a casa?*

> — Sí, en la metáfora de la vuelta a casa. La metáfora del retorno a Itaca, que es como el retorno a recuperar su poder. Creo que por eso ha trascendido. Por eso hay otros viajes odiseicos. Porque es un clásico, porque

es la búsqueda de nosotros mismos. El ejercicio docente es un viaje subjetivante, uno se encuentra a uno mismo. Va reconociendo de uno posibilidades, imposibilidades, competencias, incompetencias, mezquindades, generosidades. Creo que ese contacto con el otro que es también el otro en sus distintas instancias, la institución, el otro alumno, el otro colega, son las condiciones de posibilidad para un conocimiento de uno mismo. Para un devenir sujeto. Cuando uno abraza una profesión sin pensarlo desde la estricta salida laboral, si a uno lo ha atravesado su profesión en ese campo de la pasión como padecerla, como sentirla, como sentir el impacto, la profesión es el *Kairós*, es la oportunidad, la ocasión favorable para devenir sujeto. Eso que Foucault llamaría un modo de subjetivación. Uno se hace sujeto enseñando. Y eso es un viaje, un viaje hacia tu propia interioridad. Es sacar la mirada... los griegos tenían dos categorías para pensar esto: Uno es el concepto de *epimeleia,* el concepto de hacerse cargo de uno mismo, de atenderse, de ponerse bajo el cuidado de... y el otro es el concepto de *epístrofe,* el concepto de retornar sobre uno mismo. De girar sobre uno mismo. La docencia es una invitación constante a retornar hacia uno mismo. Sobre todo para moverse, para viajar hacia lo nuevo. Si uno permanece idéntico y conserva las mismas estructuras es como una forma de la misma muerte. Por lo tanto, la invitación es a hacerse cargo y a retornar sobre uno mismo. Son dos caras del mismo viaje. (Entrevista focalizada 2, 17/10/2016).

En síntesis, la perspectiva narrativa, punto de encuentro de nuestras investigaciones, ha sido la entrada a los afectos y a la sensibilidad. Sobre todo, en la afección que nos provocan los relatos que componemos. En tanto que múltiples son las formas comprender los relatos educativos en la comunidad académica que conformamos en el GIEEC, profundizamos la idea de que una investigación narrativa no sólo implica una metodología específica —como podría ser la utilización del enfoque biográfico-narrativo—, sino que además constituye otro modo de conocer. Una forma que es eminentemente política, al invertir la ecuación y remarcar que la investigación es un tipo de narrativa. No puede ser valorada únicamente en función de sus procedimientos, sino en virtud de los fines a los que se orienta y los modos como su hacer construye o aniquila las posibilidades políticas en las personas. Ello nos ubica en una disputa acerca del sentido de lo que es investigar y lo que debe esperarse de esta empresa (Yedaide, Álvarez y Porta, 2015).

En concurrencia con esta postura, la ciencia clásica queda cartografiada en el mapa más abarcador de las formas de colonización y normalización que aún hoy nos con-forman, como hábitat primordial de nuestros cuerpos y mentes. En plena disonancia y con coordenadas geográfico-temporales precisas que abrevan de campos académicos-culturales diversos, nuestro posicionamiento narrativo propicia una práctica afectiva productora de saberes transitorios y localizados. Espacios y tiempos se deben a la irremediable inmediatez de las experiencias que habitamos y que nos conmueven.

Sin embargo, frente a las condiciones de dominación y opresión que componemos los humanos entendemos que las transgresiones que aquí podemos des-componer actúan siempre a través de lo que podríamos identificar como pequeños gestos. En las literaturas de las pedagogías críticas el gesto ha sido recurrentemente utilizado para resaltar la parcialidad, fragmentación y pequeñez que constituye a nuestras acciones y pensamientos. Dada la imposibilidad de una colonialidad cero o de una transgresión total, estos gestos no esenciales y no esencializantes re-invierten grietas en la inmediatez de la afectación sensible de nuestro vecindario (Porta y Yedaide, 2017). Indagar los afectos desde una mirada narrativa apuesta también a una afectación sensible de los relatos, cuyos interrogantes se expanden desde el qué hacemos con los relatos hasta qué hacen los relatos con nosotros.

Dicho esto, resaltamos que la mirada afectiva en la educación propone un ejercicio constante y siempre parcial de desnaturalizar la dolorosa normalidad y colonialidad que se nos impone y nos atraviesa. El recuperar el derecho a afectarnos, alimentado por cosmologías interrumpidas de las gentes, profundiza una pregunta pocas veces formulada sobre la composición de la pedagogía y sus sentidos en nuestros cotidianos. Y a pesar de que sean pocas las veces que percibimos "el" relato colonizado y normalizado de la pedagogía que continuamos habitando, los desprendimientos iniciados conmueven nuestras escrituras y prácticas.

Las emociones:
una genealogía política para la composición de la pedagogía

En el siglo XIX europeo la profesionalización de las ciencias sociales moderna parecía prever una comprensión de las emociones —en todas sus vertientes conocidas— para dar una respuesta definitiva a la curiosidad creciente del público que componía este tema (Damasio, 2016: 1). Sin embargo, la normalidad y la colonialidad que perfeccionaron sus formatos dispersaron incluso estos intereses racionalizadores y nunca se llegó a abordar con esa intención inicial de forma decisiva el tema de las emociones. De hecho, las ciencias de la mente y el cerebro devenidas en neurociencias progresaron poco en el estudio de las emociones.

Hoy vale poco aclarar que la razón no es tan pura como ha pensado la ciencia moderna, y que las emociones y los sentimientos no son más intrusos en el bastión de la razón. Ya no resulta demasiado necesario justificar si es o no posible estudiar los afectos, muchos menos argumentar su relevancia en la educación y en los vínculos pedagógicos. Sin embargo, las emociones podrían leerse como un elemento desaparecido en el archivo de la pedagogía moderna. En efecto, las lecturas canónicas de la pedagogía les han dedicado poca importancia a los afectos, por lo que, se vuelve central componer –en términos de lo planteado por Preciado (2004)– una genealogía política que explore el sentido de las emociones en el pensamiento occidental y su impacto en el tratamiento casi marginal de las cuestiones de los afectos y las emociones en la enseñanza.

Hoy podríamos afirmar que el estudio de los afectos y de las emociones desde diferentes disciplinas y abordajes propone una tímida renovación en las ciencias sociales en general y en la pedagogía en particular. Algunos indicios cotidianos permitirían esbozar que estamos ante una suerte de explosión de lo afectivo, en el sentido que somos protagonistas de una exhibición y tematización de la intimidad y del sentir individual en diferentes ámbitos de la vida pública. De modo que, este giro o boom afectivo tiene su correlato en el campo de la investigación, es un hecho que la agenda teórica se ha renovado y que el territorio de exploración se ha multiplicado con nuevas matrices conceptuales asociadas al mundo emocional (Abramowski y Canevaro, 2017).

Cada vez más, autores desde distintos campos, no sólo de las ciencias sociales y humanas sino también de disciplinas como la biología, la medicina o la psicología, destacan la importancia de indagar lo afectivo. Especialmente, en los últimos años la historiografía educativa vinculada al desarrollo de la historia de las emociones ha permitido desnaturalizar las interpretaciones sobre la vida afectiva y analizar la construcción de distintos sistemas sensibles a lo largo del tiempo en la educación moderna (Pineau, 2013; Macón y Solana, 2015; Serra, Southwell y Pineau, 2018). Además de los iniciales desarrollos en el campo, los aportes del feminismo negro y las políticas afectivas, la teoría queer, el cuerpo y los deseos (Britzman, 1995; Hooks, 2000) también se han preocupado por ello.

En la pedagogía argentina el estudio de los afectos también comenzó a ocupar un lugar importante tanto en su lugar didáctico (Abramowski, 2010), en las experiencias estudiantiles (Kaplan, 2009; Carli, 2012) en el ejercicio de la docencia (Porta y Flores, 2012; Flores, Yedaide y Porta, 2013; Porta y Yedaide, 2017), en las afecciones y el cuerpo de la historia de la pedagogía (Muñoz y Vela, 2013), en las sexualidades y las normalizaciones heterosexuales (Morgade, 2001), en el espacio político-afectivo del ejercicio de la autoridad (Greco, 2012), en la dimensión política y afectiva de la construcción de los relatos (Suárez, 2014) y en la construcción epistemológica del campo a partir del "sentipensar" (Yuni y Urbano, 2018), entre otros aportes.

Quizás sea éste el momento de componer una genealogía política de las emociones en la pedagogía, que no se encargue de rastrear gloriosos y nostálgicos orígenes sino la coincidente emergencia que podría registrarse en los últimos años de la producción de la pedagogía en Argentina en relación a estas temáticas. En tal sentido, las narrativas de puntos de fuga y las inflexiones que producimos como crítica en el discurso dominante en la pedagogía como campo de la normalización de los conocimientos y colonización de los saberes, podrían ofrecer la pista de un archivo otro de la educación. Para ello, podríamos indagar la conformación de estos estudios tanto a partir de las producciones como las (auto)biografías en relación con las afecciones. Las reflexiones realizadas por Tony Becher con relación a los académicos como constructores de comunidades de saberes podrían abrir espacios en el abordaje de las propiedades epistemológicas en las formas de conocimiento y en las formas de organización que las diversas "tribus" que habitan "territorios" constituidos por las disciplinas del conocimiento (Becher, 2001: 16) que componen la pedagogía actual. Y, si bien en un cierto nivel de abstracción los educadores-investigadores de estas temáticas podríamos ser considerados miembros de una única profesión, cada disciplina, o aun cada especialidad, da forma a una cultura peculiar que tiene su correlato social en diversos procesos de iniciación, distintos modelos de carrera, diferentes patrones de interacción social y comunicación (publicaciones), entre otros aspectos (Clark, 1991).

En ese sentido escribimos este texto, que propone revitalizar una narrativa para una genealogía política de las emociones como campo de emergencia en la pedagogía desde el GIEEC desde tres líneas de aportes o tres planos centrales de abordaje: el primero, ligado a las investigaciones previas llevadas adelante en el marco del grupo del cual formamos parte, en donde los relatos de la composición del campo de la pedagogía y los afectos ocupan un lugar cada vez más preponderante. El segundo plano estaría asociado a la categoría "emociones" en la investigación pedagógica como concepto central del análisis y, el tercero, articulando los dos anteriores: la mirada narrativa sobre la investigación educativa –especialmente (auto)biográfica– como modo de enlazar dicha genealogía. Como si fuera un movimiento que se pone en juego en un viaje, en palabras de Cecilia:

> [...] Hay una cierta relación entre viaje y movimiento. El mismo movimiento al que está sometido todo el dispositivo educativo. Todo el ejercicio docente. Móviles somos nosotros porque somos históricos. Móvil la institución. Móvil la realidad a la cual la institución de algún modo

responde. Móviles los objetos de interés. No hay otra forma de entender el ejercicio que no sea desde un lugar de movimiento. Es un ejercicio en movimiento. Puedo llegar a pensar otros tópicos con los que relacione la metáfora del viaje, por ejemplo, el asombro. A mí me sigue asombrando dar clases. Y me sigue asombrando para bien y para mal. Para mal, porque estoy vieja y lo padezco, me cansa, pero no puedo sustraerme de una misma pasión juvenil por dar clases. Lo cual agota. Porque la teatralidad implica una puesta en escena que empieza a desfasarse de la propia edad de la que una tiene. Del propio cuerpo, de la propia voz, de la propia capacidad de resistencia, etc. El viaje me produce lo mismo. Por lo tanto, hay algo vinculado al asombro. Viaje y asombro, carrera y asombro. Podría pensarlo con otro de los tópicos que se trabajó: el viaje odiseico, como el viaje hacia la propia interioridad y la carrera, como una carrera que se convierte en un *ethos* subjetivante. En una actitud de vida que a uno lo subjetiva, lo convierte en sujeto. Nuevo punto de alianza entre viaje y carrera: el deseo. Otro de los puntos para asociar es la carrera o el ejercicio docente y el deseo, yo lo sigo deseando. Lo deseo con fuerza, sé que por allí está mi deseo. No podría sostenerla desde otro lugar que no fuera porque persiste el deseo. Ahí hay algo que me sigue convocando con fuerza y el mismo deseo por el viaje, por los viajes. Esto está muy emparentado con la pasión, y yo vuelvo a ponerlo en términos griegos. La pasión como aquello que se padece porque está inscripto en el cuerpo, se siente en el cuerpo. En ese sentido, a mí me apasiona el viaje porque me atraviesan los viajes. Yo me despido de un lugar y estoy pensando cuándo vuelvo. Y se cumple, tengo energía para volver. (Entrevista focalizada 2, 17/10/2016)

Recobramos que en primer lugar dicha genealogía retomaría investigaciones previas respecto de la indagación de las prácticas académicas en la formación del profesorado y en las contribuciones realizadas sobre la conformación del campo de la pedagogía en Argentina. Dicho abordaje recupera el lugar de las emociones en la enseñanza, la pasión, la "urdimbre" ética entre afecto e intelecto y el lugar afectivo de los mentores en el desarrollo profesional (Flores, Yedaide y Porta, 2013; Porta y Yedaide, 2017). Como así también el reconocimiento de la vida de los profesores, las diversas prácticas de enseñanza y el rescate de las biografías y la accionalidad emotiva de los sujetos en los relatos.

En segundo lugar, dicha genealogía pondría en valor las variadas investigaciones en el campo de la pedagogía con relación a los afectos. Para ello, advertimos —siguiendo a Zembylas (2005)— que la forma de conceptualizar los afectos en el discurso educativo moderno merece una mirada crítica, si deseamos comprender su recuperación en la literatura contemporánea y en los silencios que permanecen aún cercenándolas. En efecto, con ilustres excepciones, las emociones han sido conceptualizadas como perturbaciones de la verdad y la racionalidad presas del lado oscuro en la dicotomía occidental razón-emoción.

En tanto que estudiar las emociones implica reconocer cómo su sentido es producto de una construcción cultural e histórica (Green, 1994), los afectos son significaciones culturales que están inscriptos en relaciones sociales y que su sentido se define dentro de determinados parámetros conceptuales y valorativos (Abramowski, 2010). Y a pesar de su naturaleza ubicua, es cierto que su legitimidad en el discurso pedagógico es todavía inestable. Fried, por ejemplo, reconoce haberse sentido un estudioso demasiado harapiento y de mirada demasiado delirante al abocar su trabajo al tratamiento de la pasión en la enseñanza (Fried, en Day, 2011). Aunque podríamos advertir una emergente recuperación de las "cuestiones del corazón" que quedaron fuera de la educación, volver sobre los afectos nos coloca en el centro de la investigación de la relación pedagógica, en las constricciones, mandatos y regulaciones sobre los que se apoyan placeres y emociones pedagógicas.

Finalmente, una tercera línea de aporte se constituye a partir de la investigación narrativa y el enfoque (auto)biográfico. En la investigación educativa la narrativa permite generar y reconstruir significados, en tanto forma de representación situada que compone, cuenta, argumenta y explica (McEwan y Egan, 1998). Su utilidad, tanto para describir o explicar significados es sumamente apreciada en la literatura educativa, en tanto constructora del sentido interior y exterior de la realidad (Bruner, 2002). La narrativa es una forma de "captar la manera en que las personas construyen su autoconocimiento" y también de hacer que "transmitan su sentido personal organizando su experiencia", siempre dentro de una estructura social (Contreras, 2016). En un espacio tridimensional conformado por la interacción entre lo personal y lo social; la continuidad del pasado, presente, futuro y la situación, lugares o secuencias de lugares, la investigación narrativa es también una forma de cerrar la brecha entre lo público y lo privado, emergiendo como productoras de teorías de los propios docentes e investigadores.

Los investigadores de la narración, por el hecho de estar en el campo, participamos de él, como un espectador participa y conforma el paisaje emotivo que contempla, una atmósfera que nos remite a estar-en-el-mundo (Coccia, 2018) como inmersos en un mar que nos permite esa interpenetración necesaria. Explorar estas dimensiones en los relatos a partir de las narraciones (auto)biográficas, permitiría recoger la multiplicidad de las formas que integran el espacio biográfico y ofrece un rasgo en común en el que se cuenta, de distintas maneras, una historia o experiencia de vida. Valdría la pena describir el estado actual de la investigación de los afectos en el campo de la pedagogía en Argentina a partir de identificar tramas y significados que se ponen en juego, como una manera de recuperar aquellos numerosos elementos desaparecidos de nuestros archivos.

Estas genealogías políticas colaborarían a deconstruir, en el sentido derridiano, los opuestos binarios que se conformaron respecto de la razón y de la emoción en la pedagogía. Reconocer estos opuestos binarios en los textos, demostrar cómo están relacionados, cómo uno es el central, el natural y el privilegiado, y otro es el ignorado, reprimido y marginado sería un gran paso. Componer una pedagogía que des-hace o revierte esa jerarquía en forma temporaria, podría significar lo contrario de lo que pareció representar "originalmente" la emoción en el pensamiento pedagógico. Hacerlo significaría que razón y emoción dancen un juego libre, cuyos significados no tengan jerarquías estables.

Estas genealogías políticas aquí sedimentadas por la investigación narrativa y la educación docente se advierten en su polifonía, multiplicidad, inmediatez y localización. Reñidas con lo legítimo y lo dominante, proponen des-centrar un origen y componer una necesaria variabilidad y diversidad. Quizás este camino emotivo para la pedagogía haga de estas emergencias la posibilidad de afectar las mil maneras de pensar y de impugnar de un origen único, en "genealogías excéntricas" que desde los márgenes y a partir de diferentes puntos encaminen diversos centros sensibles y emocionales (Oliveira, 2017). En un vuelco de la razón (Mignolo, 2011) que compone un esfuerzo por mostrar y argumentar formas de sentir, pensar y hacer que escapen al control hegemónico de la razón occidental, nos permitiría entender que el mundo "no es un espacio definido por el orden de las causas, sino más bien por el clima de las atmósferas [...] Comprender un clima es aprehender una atmósfera" (Coccia, 2017: 114). En este sentido, lo que atravesamos y nos atraviesa a cada instante, cada vez que respiramos, es el mundo. Plantea Coccia que, en el fondo, el verdadero conocimiento del mundo no puede ser sino una forma de autotropía especulativa (Coccia, 2018). Abrir la pedagogía en momentos de emergencia a esa autotropía interpelará necesariamente lo instituido, lo estructurado, lo ordenado y, radicalmente se reconocerá en las emociones y los afectos como modo de estar-en-el-mundo, inmersa (Le Breton, 2017) en esos mundos, sintiendo y viviendo "otros" mundos posibles narrados en palabras o condensados en silencios que hablan por los afectos y las emociones, el deseo y lo íntimo (Jullien, 2016) de cada uno, puesto en la intensidad atmosférica del mundo.

Volviendo a los epígrafes de este texto y, para cerrar, reafirmamos la condición de interpelación generada por los puntos de fuga en momentos de emergencia de la pedagogía, como crítica e inflexión a los discursos dominantes (Preciado, 2004) a partir de la narrativa y de la condición de situarnos en los afectos y las emociones ya que, en palabras de Yourcenar (2018), si "todo silencio está hecho de palabras que no se han dicho".

> Quizás por eso me hice músico. Era necesario que alguien expresara aquel silencio, que le arrebatara toda la tristeza que contenía para hacerlo cantar. Era preciso servirse para ello no de las palabras, siempre demasiado precisas para no ser crueles, sino simplemente de la música, porque la música no es indiscreta y cuando se lamenta no dice por qué. Se necesita una música especial, lenta, llena de largas reticencias y sin embargo verídica, adherida al silencio para acabar por meterse dentro de él. Esa música ha sido la mía. Ya ves que no soy más que un intérprete, me limito a traducir. Pero sólo traducimos nuestras emociones: siempre hablamos de nosotros mismos. (Yourcenar, 2018: 21)

Referencias bibliográficas

ÁLVAREZ, Z.; PORTA, L. y YEDAIDE, M. (2012) "Pasión por enseñar. Emociones y Afectos de profesores universitarios memorables". *Revista Científica Alternativas, Espacio Pedagógico (UNLS)*. N° 64.

ABRAMOWSKI, A. (2010) *Maneras de querer. Los afectos docentes en las relaciones pedagógicas*. Buenos Aires: Paidós.

ABRAMOWSKI, A. y CANEVARO, S. (2017) *Pensar los afectos: Aproximaciones desde las ciencias sociales y las humanidades*. Buenos Aires: Prometeo.

ARFUCH, L. (2018) *La vida narrada. Memoria, subjetividad y política*. Villa María: Eduvim.

BECHER, T. (2001) *Tribus y territorios académicos: la indagación intelectual y las culturas de las disciplinas*. Barcelona: Gedisa.

BRITZMAN, D. (1995) "What is this thing called love?". En: Steinberg, S y Kincheloe, J (eds.) *Taboo: The Journal of Culture and Education*. Vol. I. Nueva York: Peter Lang Publishing.

BRUNER, J. (2002) *La fábrica de historias*. Buenos Aires: Fondo de Cultura Económica.

CARLI, S. (2012) *El estudiante universitario. Hacia una historia del presente de la educación pública*. Buenos Aires: Editorial Siglo XXI.

CLARK, B. (1991) *El sistema de educación superior: una visión comparativa de la organización académica*. México: Editorial Nueva Imagen.

COCCIA, E. (2017) *La vida de las plantas. Una metafísica de la mixtura*. Buenos Aires: Miño y Dávila editores.

CONNELLY, F. y CLANDININ, D. (1990) "Stories of experience and narrative inquiry". *Educational Researcher* 19 (5): 2-14.

CONTRERAS, D. (2016) "Profundizar narrativamente la educación" En: De Souza, E. (org.) *(Auto)biografías e documentação narrativa: redes de pesquisa e formação*. Salvador: Eudeba.

DAMASIO, A. (2016) *El error de Descartes: La emoción, la razón y el cerebro humano*. Barcelona: Crítica.

DAY, C. (2011) *Pasión por enseñar. La identidad personal y profesional del docente y sus valores*. Madrid: Narcea.

FENSTERMACHER, G. (1989) "Tres aspectos de la filosofía de la investigación en la enseñanza". En: Wittrock, M. *La investigación en la enseñanza I. Enfoques, teorías y métodos*. Barcelona: Paidós.

FRIED, R. (1995) *The Passionate Teacher. A Practical Guide*. Boston: Beacon Press.

FLORES, G. (2017) "Dimensión ética de la enseñanza. Un estudio interpretativo de las prácticas de profesores memorables de la Facultad de Humanidades de la Universidad Nacional de Mar del Plata". Tesis de Doctorado en Humanidades y Artes con mención en Ciencias de la Educación, Universidad Nacional de Rosario.

FLORES, G.; YEDAIDE, M. y PORTA, L. (2013) "Grandes maestros: intimidad entre la educación y la vida. Pasión por enseñar en el aula universitaria". *Revista de Educación de la Facultad de Humanidades*, Año 4, N° 5, 173-188.

GRECO, M.B. (2012) *El espacio político: democracia y autoridad*. Buenos Aires: Prometeo.

GREEN, A. (1994) *De locuras privadas*. Buenos Aires: Amorrortu.

GOROSTIAGA, J. (2017) "La formación de investigadores en el campo de la política educativa: una mirada regional". *Revista de la Educación Superior,* Vol. 46.

HOOKS, B. (2000) "Eros, erotismo y proceso pedagógico". En: Lopes Louro, G. (org.) *O corpo educado*. Belo Horizonte: Auténtica.

JACKSON, P. (2002) *Práctica de la enseñanza*. Buenos Aires: Amorrortu.

JULLIEN, F. (2016) *Lo íntimo. Lejos del ruidoso amor*. Buenos Aires: El cuenco de plata.

KAPLAN, C. (2009) "La humillación como emoción en la experiencia escolar. Una lectura desde la perspectiva de Norbert Elías". En: Kaplan, C. y Orce, V. (coords.) *Poder prácticas sociales y procesos civili-*zador. *Los usos de Norbert Elías*. Buenos Aires: Noveduc.

LE BRETON, D. (2017) *Desaparecer de sí. Una tentación contemporánea*. Madrid: Siruela.

LITWIN, E. (1998) "La investigación didáctica en un debate contemporáneo". En: Baquero, R. (y cols.), *Debates constructivistas*. Buenos Aires: Aique.

MACÓN, C. y SOLANA, M. (2015) *Pretérito indefinido: afectos y emociones en las aproximaciones al pasado*. Buenos Aires: Título.

MCEWAN, H. y EGAN, K. (1998) *La narrativa en la enseñanza, el aprendizaje y la investigación*. Buenos Aires: Amorrortu.

MIGNOLO, W. (2011) *El vuelvo de la razón: diferencia colonial y pensamiento fronterizo*. Buenos Aires: Del signo.

MORGADE, G. (2001) *Aprender a ser mujer, aprender a ser varón*. Buenos Aires: Noveduc.

MUÑOZ, M. y VELA, L. (2013) *Afecciones, cuerpos y escrituras: Políticas y poéticas de la sujetividad*. Mendoza: UNC.

OLIVEIRA, J.M. (2017) "Genealogías excéntricas: os mil nomes do queer". *Periódicus* N° 6, Vol. 1.

PINEAU, P. (dir.) (2013) *Escolarizar lo sensible. Estudios sobre estética escolar (1870-1945)*. Buenos Aires: Teseo.

PORTA, L. y FLORES, G. (2012) "La dimensión ética de la pasión por enseñar. Una perspectiva biográfico-narrativa en educación superior". *Praxis*. Vol 16. Buenos Aires: Universidad Nacional de La Pampa/Miño y Dávila editores.

PORTA, L. y YEDAIDE, M. (2017) *Pedagogía(s) vital(es): Cartografías del pensamiento y gestos ético-políticos en perspectiva descolonial*. Mar del Plata: EUDEM.

PRECIADO, P. (2004) "Género y performance: 3 episodios de un cybermanga feminista queer trans". *Zehar: revista de Arteleku-ko aldizkaria* N° 54, 20-27.

RAMALLO, F. (2017) "El Bachillerato como experiencia: Narrativas y entrecruzamientos biográficos en el Colegio Nacional de Mar del Plata, 1914-1940". Tesis Doctoral. Rosario, UNR.

RAMALLO, F. y PORTA, L. (2017) "(Re) Fundar un relato desde la memoria escolar: narrativas y prácticas en la historia del bachillerato argentino". *Journal for Educators, Teachers and Trainers (JETT)* Vol. 8 (1).

SERRA, M.S.; SOUTHWELL, M. y PINEAU, P. (2018) *La educación de las sensibilidades en la argentina moderna. Estudios sobre estética escolar II.* Buenos Aires: Biblos.

SUÁREZ, D. (2014) "Espacio (auto)biográfico, investigación educativa y formación docente en Argentina: un mapa imperfecto de un territorio en expansión". *Revista Mexicana de Investigación Educativa,* Vol. 19, N° 62. México: COMIE.

YEDAIDE, M.M. (2016) "El relato oficial y los otros relatos sobre la enseñanza en la formación del profesorado", Facultad de Humanidades-UNMdP. Tesis Doctoral. Rosario, UNR.

YEDAIDE, M.M.; ÁLVAREZ, Z. y PORTA, L. (2015) "La investigación narrativa como moción epistémico-política". *Revista Científica Guillermo de Ockham,* 13 (1), 27-35.

YEDAIDE, M.M. y PORTA, L. (2017) "Narrativa, mundo sensible y educación docente". *Estudios de Filosofía Práctica e Historia de las Ideas.* Vol. 19, 1-13.

YOURCENAR, M. (2018) *Alexis o el tratado del inútil combate.* Buenos Aires: De Bolsillo.

YUNI, J. y URBANO, C. (2018) "Resonancias y paradojas de la Educación: notas para hablar en nombre de ella". *Praxiseducativa,* Vol. 22, N° 2; mayo-agosto 2018. pp. 74-92.

ZEMBYLAS, M. (2005) *Teaching with emotion: a postmodern enactment.* USA: Information Age Publishing.

Las vergüenzas de incluir-excluir en la educación, preguntas en diverser y diversar

Miguel Alberto González González

Intereses profundos

Cuando hablamos de diverser y diversar es porque la expresión diversidad no es capaz de nombrar lo que desea. Diverser es comprender el ser en sus movilidades internas. Diversar es comprender al sujeto en su encuentro con los demás. Esto ya lo ha tratado González (2018: 173). Más acá de la relación intersubjetiva entre humanos, corazonar es una interacción, una lectura posible del diverser –esa diversidad del ser–. En tanto el diversar, ese ser en los otros, el sujeto colectivo configura referentes de sentido a partir de las realidades vividas.

Sabemos de muchas vergüenzas, pero las formas de incluir y excluir que practicamos son la clara acción emocional que nos apena, que nos conmueve, incluso, somos sujetos vergonzantes, nos avergüenzan las derrotas, pero no tanto la miseria humana.

¿En qué consisten las diversidades-homogeneizaciones, inclusiones-exclusiones en la educación? Un país cuya base es la diversidad étnica, ambiental y cultural apenas empieza a tomar conciencia de esta condición; de ahí que la exclusión social constituya una de las grandes dificultades donde los despliegues jurídicos y otras propuestas alternas lucen insuficientes al abordar la diversidad y la inclusión. ¿En qué consisten las lógicas de las inclusiones y las diversidades? Esas lógicas obedecen a las secuelas de las guerras internas, a las demandas internacionales; obedece a un renacer de la condición humana que apenas se empieza a comprender. Lo rescatable es que ya se abordan estos campos de la vida humana con cierta conciencia general, ya traspasa los límites académicos para insertarse en la vida cotidiana, lo complejo es que no se cuenta con los recursos financieros ni con la infraestructura suficiente para ser más pertinentes e incluyentes en una riqueza de diversidades.

Transformar las realidades difíciles de la humanidad pasa por muchos desafíos, pero el mayor de los últimos tiempos son las tensiones entre homogeneizaciones-diversidades e inclusiones-exclusiones que se manifiestan en muchas de las acciones de poderes económicos, jurídicos, religiosos, científicos, éticos y políticos. Frente a lo anterior, la humanidad se encuentra en un amanecer sin un despertar generalizado. La educación, como poder que es, no puede aislarse de la problemática, porque a mayor homogeneización más ocultamiento de la diversidad, de la pluralidad; a mayor exclusión educativa, más altos riesgos de segregación y, por tanto, de violencia real y simbólica; el mayor desafío que atraviesa el país, en terrenos educativos, es el de contribuir a una exhibición auténtica de inclusión y diversidad no sólo como precepto jurídico o despliegue conceptual sino como una manifestación de la práctica ciudadana en una época de pos acuerdo armado.

Se acude a narraciones autobiográficas de profesores. A través de las conversaciones se revela cómo están ocurriendo en los planteles educativos las homogeneizaciones-diversidades, inclusiones y exclusiones tanto en las prácticas cotidianas como en las académicas, la manera en que esto impacta a estudiantes y docentes. Aquí no se hace un análisis jurídico, alcances y limitaciones de lo que se ha legislado en clave de inclusión y diversidad.

La educación es la que mejor quiere comprender este gran espectro de las diversidades y las inclusiones, sin embargo, no se dispone de suficientes elementos organizativos y cognitivos para confrontar las cadenas de la corrupción o los vientos de violencia interna que no logran ser controlados en su totalidad. Uno de esos grandes desafíos es pasar de la idea de diversidad a diversidad con ideas y de la idea de inclusión a inclusión con ideas.

Varias preguntas nos conmueven cuando abordamos estos aspectos sociales de las realidades: ¿qué le pedimos a la diversidad?; ¿qué deseamos hacer con la inclusión?; ¿qué nos preocupa de la homogeneización?; ¿bajo qué criterios comprendemos la exclusión?; ¿cuál es el sentido de legislar para la diversidad y la inclusión? Estos interrogantes no se resuelven con las grandes teorías, también la intuición junto a las prácticas propias nos entregan ciertas respuestas. Esto no implica solución, pero sí una aproximación para confrontarlas, sabiendo que tener respuestas no implica soluciones.

El desafío de la diversidad no es un asunto particular, es un problema global, ese campo le ha quedado irresoluto a la política y la educación no cuenta con suficientes elementos teóricos. El resurgir de grupos de ultraderecha religiosa y política dispuestos a sacrificar sus vidas para hacer valer sus demandas obedece a una diversidad mal ejecutada y unos programas de inclusión excluyentes y hasta humillantes, así los políticos nos digan lo contrario.

Sin duda, es el campo político el que mayor responsabilidad tiene cuando se piensa lo diverso, la diversidad; a esto se refiere Arendt (2008: 131) al decir que "la política trata del estar juntos y los unos con los otros, entre los *diversos*. Los hombres se organizan políticamente según determinadas comunidades esenciales en un caos absoluto, o a partir de un caos absoluto de las diferencias". Esto que llama caos absoluto de las diferencias implica un desacuerdo, no necesariamente guerras. Hoy sabemos que ese caos del no comprender las diversidades, en este caso, religiosas y éticas, nos han tornado devastadores, si se quiere depredadores; "Hay mucha gente que habla de diversidad, pero no la siente, vive en elaborada desconfianza con el otro; esta desconfianza, a veces, la hemos potenciado en la educación básica y universitaria", expone un profesor universitario de Pereira. A esto nos queda una pregunta: ¿somos incluyentes y diversos en lenguajes, pero homogéneos y sometedores en acciones? Una suerte de política de la caridad lingüística, es decir, quedar bien con las palabras así en la ejecución se llegue a lo opuesto.

Sobre diversidad e inclusión subyacen bastantes investigaciones, diversidad étnica, inclusión escolar, inclusión de género, las barreras de la inclusión, salud e inclusión, inclusión en la evaluación, exclusión en los ingresos a carreras de medicina, exclusiones por pobreza entre otras, pero sobre educación superior en torno a exclusiones y homogeneizaciones no se registran; en ese sentido, el interés es novedoso.

Al pensar las inclusiones y las diversidades nos comprometemos en el aprender a vivir juntos, en preguntarnos por esas dinámicas. Ya nos indica Harari (2017: 31) "La tolerancia no es una marca de fábrica de los sapiens"; de ahí que cuando revisamos estos campos de las diversidades y las inclusiones nos asombramos por los niveles de tolerancia que tenemos frente al otro y los niveles de tolerancia frente a nosotros mismos.

Las narrativas conllevan a dimensiones espaciales, temporales, mentales, formales y pragmáticas, sin desconocer que dentro del campo semiótico del narrarse surgen componentes por revisar. Esta caracterización esboza tres dominios potenciales para una definición: discurso, historia y uso. Estos dominios corresponden, aproximadamente, a los tres componentes de la teoría semiótica: sintaxis, semántica y pragmática. Entendemos así la sintáctica como el orden de las palabras, la semántica como las significaciones y la pragmática como esa relación con el contexto para interpretar un significado. La función social de estas búsquedas es reconocer las formas, teóricas y prácticas en que se accionan las diversidades, inclusiones, exclusiones y homogeneizaciones en la educación.

Por las bestias, sin vergüenzas

Las bestias son lo que son, de ahí su aparente diferencia con los humanos, pero sabemos que sabemos comportarnos con rituales más dramáticos que las llamadas bestias. Los únicos seres que saben de sus emociones son los humanos, pero nuestros comportamientos son, a veces, una vergüenza, unos desenlaces reptilianos que nos conmueven. Las realidades observadas nos derivan ¿sorpresas? Unas, como se verá, son auténticas sorpresas, otras devienen de una historia de olvido construida, de una historicidad, de cierta negligencia del Estado, de un Estado que ha sido diseñado por unos poderes a fin de permitir que sucedan cosas que afecten a la humanidad, pero no a ellos; una suerte de continuidad a lo expuesto por Conrad en la Bestia, un barco que se comporta como un demonio vomitando a sus marinos, mientras ellos piensan que es un demonio, sólo su dueño tiene la respuesta, ha cambiado el diseño del mismo para ampliar su capacidad. Esto hace que el barco sea vulnerable a cualquier movimiento y reacciones de manera fatal para los marinos..., así es Colombia, Venezuela, Argentina, Estados Unidos o, para ser más dramáticos, el mundo; unos países diseñados por ciertos poderes que se sienten fuera del barco mientras éste naufraga con sus habitantes.

Nos expone Conrad:

> De modo que podemos encabezar la lista con él. Detrás de él viene el pobre carpintero de ribera a quien la bestia cogió y redujo a papilla al abandonar la grada. Dijeron que aquello era la botadura de un barco; pero he oído decir que por los alaridos y gritos de terror, y el correr de las gentes para ponerse a salvo, más parecía que habían soltado un demonio sobre el río. (1908: 20)

Con un diseño incontrolable, el buque en sí era una fiera, un terror, no importaba si estaba en mar o en puerto, sus movimientos locos y erráticos llevaban a lo peor, Conrad:

> Nunca podía uno estar seguro de lo que iba a tramar un momento después. Hay barcos difíciles de manejar, pero, generalmente, se puede tener la seguridad de que se han de conducir de una manera racional. Con aquella barca, se hiciera lo que se hiciese, no sabía uno nunca en qué iba a acabar. Era una mala bestia. O quizás lo único que tenía era que estaba loca. (1908: 21)

La bestia es ese diseño predeterminado por cierto poder que no sabe sino del diverser, de sí mismo, que se oculta, pero sabe de sus resultados, de ahí que en estos hallazgos es lo que hemos encontrado: un país que a modo de bestia bota a sus hijos. "Pero con aquella barca esto no era posible. No había modo de entenderla. Si no era vesánica, era entonces la alimaña más perversa, traidora y feroz que ha surcado la mar" (Conrad, 1908: 22). En el relato de Conrad, el barco se pierde, se destruye; en este caso, Latinoamérica, es un buque que no se ha destruido, pero mantiene esa endemoniada traición, esa corrupción, es capacidad de asesinar. De ahí que este continente, diseñado como unas bestias, no sabe y trata de aprender sobre diversidad, inclusión y otras dinámicas dignas para la sociedad sin hundiserse ni desaparecer.

Homogeneizaciones-diversidades en la educación

Nada más paradójico que indagar sobre las homogeneizaciones y las diversidades en la educación. Las respuestas aparecen contradictorias y contundentes: "Nos quieren homogeneizar y suprimir la diversidad con ejercicios globalizantes, así vamos no sólo en la educación sino en casi todos los renglones de la realidad, ajustarnos a las pruebas PISA (Programme for International Student Assessment) más que apertura puede ser homogeneización", nos dice una profesora de Cartago. La queja profunda de la docente corresponde a la fuerza que se hace a las pruebas internacionales. Es como si se preparan estudiantes para rendir estos estándares, no para la vida. "Aquí se hacen normas para encuadres curriculares, los profesores tenemos que ajustarnos a lo dispuesto por las normas nacionales que quieren dar respuesta a imposiciones internacionales, cada vez, hay menos autonomía del país y de los planteles educativos", refiere otro profesor de Armenia; aquí se hace hincapié en la homogeneización normativa y disposiciones del Ministerio de Educación que no da demasiada libertad al profesor de básica secundaria para movilizarse por fuera del currículo.

Los dirigentes políticos suelen dar respuestas favorables en torno a la diversidad e inclusión, son claros en hacernos creer que allí radica la principal acción a desplegar, incluso en sus discursos acuden a la diversidad como la gran potencia de la nación; los economistas del Estado apuntan a lo mismo, pero los economistas que no hacen parte del bloque gubernamental están seguros de que no se tramitan los recursos suficientes para atender con eficacia los programas dirigidos a la diversidad e inclusión; "hablan de inclusión educativa por ampliar cobertura, pero desconocen que muchos planteles no disponen de ascensores o espacios diseñados para jóvenes con dificultades físicas o de suficientes profesores para atender casos especiales", relata una profesora de Manizales.

En ese sentido, cada disciplina o cada Ministerio tiene una versión sobre las inclusiones y las diversidades. Para los Ministerios de Educación, o como se llamen, la inclusión educativa va por un excelente camino y todas las instituciones educativas atienden y comprenden el mundo de la diversidad, no así para los profesores que no ven claros los recursos y programas dirigidos a este campo. "Una cosa dicen los Ministros de Educación y otra muy diferente la realidad, lo cierto es que no hay programas suficientes para avanzar en la comprensión y vivencia de la diversidad" explica una profesora universitaria en Armenia; otro profesor es más contundente: "Los dirigentes educativos hablan de inclusión porque reciben niños y jóvenes en las instituciones, pero olvidan que no existen adecuaciones locativas para albergarlos o siquiera restaurante escolar en funcionamiento"; otro profesor expone: "El Estado habla de inclusión educativa, pero es dramático, un altísimo porcentaje de bachilleres no pueden acceder a la educación superior por carencia de oferta real. ¿Es eso inclusión y respetar la diversidad o un vender falsas verdades?".

La equidad en oportunidades es casi fallida, como dijeron hace más de cincuenta años Bowles y Levin (1963: 23) –y como si hubiera sido dicho justo en estos años actuales–: "La igualdad de oportunidades educativas se constituye en una de las cuestiones más difíciles que enfrenta nuestra sociedad: ¿cuáles son los determinantes de los diferentes resultados educativos y cuál es la importancia relativa de cada una de las influencias relevantes?". Suele confundirse equidad con igualdad, sabiéndose que ambos vienen de campos conceptuales diferentes y cuyos intereses no siempre son centrados en el sujeto.

Lo difícil de pensarnos en la diversidad es que lo diferente lo leemos en dicotomía, en primera instancia como algo importante y en segunda como una deficiencia; también leemos la diversidad en la externalidad; de hecho "La diversidad no somos nosotros: son los otros" (Skliar, 2002: 20). Es como si valorar lo diverso pasa por el afuera, por los otros. Por tanto, se nos facilita bastante hablar sobre diversidad, pero actuar con criterios de homogeneización, "Le pedimos al estudiante que se adapte a la institución, al profesor y a las exigencias académicas, le pedimos a todo mundo flexibilidad ¿Y yo, sujeto educando, soy flexible?", escribe un profesor. Como vemos, al otro lo homogeneizamos con los currículos, la religión, la raza, la economía y hasta con los deseos; al otro le sembramos deseos ajenos, le enseñamos que todo es deseable ¿Es eso diversidad o un vendaval de homogeneizaciones? Ya ni elegimos lo que necesitamos..., para ello tenemos los poderes mediáticos que nos dicen dónde, cuándo y qué desear, qué ponernos, qué estudiar, qué leer, a quien odiar, por tanto, hasta qué pensar.

Homogeneizaciones. Olvidos del diverser y el diversar

En el libro *Aprender a vivir juntos, lenguajes para pensar diversidades e inclusiones* se aborda con mayor prolijidad los conceptos creados: diverser y diversar. Desde estos dos neologismos queremos significar que entre diverser y diversar se refunda la palabra momia diversidad. Hablar de estándares, de competencias compartidas, de competencias básicas es adentrarse por homogeneizaciones cuyo origen no es del orden social, es una metáfora que se adopta del mundo químico para aplicarlo a entornos sociales, culturales y hasta biológicos. Sabemos que la homogeneización es una expresión de la química, la cual se entiende como una mezcla de diferentes sustancias para dar una diferente, que es consistente, las contiene a todas, pero es renovada en sí. Toda homogeneización es un diverser, un ser que todo quiere convertirlo para sí y olvida el diversar, la otredad, no le interesan los otris, otras, otres y otros.

La homogeneización aplicada a las ciencias sociales, en este caso a la educación, es una suerte de imposición; se acuden a variadas metodologías para unificar criterios en un grupo de personas, esto facilita los sistemas de control institucional. En este sentido, la educación promueve homogeneizaciones en currículo, espacios similares, horarios, uniformes para escolares, legislación, evaluaciones, discursos, tiempos para ingresar, para titularse. En general podemos encontrar homogeneizaciones temporales, espaciales y socio-culturales.

- **Currículo unificado:** no existe un currículo diferenciado, ésta es una condición de la homogeneización, elaborar un currículo para todos los estudiantes, disponer de una misma malla académica para que todos transiten como operarios de fábrica. Al fin de cuentas, a la mayoría se les prepara para buscar empleo, no se les enseña algo tan fundamental como vivir en el ocio, disfrutar de un ocio creativo; de hecho, una de las grandes preocupaciones de los gobiernos es el tiempo libre de los escolares. Buscan cómo extender jornadas escolares y dejarles trabajos para que no tengan espacios "para cometer errores". Dentro de la agenda se cincela el currículo, incluso currículos incompletos e incompetentes que ni siquiera resuelven la pregunta de UNGEI –Equity and Inclusion in Education–: "¿Es el currículo sensible al género, a la identidad cultural y a la diversidad? Hay que revisar el currículo para identificar temas de equidad e inclusión, tales como género y estereotipos étnicos" (2010: 17). El género en un país machista apenas empieza a abrirse campos jurídicos y educativos, debiendo luchar contra los radicalismos, visualizados en la mujer como objeto y sujeto de múltiples violencias; en relación con los estereotipos étnicos los pasos son lentos y contradictorios, porque indígenas y afros siguen siendo excluidos, segregados y olvidados; ahí es donde el currículo no logra flexibilizarse para darle prevalencia a estas formas de ocultamiento y olvido dentro del quehacer pedagógico. Como se ha dicho, en estos campos, en Latinoamérica apenas se viene avanzando, de ahí que incluimos a todos bajo las mismas condiciones; fingimos que se incluye. "Para qué mentir, aquí en la universidad y en el colegio donde me desempeño, los estudiantes deben aceptar el currículo que se les impone, los incluimos en programas obligatorios, ellos casi no disponen de libertad para elegir", explica una profesora en Armenia; desde su relato encontramos un currículo intolerante, un currículo extasiado, en ese sentido nos vuelve a interrogar UNGEI: "¿Cómo promueve el plan de estudios la tolerancia y los derechos humanos?" (2010: 14). El currículo no avanza lo suficiente para promover tolerancia; un poco ha mejorado en la transmisión, en la flexibilidad dialógica profesor-estudiante, no tanto en la horizontalidad profesor-directivo. En torno a la práctica sobre los derechos humanos hay avances importantes, pero insuficientes frente a muchas prácticas irregulares de estudiantes y profesores que vulneran la dignidad humana, lo que se conoce como matoneo.

- **Matoneo:** Conocido en inglés como *bullying*, es una práctica estándar en la educación colombiana, pero lo es también en la educación latinoamericana, donde entre estudiantes se presentan acciones de discriminación y humillación con sus compañeros que no tienen control real. No es de desconocer que muchos profesores sufren el matoneo desde sus directivos. ¿Un profesor que es matoneado y un estudiante matoneado qué lógicas de rebeldía instaura? "Muchos se tornan violentos y agresivos a cualquier suceso", expone una profesora de Pereira.
- **Espacios similares. Muros y más muros:** Las aulas son similares en todos los planteles, sus cambios son menores. Al cabo de muchos años se pueden hacer algunas variaciones; no obstante, el diseño espacial es muy repetido y fatigante. Poca creatividad en el diseño, en la medida en que se avanza dentro de la formación son menos generosos los espacios, "Los estudiantes suelan llamar jaulas a las aulas de las universidades, eso ya nos puede decir de lo aburridas que son", narra un profesor de Pereira. ¿Del aula a la jaula qué lógica organizativa del espacio subyace? Hay un asunto inquietante, casi todos los planteles

educativos en Colombia están rodeados con mayas y murallas, sólo se accede a ellos los días laborales. ¿Qué nos pueden decir entonces las bibliotecas, los observatorios que allí se amurallan? Para ingresar a las instrucciones se deben franquear muros, ya dentro de ello aparecen los muros de las aulas o el profesor mismo como muro. Esa es otra condición de homogeneización: las fronteras externas, los encuentros con la comunidad son menores, amurallados y con restricciones para ingresar, acaso es el síntoma de un problema mayor. ¿La educación siente desconfianza de la comunidad que dice querer ayudar?

- **Un mismo horario**: En la básica primaria y secundaria no se dispone de horarios fuera de las clásicas jornadas de 7am-12am y de 12am a 6pm. En algunos casos existe jornada única, es decir, se extienden los horarios de 8am a 5pm sin que se mejoren restaurantes, bibliotecas y escenarios deportivos. No se encuentran asistencias a eventos nocturnos u otras configuraciones temporales diferentes a lo estándar. En la formación universitaria hay una distribución lamentable de horarios que exige al estudiante estar todo el día y así no tener opciones laborales. "Los estudiantes deben soportar hasta seis horas entre un seminario y el siguiente, eso es típico en la universidad colombiana; no es la única, abusar del tiempo de los estudiantes, seguro para no facilitar espacios laborales y no incrementar la tasa de desempleo", expone un profesor de Manizales.

- **Uniformes para los escolares**: muchos planteles formativos de Latinoamérica usan uniforme para los estudiantes, instituciones privadas como públicas, suelen disponer de uniformes para sus estudiantes de básica primaria y secundaria, incluso en algunas universidades hay uniformes para ciertas carreras como psicología o medicina. "En mi colegio usamos uniformes de pantalón azul y camisa blanca, los de educación física son azules en su totalidad", expone un rector de colegio, y luego aclara: "Pienso que se pueden suprimir, no obstante, hay estudiantes muy pobres que si no fuera por el uniforme la pasarían muy mal ante sus compañeros por no tener ropa variada o de marca". Esta condición que expone el directivo se fortalece en muchos escenarios, dar un lugar al uniforme para evitar burlas entre compañeros por aquellos que no disponen de dinero para comprar vestuarios o para usar una u otra marquilla del momento.

- **Legislación educativa**: Existe una legislación general sobre educación, si bien, cada plantel puede organizar su PEI (Proyecto Educativo Institucional), su libertad es menor frente a organismos de control educativo. "Mi colegio tiene un PEI fantástico, lo hemos elaborado con intervención de profesores, padres, estudiantes y comunidad; ahora, lo

que no tenemos son recursos económicos suficientes para desplegarlo";
referencia un profesor de Manizales. Estas propuestas terminan siendo
saludos a la bandera, un cumplir por cumplir sin que la práctica sufra
alteraciones.

- **Idénticas formas de evaluar para hombres y mujeres:** Existen estudios donde muestran que las mujeres tienen mayores dificultades para responder bajo presión. Sin embargo, se hacen sistemas evaluativos similares para hombres y mujeres. "No estoy seguro de que las mujeres aprendan diferente de los hombres, pero es cierto que muchas mujeres bajo presión se ponen a llorar y los hombres se disponen a realizar", explica un rector. Nos indica la Comisión Europea: "Parece que se están haciendo importantes esfuerzos para integrar el género y la igualdad entre los sexos como temas o como elementos transversales en los currículos escolares de los países europeos" (2010: 12). Es decir, allí se detecta que sí hay una diferencia de género que no siempre se aborda en la educación. Hay estudios del cerebro muy pormenorizados que dejan claro que el funcionamiento de los cerebros masculinos y femeninos son diferenciados. ¿No es momento de resignificar las evaluaciones generalizadas y generalizantes?

- **Olvidos del diversar por tornarse en un diverser:** He testificado que la diversidad es una expresión muerta, bien porque nombra un adjetivo o un sustantivo, pero no una idea de movimiento. Se homogeneiza cuando se centra en el diverser, en su narcisismo, entonces, olvida el diversar, el estar más allá de sí, el saber de sus allendes aquendes, es no querer unificar ni encuadrar el afuera los moldes del adentro. En el diverser opera la emoción más que la lógica, en el diversar la razón más que la pasión. Es el equilibrio entre diverser y diversar que no se homogeneiza ni se somete.

En el territorio de la homogeneización aparecen las posturas integradoras obligatorias, decisiones políticas institucionales de unificación cultural. También surgen otras características difíciles de medir que homogeneizan como el silencio de no arriesgar una pregunta, el callar ante la autoridad profesoral, el asumir que el estudiante sabe menos que el profesor y el disponer o gestionar realidades similares para todos constituyen lugares de homogeneización no sólo en las prácticas de aula sino en la cotidianidad misma.

La educación y los centros comerciales se parecen en sus ideas de homogeneización; así vienen operando muchas instituciones educativas, son los nuevos campos de concentración, de homogeneización. "Trabaja en los modernos campos de concentración: un centro comercial. Ama su cuerpo un poco menos que al dinero" (González, 2016: 120). Justo esos son los escenarios de la variedad que nos conducen a la homogeneización, de una parte, los centros comerciales y en su misma línea el lugar del cuerpo, todo posible por el dinero. De esto no pueden evadirse los docentes a la hora de pensar las diversidades y las inclusiones, al momento de encontrarse con los estudiantes.

Es necesario revisar el acto docente, verificar el cómo se están formando nuestros docentes que no tienen capacitación o actualización sobre la diversidad, la equidad y menos sobre la educación inclusiva, "Aquí nos traen niños con dificultades y no estamos preparados para atenderlos, pero el Ministerio homogeneiza e impone los criterios de inclusión forzada", indica una profesora; ella hace hincapié en la insuficiente preparación docente para recibir jóvenes y resolver sus problemas, muchos de ellos con problemáticas sociales que el Estado evade y que requiere de un acción conjunta y no de respuestas aisladas.

Diversidades. ¿Diverser y diversar?

Cuando se escribe o se piensa en diversidades es para significar que las realidades son plurales, abiertas y que no existe una diversidad universal, hay diversidades. En esas diversidad emerge la creación lingüística diverser y diversar. Al ser verbo, la podemos conjugar, llevarlas a los pronombres, darle razón de movimiento que es lo buscado en la verbalización de las realidades. Es evidente que se materializan resistencias a la diversidad, algunos le temen, otros las defienden; en tal dirección, subyacen concepciones híbridas de docentes, directivos y ciudadanía sobre diversidad. En el caso de la educación, cuando no comprende la diversidad se sitúan en prácticas pedagógicas tradicionales para abordarla, lo que no implica vivirla.

La no elucidación de la expresión hace parte de uno de los problemas en la educación. "Confundimos diversidad con variedad, con distinto, con rareza, esto que parece sencillo no es menor", relata un profesor de filosofía. A la diversidad le sucede lo que al amor o la paz, disponemos de definiciones y formas de clasificarla que no siempre se comprenden.

A la diversidad, entre muchas formas organizativas, le corresponden: diversidades biológicas, sensoriales, culturales, sociales y expresiones de la diversidad. Por ejemplo, en las diversidades culturales aparecen: "Diversidades religiosas, ideológicas, lingüísticas, políticas, jurídicas y éticas. Diversidad gastronómica. Diversidad estética: literaturas, músicas, arquitecturas, pinturas, esculturas, cine. Diversidades lingüísticas, de conocimientos y saberes" (González, 2016a: 100). La diversidad cultural tiene corta vigencia jurídica: recién en el año 2005 fue aprobada en París la declaración universal sobre diversidad cultural. Esto nos muestra que pensar en diversidades como ámbito de sentido y de acción se confronta con la insuficiente maduración social, de ahí las dificultades y pocas claridades sociopolíticas al respecto.

Dentro de la diversidad social aparece el lugar de la familia. "La variante familiar es otra de las condiciones actuales de exclusión o inclusión, ya no es la clásica fusión de un hombre y una mujer, ahora existen familias con hijos adoptados, constituidas por dos mujeres o dos hombres", refiere un profesor de matemáticas; es obvio que la vivencia de la diversidad en la educación se reconfigura por las dinámicas sociales mismas, por sus mutaciones organizativas.

Poner en diálogo a las diversidades con las homogeneizaciones, a las exclusiones con las inclusiones es una necesidad vital de la educación. No se trata de enjuiciar la dicotomía de esta realidad sino de hallarles puntos de encuentro. Una verdadera educación ha de saber que existirá la tensión permanente entre lo reglamentado y ejecutado, entre lo teorizado y lo accionado, entre lo real y lo ideal; también ha de saber que se requieren lenguajes diferentes a los que suelen proponer los poderes para pensar en alternativas al explorar las diversidades. Exponen Devalle y Vega que "el desafío que se allega es la construcción de una sociedad, y en particular de una educación y una escuela, en las que las diferencias no sean un delito, sino una posibilidad de desarrollo y crecimiento" (2006: 9). Sin duda, no seguir castigando lo extraño es una vuelta de tuerca que requiere la educación.

Surgen oasis en los desiertos; de ahí que toda auténtica diversidad se interesa por potenciar al sujeto, por el saber ¿cómo estamos ahora?, ¿cómo nos sentimos hoy? "Llegan estudiantes con muchas dificultades de aprendizaje y muy pocos profesores se interesan en saber el cómo se encuentra, se superpone el contenido por sobre el sujeto", relata un profesor de Armenia. A esto nos llega otra pregunta: ¿de qué diversidad enseñamos si olvidamos al sujeto? En ese sentido se requieren instituciones y personas que acepten lo diverso sin someter, incluso es necesario pensar en un profesor como expone González: "Un profesor más humano, cercano y menos humillante con su conocimiento" (2015a: 66). Aquel que es humillado podrá humillar y su frustración mal encaminada nos llevará por caminos de violencia, de exclusión, a modo de espejo.

Las exclusiones-inclusiones en la educación

De excluir, el mundo sabe demasiado, de excluir los humanos podemos fabricar una enciclopedia; en primera instancia es una herencia europea y en segunda un aprendizaje propio; es una nación con alta experticia al respecto. "Desde la misma independencia del yugo español o portugués, la sociedad se polarizó, por tanto, se tornó excluyente, se aplica: el que no está conmigo es mi enemigo", nos indica un docente de historia. Si bien han mejorado las estadísticas en cuanto a cobertura en salud, educación y techo digno, también es cierto que sigue siendo un país donde la idea de inclusión ha fallado, en lo único que aprendió a incluir es en la violencia contra las clases rurales y urbanas menos favorecidas. La guerra colombiana –y de otros países de Latinoamérica y del mundo que lo siguen practicando– se especializó en que soldados pobres se asesinen con guerrilleros y grupos delincuenciales pobres; de esa inclusión sabe mucho. La pobreza ha sido el caldo de cultivo para llamar la muerte, la violencia se repite entre los menos favorecidos y, como réplica del mundo, suele excluir a las élites.

En muchos sectores, ante todo en la educación, se vienen realizando esfuerzos por tensionar las agitadas formas de exclusión, pero en algunos casos, no clarifica las distancias entre inclusión, exclusión e integración, lo que dificulta encontrarle las salidas. Explica Berruezo (2006: 182) que "El término inclusión se opone al de exclusión, al igual que el de integración se opone al de segregación. Quizá la diferencia entre integración e inclusión sea una cuestión de matices, pero si bien la integración escolar supuso la incorporación de todas las personas al sistema educativo, la inclusión exige que dentro de dicho sistema sean tratadas como sujetos de pleno derecho". Lo cierto es que una persona o grupo social puede estar incluido, pero no integrado, es decir, no sentirse parte de algo, de aquello que dice incluirlo.

En estas confusiones podemos ubicar la idea de inteligencias múltiples que parecen escenarios de diversidad e integración, pero pueden resultar ejercicios de exclusión. ¿A qué tipo de variedades corresponden las denominadas inteligencias múltiples?, algunos suelen confundir esto con diversidad; otros la comprenden como escenario exclusor; el hecho de clasificar las inteligencias como las aptitudes de las personas, en principio, surge como un espacio para comprender mejor la diversidad, pero ha servido para etiquetar, por tanto, excluir: "Como tienes inteligencia musical, no eres capaz para las matemáticas, me dijo un profesor", expone una joven profesora de Pereira; esto es, por bien intencionada que emerja una teoría o propuesta política-económica puede traer tras sí estigmas de exclusión.

Exclusiones, como pez en el agua

De excluir tenemos una experiencia primera, ahí nos sentimos como pez en el agua, ningún apuro tenemos cuando obramos realidades para excluir, para segregar, aquí nadie que levante la mano o arroje alguna piedrecilla.

La inclusión y la diversidad, por increíble que parezca, pone nerviosa a mucha gente, entre ellos a los profesores: "Hasta que no fueron preguntados, los profesores no estuvieron consciente que han sentido miedo. Ellos identifican que el miedo es un estilo de vida, por tanto, ellos no solo han enseñado miedo, también lo generan" (González, 2014*b*: 355).

Se identifican prácticas sociales de exclusión que luego se materializan en los poderes mismos, en eso hay bastante universalidad y casi eternidad. Nos hemos excluido por creencias religiosas, intereses políticos, por origen étnico, por el color de la piel, por la diferencia en ideas o por no coincidir con habilidades y aptitudes; de otra parte, la exclusión se ha hecho visible por carencias económicas, por género o por motivaciones sexuales e intelectuales.

Subyacen aspectos no resueltos en los síntomas de la exclusión, que, como insiste Tezanos, la "Exclusión social implica, en su raíz, una cierta imagen dual de la sociedad, en la que existe un sector integrado y otro excluido. El estudio de la lógica de la exclusión social nos remite en primer lugar a todo aquello que un momento dado determina la ubicación de los individuos y los grupos sociales de la línea que enmarca la inclusión y la exclusión" (1999: 12). En Latinoamérica hay comunidades completas excluidas, olvidadas por el Estado, grupos que apenas, en este siglo XXI, empiezan a tener servicios públicos o presencia del aparataje de justicia; en educación se han realizado interesantes avances para, al menos, garantizar la institucionalidad y gratuidad en básica primaria y secundaria.

La educación ha padecido exclusiones, aquí se integran profesores y estudiantes que lo testimonian, entre muchos aspectos se suele excluir por motivaciones económicas, políticas, raciales o por visión de mundo.

- **Exclusiones económicas:** Es como si los pobres debieran estar condenados a serlo por el resto de sus vidas, incluso, se suelen esconder comunidades cuando se presentan visitas presidenciales nacionales o internacionales a ciudades como Cartagena o Santa Marta. A los dirigentes colombianos les apenan los pobres como a los colombianos nos apenan estos dirigentes. "No una, muchas veces he sido excluido por falta de dinero, pero también he visto cómo esto se sigue viviendo en mí y en los estudiantes, una vez que vino un ministro debimos adecuar el comedor y mejorar la comida de los estudiantes para mentir por conveniencia, para maquillar la realidad", explica un profesor. Existen lugares vedados para los pobres, hay hoteles, restaurantes y centros comerciales destinados a las clases económicas altas y ni siquiera consideran a los pobres. "Un día asistí a un centro comercial de Pereira con un grupo de estudiantes para que vieran la organización, las lógicas mundiales del comercio; no querían dejarlos entrar porque el colegio es de comunidades marginales. Tuve que hablar hasta con el gerente, finalmente aceptaron, pero con la claridad que no los volverían a recibir", indica una profesora de un plantel educativo en Pereira. No sólo a grupos escolares pobres, también a seres humanos sin recursos económicos los excluyen, un claro ejemplo es que los habitantes de la calle no pueden ingresar a estos lugares. La educación también se clasifica entre pública y privada, a la última tienen acceso quienes poseen capacidad económica para hacerlo. "La educación privada puede tener mejores profesores, casi siempre mejores salarios, ahí acceden los jóvenes que no superan la pública, son costosas, no cualquiera puede estudiar allí, ni siquiera los hijos de muchos profesores", explica una docente de Armenia.

- **Exclusiones políticas:** Aquí es donde el continente son muchos, los líderes políticos son la sucesión de familias, hijos de hijos que se eligen de presidentes, que son nombrados en cargos públicos importantes. Esto es, las elites exclusoras heredando el poder. El comunismo o el socialismo es casi criminalizado, de inmediato ligado a los grupos subversivos o a la pobreza, como si no fuese la derecha la que cultiva pobres para seguir ofertando esperanzas. "He vivido en riesgo porque mi padre es un comunista convencido, de ahí que él ha debido irse del país varias veces y en mi caso esconderme y casi silenciar mi posición política para no poner en riesgo a la familia", nos indica una profesora. Ser opositor al gobierno de turno es arriesgarse a ser tachado de terrorista. En tono a becas, algunas son manejadas por políticos que las otorgan como cuotas para asegurarse en el poder. No pertenecer a una de estas fuerzas políticas, liberales o conservadores, es saberse excluido del poder.

- **Exclusiones por visión de mundo:** A esto nos referimos que si alguien manifiesta una visión diferente a la expuesta por ciertos poderes es excluido o silenciado y la educación sigue con estos extraños síntomas. "Como estudiante padecí discriminación, es decir, exclusión por no estar de acuerdo con mi profesora de inglés, con su metodología de enseñanza, me sacaron del curso y lo perdí; a otro compañero le pasó lo mismo, pero con matemáticas", expone un docente. Si en la enseñanza de una lengua o de matemáticas se registran estos abusos, ¿qué podemos pensar sobre las diferencias raciales, políticas o religiosas?

- **Exclusiones por innovación:** Se suelen excluir o poner en otro lugar a los estudiantes o profesores que no son innovadores. La demanda más dramática del siglo XXI es la innovación y la creatividad; a esto nos refiere Nussbaum: "Una segunda cuestión en los negocios es la innovación, y hay razones para suponer que una educación de artes liberales fortalece las habilidades de imaginación y pensamiento independiente que son cruciales para mantener una cultura exitosa de innovación" (2010: 53). Esto que aparece como virtud termina siendo un problema que ha invadido la educación en todos sus niveles, lo que genera exclusión a quienes, supuestamente, no son innovadores, creativos. ¿A quién beneficia la innovación y la creación? Raras veces a las comunidades de base, en su mayoría a los grandes acaparadores de capitales y bienes. Es la innovación uno de los grandes lenguajes de los poderes que en lugar de liberar somete, excluye. ¿Qué ocurre con los profesores y estudiantes que no son innovadores? Los lenguajes de la innovación son una dictadura.

- **Exclusiones por cupos en instituciones educativas:** No se trata de que exista acceso gratuito a la educación básica, allí subsisten exclusiones por niveles de conocimientos o motivación. En la educación superior el caso es más dramático, los estudiantes campesinos o quienes viven en zonas de marginación urbana no tienen cómo acceder o competir con las pruebas estatales frente a otros grupos que disponen de espacios y dinero para pagar extras en la formación de sus hijos. Relata una profesora de un colegio público en zona marginada de Pereira: "Uno ve estos jóvenes con deseos de estudiar, pero desesperanzados porque la universidad pública que existe no está en capacidad de recibir la gran demanda y las privadas valen tanto que ni siquiera el salario de un profesor le alcanza para que sus hijos estudien allí". Las exclusiones no sólo pasan por ingresar, también por el mantenerse, alimentarse, transportarse y conseguir de elementos propios del acto formativo. Colombia es la foto de América Latina, como nos muestra Hevia: "Los niveles de escolarización de los grupos poblacionales marginados son menores que los promedios nacionales; en términos de escolarización y alfabetismo se perciben desigualdades entre zonas rurales y urbanas, entre las poblaciones con mayores y menores porcentajes de indígenas, entre personas blancas y negras, entre hombres y mujeres, y entre personas con distintos niveles de ingreso. El acceso a la educación no asegura que ciertos grupos de la población avancen en el sistema educativo y logren progresivamente ocupar los distintos grados educacionales" (2005: 32).

- **Exclusiones por el conflicto armado interno:** El conflicto armado colombiano se ha trasladado a la educación, desde colegios hasta universidades. Allí existen grupos dedicados a reclutar integrantes, si bien, esto se ha ido reduciendo a partir del 2012, aún existe esa amenaza. Se trata de convencer a jóvenes para que se incorporen a grupos armados y allí expongan sus vidas. "Un joven que haya pertenecido a un grupo armado se le mira con recelo, hasta miedo le llegan a tener sus compañeros y profesores mismos; uno los va excluyendo de muchas actividades por desconfianza", refiere un profesor de Cartago. De hecho, en el conflicto armado colombiano los grupos al margen de la ley siguen integrando niños a sus filas, luego quedan señalados como criminales que les dificulta reintegrarse a la vida cotidiana; son automáticamente marginados y excluidos. El continente tiene otros conflictos como en Venezuela, Bolivia, Nicaragua, El Salvador o México, conflictos que siguen polarizando y afectando a los pobres.

- **Exclusiones por desplazamiento forzado:** Como producto del conflicto armado interno, el flujo de desplazados es altísimo. Las estadísticas varían; no obstante, aun en pleno 2017 se presentan desplazados en zonas del Chocó, donde subsisten enfrentamientos armados. Las cifras traídas por UNHCR o ACNUR (2016) son escalofriantes: "El estudio encontró que tres países producen la mitad de la población refugiada del mundo. Siria, con 4,9 millones de personas; Afganistán, con 2,7 millones y Somalia, con 1,1 millones, expulsaron más de la mitad de los refugiados que, a nivel mundial, se encuentran bajo el mandato del ACNUR. Por otro lado, Colombia, con 6,9 millones de personas; Siria con 6,6 millones, e Irak, con 4,4 millones, son los que tienen las mayores poblaciones de desplazados internos". Al ser desplazadas las familias, son los niños y jóvenes con edad escolar los más afectados por abandonar su proceso formativo. "Yo he tenido estudiantes, muchos que vienen desplazados, eso es doloroso, uno no sabe cómo afrontar sus necesidades físicas y sus problemas psicológicos, si bien tenemos algunos apoyos, son insuficientes", relata una rectora de colegio. La exclusión se manifiesta porque el desplazado debe seguir las mismas rutinas formativas de sus compañeros, no existen currículos alternos para estos casos y los profesores no disponen de una formación complementaria para confrontar estas situaciones límite.
- **Exclusiones raciales:** Lo racial se refiere a las diferencias físicas, al cómo aparecemos, color de piel, estilo de los ojos y contextura corporal. Debido al color de piel o estilo del cabello se suelen discriminar o excluir estudiantes porque no se acercan a los rasgos del profesor o de la generalidad del grupo. "Me suelen decir negro quemado, hijo del diablo"; relata un estudiante afro.
- **Exclusiones étnicas:** Lo étnico se refiere a las costumbres, al entorno cultural. Se estila creer que un negro o indígena es más descuidado,

por tanto, la responsabilidad de su pobreza radica en sus propios abandonos. "En mi universidad sabemos que los negros son felices en fiestas y se preocupan poco por progresar, por mejorar las condiciones de sus comunidades, los indígenas son inteligentes, pero tímidos y suelen retirarse a mitad de la carrera formativa, éstas y otras condiciones hacen que se excluyan por su condición racial", explica una profesora de Armenia. Se adjudica un lugar simbólico de abandono a ciertos grupos por su origen racial, esto no es más que exclusión.

- **Exclusiones por corrupción:** Tal vez, una de las maneras más dramáticas de excluir que se tiene en la humanidad es la corrupción, esto porque los dineros públicos dedicados para salud, educación, vivienda o protección ambiental se pierden, los desaparece la clase política desnaturalizada. Un país que por corrupción deja morir a sus niños o no les educa es un país sin conciencia ¿A estos políticos corruptos qué les va a interesar el devenir formativo de sus gentes?

- **Exclusiones por envidia:** La envidia es una de esas emociones que suele ponernos en lugares bastantes despóticos con el otro. "Hay bastante envidia entre los estudiantes y, como no, entre los profesores, lo que nos hace excluyentes", escribe una docente.

- **Exclusiones por odio:** El odio se ha enseñado en el mundo, pero en Latinoamérica parece una cátedra infaltable en la vida cotidiana. El odio ha dificultado el desarrollo del país para que las personas puedan ser integradas a los programas de desarrollo. El odio, en parte justificado, también puede ser reproducido en su quehacer cotidiano.

- **Exclusiones por asco:** Esta reacción humana es bastante frecuente en los planteles educativos, dejar por fuera a un niño o niña de un grupo por su aspecto físico, por sus olores o sus secreciones. "Hay estudiantes mal aseados que producen asco", explica un profesor universitario en Armenia.

- **Exclusiones por miedo:** En un país tan marcado por la guerra, es entendible que se excluya a una persona, grupo familiar o social por miedo, ese no conocer el pasado del otro, ese desconocer su origen hace tenerle miedo, esas experiencias las viven con frecuencia los estudiantes desplazados, se les tiene miedo, por tanto, se les excluye. Nos recuerda González: "Por la violencia armada y la alta influencia del narcotráfico es común que un estudiante decida amenazar no sólo a sus compañeros sino que lo extienda a sus profesores, bien por una calificación o por reportarle comportamientos incorrectos ante sus padres y autoridades de la institución formativa" (2014: 53).

- **Exclusiones por bajo rendimiento académico:** Aquellos estudiantes con dificultades de aprendizaje o por decidía en aprender suelen ser excluidos de muchas actividades, incluso a la hora de distribuir premiaciones son los primeros de la lista en ser excluidos. "Existen muchos estudiantes vagos, a esos los saco del llavero[1]", explica un profesor de Manizales.

- **Exclusiones por negligencia:** son aquellas formas de excluir que se registran por negligencia, descuido tanto de quien tiene la obligación de hacerlo como de quien no exige sus derechos.

Cada disciplina de conocimiento tiene sus propias formas de excluir e incluir. Un profesor de educación física excluye de su grupo a los débiles, que pueden ser intelectualmente hábiles, pero no en su disposición física. A cambio el profesor de matemáticas excluye a los de condiciones físicas sino son hábiles en resolver problemas matemáticos; igual sucede con profesores de religión o cualquier otra disciplina humana. Es como si la disciplina por su organización fuese superior al profesor mismo y en sus lógicas internas se distingue a quiénes excluir e incluir.

Las tendencias a clasificar estudiantes entre normales-anormales, comprometidos-no comprometidos, estudiosos-descuidados son síntomas claros de una exclusión. El desempeño académico, es decir, el rendimiento numérico corresponde a estilos propios de la educación para excluir.

Se habla de exclusiones espaciales, temporales, silenciosas, radicales, por rangos o posiciones sociales, exclusiones programadas. Expone Castell que: "Hablar de exclusión conduce a tratar por separado ciertas situaciones límite que sólo adquieren sentido cuando se las inserta en determinados procesos. Los excluidos están en la desembocadura de trayectos y de trayectorias diferentes. Nadie nace excluido, se hace" (2004: 57). Para el caso de Latinoamérica, es posible que se nazca excluido, que esa marca ya venga integrada a ciertos grupos sociales, debido esto a las dinámicas político-culturales.

Por si lo anterior fuese insuficiente, emergen otras vías sutiles o directas de excluir. Las inestabilidades institucionales ayudan a profundizar el problema. De hecho, la violencia es una muestra de inestabilidad o debilidad corporativa. Nos expone Nussbaum que: "Rousseau y Mill comprendieron que las instituciones justas, si desean ser estables, necesitan el apoyo de la psicología de los ciudadanos. Por lo tanto, ambos hicieron hincapié en el papel de la educación en la producción de una sociedad decentemente atenta a la igualdad humana" (2004: 16). El mundo institucional suele pauperizarse en las formas de contratación laboral, porque hay muchos profesores con cartas laborales humillantes, recibiendo salarios insignifi-

---

1. Sacar del llavero es una metáfora para decir que pasa a integrar la lista de los señalados.

cantes y ello, así no se tengan estadísticas, afecta el ejercicio académico y queda en el aire la pregunta por la equidad, ya no sólo de los estudiantes sino de los profesores mismos.

Inclusiones a regañadientes, para no ser señalados

Incluimos a regañadientes, no siempre por convicción, sino para ser políticamente correctos, para no ser señalados. Los lenguajes de las inclusiones vienen preocupando al sistema educativo; pese a no tenerse los dispositivos políticos suficientes para hacer del país un lugar de auténtica inclusión que sumerja la exclusión a territorios del pasado, sí se viene transitando por ciertos caminos de esperanza. No obstante, la igualdad y la equidad educativa no aparecen con relevancia en el diccionario de la política. ¿Es la inclusión un asunto de igualdad y equidad? Nos indica Blanco que: "El cómo generamos una educación equitativa para todos y con todos a partir de las diferencias es un problema presente en el día a día en el aula. Las alumnas y alumnos son diferentes entre sí, ya sea a nivel cultural, por la presencia de rasgos étnicos minoritarios o por situación socioeconómica; diferencias de género; diferencias individuales en cuanto a intereses, maneras de relacionarse" (2008: 19). Son tantas las variantes cuando se abordan estos campos que, por ejemplo, se suele incluir o excluir por distanciamientos entre saberes occidentales, ancestrales, orientales y no tradicionales. Las identidades culturales o gustos compartidos suelen constituir criterios para incluir o excluir. No olvidemos que en toda inclusión subyace una exclusión y ello depende de los razonamientos y las lógicas redistributivas que se han elaborado para tomar una u otra decisión.

¿En qué consisten los correlatos de las inclusiones? De hecho, explica Rosano que "la educación inclusiva se constituye, entonces, en el reconocimiento del derecho a la igualdad y calidad educativa para todos y todas, y se fundamenta en la valoración de la diversidad de las niñas y niños" (2008: 57); ese lugar del reconocer con precariedades, en un reconocer desconociendo puede movernos a exclusiones y olvidos.

¿De qué manera se decide que un estudiante requiere procesos de inclusión? Si hemos mirado las exclusiones en sus dificultades, en lo que en sí depara; las inclusiones, cual se han vivido, no siempre dan cuenta de la mejor versión humana. A veces, se incluye, se obliga al otro a pertenecer, a estar en determinado lugar o grupo social y, al final, esa disposición la enmascaramos con inclusión. Por increíble que parezca se identifican inclusiones forzadas. Nos dice Nussbaum: "El choque interno de las civilizaciones se puede observar en muchas luchas por la inclusión y la igualdad que tienen lugar en las sociedades modernas: debates sobre la inmigración; sobre la acomodación de las minorías religiosas, raciales y étnicas; sobre igualdad de género; acerca de la orientación sexual" (2010: 29-30). Este choque interno de civilizaciones, de intereses religiosos, étnicos o sexuales parecen superar el acto educativo mismo, cuando este acto pierde consciencia de tales realidades, cuando las oculta o ignora. Es que la expresión inclusión parece insuficiente para nombrar la realidad que se quiere identificar con dicho concepto, a veces, en la educación excluimos convencidos de lo contrario.

Algunas inclusiones características de la realidad allegan cierta curiosidad; se conocen de inclusiones legislativas, sociales, solidarias, religiosas, económicas o culturales.

- **Inclusiones legislativas**: Constituye una de las grandes apuestas de los poderes, unificar e incluir por medio de leyes, decretos nacionales o normas locales. "Aquí tenemos una complicación; por decreto se obliga a que las instituciones reciban en las mismas aulas a estudiantes con diferentes dificultades psicológicas y físicas con quienes no las tienen", indica un directivo en Manizales. La idea de inclusión en educación es que todos tienen idénticos derechos y, por tanto, en el mismo salón de clases participan niños con Down u otras manifestaciones que requieren mucha dedicación y eso obliga al docente a descuidar a los demás. Se llega a confundir que las políticas públicas se hacen para incluir, cuando lo que buscan es resolver algunas problemáticas sociales localizadas.
- **Inclusiones por agenda académica**: En la agenda académica todos caben por igual, la agenda unifica tiempos, pero no realidades. "A todos nos asignan las mismas horas, no importa si tenemos o no otras dificultades, nos incluyen sin que lo pidamos en las agendas institucionalizadas", expone un profesor. La agenda es la gran apuesta de las sociedades modernas. "Sabemos de las agendas por los tiempos intoxicados, sabemos de unas sociedades programadas, agendadas, agenciadas, agitadas y hasta acorraladas por la comercialización del tiempo" (González, 2015a: 28). Recordemos que la agenda unifica tiempos y espacios tanto para estudiantes como para profesores, radicaliza la libertad por hacer algo diferente en el tiempo dedicado al ejercicio académico.
- **Inclusiones evaluativas:** Sobre la evaluación hay tantas críticas que una más es casi abundar en lo sabido. Sin embargo, se ve en muchas tradiciones evaluativas el camino a la exclusión, esto porque no siempre mide conocimientos sino intereses propios de cada docente o incluso intenciones externas como los sistemas de medición internacional. "El unificar una pregunta, un cuestionario para todos es excluir muchas

formas de aprender y ante todo facilita el camino del profesor porque no necesita dedicar mucho tiempo a sus calificaciones que se confunden con evaluación", explica un directivo universitario en Pereira. Con la evaluación sucede como con la democracia, la primera la reducimos a una nota y la segunda a un proceso de elecciones, como si con ello tuviésemos mejores conocimientos y mejores realidades políticas.

- **Inclusiones forzadas:** Es interesante este campo, porque en educación las inclusiones no son tan libertarias, sino que son, en su mayoría, forzadas. "La forma como se integran los grupos en aula no obedece a los deseos de los estudiantes sino a los caprichos de las personas o, a distribuciones de los programas de un computador", reitera una profesora en Manizales. Éste es un claro ejemplo de que incluirse en determinado grupo de estudio no es voluntario sino forzado; llegan a conocerse casos donde es obligatorio asistir a un rito religioso, acto cultural o evento deportivo, lo cual contradice a lo expuesto por Giné, quien insiste que la inclusión "Tiene que ver fundamentalmente con el hecho de que todos los alumnos sean aceptados, reconocidos en su singularidad, valorados y con posibilidades de participar en la escuela con arreglo a sus capacidades. Una escuela inclusiva es aquella, pues, que ofrece a todos sus alumnos las oportunidades educativas y las ayudas (curriculares, personales, materiales) necesarias para su progreso académico y personal" (1998: 40).

- **Inclusiones por pertinencia política:** Se juega a una inclusión desde ciertas organizaciones políticas para hacernos creer que hay pluralidad en sus dispositivos organizativos. "La inclusión se narra sin ser sentida, sin ser vivida, sólo un juego de lenguajes, pero en el fondo se siguen usando los mismos valores antiguos y avejentados de la sociedad para incluir", nos refiere un profesor de pintura.

- **Inclusiones por vergüenza:** Se trata de una reacción propia de ciertos grupos sociales o poderes económicos que, acosados por la prensa u otro grupo social, deciden incluir no por convicción sino por vergüenza, para no dar lugar a mayores críticas. La educación suele padecer este estigma que lo viven de lleno muchos estudiantes y profesores.

- **Inclusiones por simpatía humana:** En este caso se encuentran inclusiones auténticas, inclusiones devenidas de un interés profundo por hacer parte y ayudar al otro a realizarse. En la educación se conocen casos de incluir a estudiantes, de ayudarles para la adquisición de útiles escolares, alimentos y transporte no por conveniencia sino por simpatía humana. Expone Nussbaum que "La educación será, pues, uno de los principales terrenos en los que tendrá lugar la conformación de una simpatía políticamente apropiada, y en los que se desalentará la adopción de formas inapropiadas de odio, asco y vergüenza" (2014: 154).

- **Inclusiones por lástima-compasión:** Hay muchas formas de sentir lástima, compasión y en ese sentido se registran inclusiones. "Recibí un niño que no sabía nada de matemáticas porque me ha dado lástima", explica una profesora de Cartago.

- **Inclusiones por sentirse culpable:** Se conocen casos en los que alguien debió cumplir una actividad y en ese descuido se registran catástrofes o dificultades a otras personas, luego de esa experiencia se decide incluir ciertos grupos sociales no porque ello lo sienta como una opción política sino por resarcir su culpabilidad. Saberse responsable de una exclusión inmerecida de un estudiante puede forzar al profesor a resarcir la falta para integrarlo a grupos o procesos para sustraerse a la culpa de aquella decisión injusta.

- **Inclusiones por justicia social:** Convencidos de que hay personas y grupos sociales desfavorecidos bien por su ubicación geográfica o por razones culturales se decide hacer programas de inclusión social por acto de justicia, como una suerte de respuesta al mejoramiento del otro. En la educación se tienen múltiples ejemplos donde se hacen esfuerzos por integrar a los estudiantes a propuestas nacionales e internacionales convencidos que hay una justicia social por llevar a cabo con estos jóvenes.

- **Inclusiones por pertinencia ambiental:** Ante las amenazas ambientales, se vienen incluyendo grupos sociales excluidos a fin de participar en proyectos de protección o mejora de las condiciones ambientales. En muchas instituciones educativas se hace énfasis en las realidades ambientales mundiales y locales a fin de participar en forma directa en aquellos aspectos que afectan las condiciones ecológicas del propio entorno, potenciando programas de selección adecuada de basuras, la plantación de árboles y el uso racional de las fuentes hídricas y energéticas.

- **Inclusiones para la redistribución de recursos económicos:** Si bien éste es un camino que recién empieza a tener fuerza en el mundo con aquellos millonarios filantrópicos, ya hay algunos ejemplos en el continente de grupos económicos que vienen tomando decisiones en redistribuir sus ganancias en aquellos grupos sociales vulnerables. En la educación hay empresas y personas adineradas que están entregando becas y apoyos económicos permanentes para la formación de jóvenes cuyas condiciones socioeconómicas les impide pensar en su movilidad académica. Al igual, se conocen de planes habitacionales que incluyen opciones formativas para familias desplazadas.

- **Por rendimiento académico:** Siguiendo el mito de Pigmalión, los profesores suelen incluir con mayor facilidad en actividades extraacadémicas a estudiantes que tienen mejor rendimiento académico.

La inclusión en el sistema educativo requiere una aceptación de sus partes, pero en primera instancia de los docentes son los llamados a vivirla; no cabe duda que "si los docentes no tienen una actitud positiva hacia la inclusión educativa es muy difícil, si no imposible, que aquella se logre" (Cedeño, 2006: 7). Un docente puede hacer inclusión forzada del orden académico o político-cultural, pero también puede incluir en consenso, en dirección a lo que el incluido desea.

Pensar y abordar la Latinoamérica incluyente exige comprender no sólo la diversidad cultural, étnica, sino todo aquello que la segmente, que la hace inequitativa como el desplazamiento, el conflicto, la marginalidad urbana y la distribución desigual de la riqueza.

Desde el ideal lingüístico es un desafío acercarse a lo que se pide, por ejemplo, para la ONU: "Una escuela inclusiva es aquella que no tiene mecanismos de selección ni discriminación de ningún tipo, y que transforma su funcionamiento y propuesta pedagógica para integrar la diversidad del alumnado favoreciendo así la cohesión social, que es una de las finalidades de la educación" (2008: 5). Más que una escuela se requiere de un sistema educativo que deje de ser selectivo y se abra a las demandas espaciales y formativas de la comunidad que representa.

Algunas alternativas para pensar diversidades e inclusiones en la educación

Es cierto que en la educación subyacen currículos visibles de exclusión, pero los ocultos u ocultados son agresivos y lesivos a la condición humana; el oculto es aquel que no es visibilizado, pero se identifica, se logra comprender, aunque no siempre se intuye su resolución; el ocultado es aquél que sabiéndose de la problemática no se menciona, se silencia esperando que avance el tiempo y por sí mismo se vaya resolviendo, una suerte de mano negra que intervenga.

Si bien la educación ayuda a resolver muchos problemas sociales, no es la última solución. Nos recuerda González: "En ese país de ocurrencias, las relaciones sociales se trastocan. Ya no se menciona con rabia de los asesinatos, de los hurtos, de las violaciones, de las zonceras, ni de las injusticias, al fin de cuentas, todo se teje y desteje con envidiable educación" (2016: 28). Es claro, como ya fue abordado desde la Naranja Mecánica, apostarles a los mesianismos –en este caso, en la educación– es tan riesgoso como sentar todas las bases en una religión o libro.

Entre las muchas opciones dadas por los profesores para potenciar las inclusiones y las diversidades se encuentran, el redireccionamiento de los recursos económicos, la formación profesoral avanzada, controlar la corrupción, deshabitar los radicalismos políticos, potenciar los ideales de la democracia, darle un lugar central a la estética; a esto nos dice Greene: "Allí está; y hay un gran compromiso de las artes, en la educación estética, en la imaginación. No es porque creo que las artes necesariamente ennoblecen o inspiran (o pueden curar los dolores de muelas o resolver los problemas de marginación)" (1993: 214). Si bien ésta parece una idea vieja sugerida a la comunidad neoyorkina, no por ello deja de ser incitante para la realidad; las artes siguen siendo un territorio que la educación no quiere apropiar, bien por desconocimiento o bien porque se cree que las ingenierías son la gran solución para generar recursos económicos, lo que confunde y nos deja aun más a la deriva. Olvidarse del arte es como olvidarse de la psiquis creativa y reconfigurativa del ser humano.

Nos expone Gimeno que "La diversidad (y también la desigualdad) son manifestaciones normales de los seres humanos, de los hechos sociales, de las culturas y de las respuestas de los individuos ante la educación en las aulas. La diversidad podrá aparecer más o menos acentuada, pero es tan normal como la vida misma, y hay que acostumbrarse a vivir con ella y a trabajar a partir de ella" (1999: 2). Esto casi nos determina desde la biología, tal como nos dice una profesora de Manizales: "Nacemos y somos diversos, pero también desiguales, luego nos quieren hacer iguales, homogéneos y nos excluyen de muchas cosas sin que lo pidamos y uno mismo, pese a criticar, resulta replicando su propia experiencia en los otros".

Insisten los profesores en restaurar una comunicación horizontal para abordar las diversidades y las inclusiones, sin olvidar la alta población con necesidades especiales. El National Council for Special Education (NCSE) expone que: "La comunicación en la comunidad escolar se lleva a cabo en los modos, lenguaje y formato(s) adecuado(s) a los requisitos de los alumnos con necesidades educativas especiales junto a sus padres/tutores" (2011: 28). La educación media y superior no dispone de elementos suficientes para personas con dificultades de movilidad; aún existen, no sólo aulas y bibliotecas, sino zonas administrativas sin acceso a personas en sillas de ruedas. Si esto que parece tan sencillo no se ha resuelto, ¿qué podemos pensar de los currículos para afrontar otras variantes en estudiantes con necesidades especiales? "Aquí nos dicen y hasta le hacen creer a la comunidad que incluimos porque recibimos a niños con muchos problemas cognitivos o físicos, pero lo que no saben muchos es que los profesores no tenemos metodologías ni dispositivos teóricos para afrontar estos casos y solemos resolver con afecto las relaciones con los estudiantes cuando a lo mejor lo que ellos necesitan es, además, un tipo de formación especializada de la que no disponemos", manifiesta una profesora de Armenia; cualquier interpretación a lo anterior puede ser inferior a lo que el texto mismo manifiesta.

Destacan los profesores que es necesario tener un mayor conocimiento de las realidades socioculturales locales, nacionales y mundiales, que exigen profesores con mayores lecturas y aperturas que deben respetar las diferencias sin invadir con discursos universales. "Las diferencias étnicas y culturales representan dimensiones importantes de la diversidad a lo largo de las cuales las diferencias en las formas en que los individuos interpretan sus mundos pueden ser identificadas sabiendo que hay variaciones según las influencias ambientales" (Frederickson y Cline, 2002: 32). Esto nos muestra la importancia del contexto cuando pensamos las diversidades, puesto que el entorno precipita otras formas de relación, aspectos que la educación no puede desconocer.

Al pensar la diversidad en la educación se precisa enseñar cierta paciencia en la escucha, cierta tranquilidad en la mirada, como nos indica Leiva y Márquez: "Se trata de trabajar la interculturalidad y el respeto a la diversidad cultural, rechazando cualquier atisbo de racismo, sobre todo en la comunicación y en el leguaje" (2012: 86); para confrontar los racismos y las violencias lingüísticas desde la educación misma, es prioritario que el profesor mismo no sólo lo enseñe sino que lo lleve a cabo en sus acciones, no porque el ejemplo sea una posibilidad, es porque el ejemplo es, incluso, superior a cualquier teoría, es la mejor forma de que un estudiante comprenda lo que proponen sus docentes.

Reconocen los docentes que los principios básicos de unas diversidades se manifiestan en tener las mismas posibilidades dentro de la diferencia, convivir más que competir, liberar más que controlar, construir confianza frente al exceso de desconfianza y restaurar la empatía.

Profesores, directivos, administrativos requerimos saber algo más sobre el otro a partir de nosotros; indica Skliar que: "El desafío inicial para el *cuidado del otro* supone, entonces, la deconstrucción de esa imagen determinada y prefijada del otro, de ese supuesto saber acerca del otro, de esos dispositivos racionales y técnicos que describen y etiquetan al otro" (2008: 18).

Resaltan que la convivencia con el otro se aborda desde el contrato legal, desde lo acordado en el entorno cultural, pero también se mueve entre lo indecible que no cubren las normas, porque como sabemos la diversidad es vulnerable en sí, por ello se legisla, por ello se constitucionaliza para seguir evitando el resquebrajamiento de lo diverso.

Cierre apertura. ¿Y la vergüenza?

No somos más vulnerables cuando sentimos vergüenzas, somos más humanos, somos más cercanos al dejar ver que nos conmovemos, que la vergüenza no se constituye en un castigo sino en la autodeterminación de saber que hemos cometido un acto indigno. ¿Qué saben de vergüenza pública nuestros políticos? Las respuestas no se hacen esperar, de ahí que no siente vergüenza por olvidarse de la educación, no siente vergüenza cuando excluyen diciendo que incluyen, no sienten vergüenza cuando sus niveles de corrupción son denunciados; las personas que no sienten vergüenza son incapaces de colectivizarse, son incapaces de hacer una auténtica justicia.

Las diversidades y las inclusiones son bastante vulnerables. No hay poder sin lenguajes ni lenguajes inocentes. Los hallazgos obtenidos en revisión documental y acercamiento a las historias de vida nos llevan a confirmar que la formación, en todos sus niveles, está en crisis –no están en crisis los ideales formativos que añoramos con nostalgia sino los contextos históricos cambiantes que desafían lo permanente, que desafían la tradición de los poderes–. Esto es una consecuencia de lo que Bauman (2003) llamó modernidad líquida, caracterizada por la inmediatez, la fugacidad de los vínculos sociales, la pérdida de creencia en los mega relatos y el enfriamiento de las relaciones humanas.

Frente a diseños desiguales, inequitativos, pensar en diversidades e inclusiones sin abordar las homogeneizaciones y exclusiones constituye una irresponsabilidad que cualquier apuesta crítica desconcierta. Latinoamérica tiene un diseño, al estilo de la Bestia de Conrad, elaborado por un poder inescrupuloso que no hemos logrado desentrañar y denunciar lo suficiente hasta que podamos llegar al diseño que sus gentes se merecen y ello adquiere sentido en el despliegue del sistema educativo. Las historias encontradas en las vidas de los académicos son contundentes: En el continente, las guerras internas nos ha tornado desconfiados.

En el acto de aula, la mayoría de los profesores vamos en la vía equivocada en relación con la inclusión y la diversidad. Usualmente, no enseñamos espiritualidad sino una religión y un dios universal, no enseñamos economía sino comercio, no enseñamos honor sino oportunidad, no enseñamos ciencias sino prótesis metodológicas, los profesores no enseñamos pensamiento crítico sino un pensar parametralizado, no enseñamos claves de humanidad por caer en racismos, no enseñamos a incluir sino a excluir, no enseñamos a ser diversos sino a exigir que el otro se homogeneice, no enseñamos el sentido común sino altos valores que nadie practica, no enseñamos a practicar deportes sino a seguir unos clubes de fútbol para hacernos violentos, y lo peor, no enseñamos a construir lenguajes propios sino a seguir replicando los diccionarios de los poderes que nos han colonizado. Si estos errores homogeneizadores y excluyentes son cometidos por un gran número de educadores, ¿qué podemos esperar de los otros poderes, amañados con la violencia, cuando abordan la inclusión y la diversidad?

En la academia, todavía estamos con muchos esquemas escolásticos, con experiencias premodernas o modernas en sociedades posmodernas; después de todo, el sujeto posmoderno, además de no creer en divinidades duda de todas las apuestas humanas. Si el sujeto moderno se inaugura en la duda vital por su dios universalizado y olvidado, el sujeto posmoderno anda sin dioses, hombres ni máquinas a quienes creerles. Entendemos que la posmodernidad es una respuesta que confronta a las grandes metanarrativas, donde ya no se cree en los proyectos humanos porque se sabe que, en la mayoría de los casos, los proyectos terminan siendo proyectiles, o cuando menos misiles.

¿De quién es el proyecto de inclusión y de diversidad? ¿A qué poderes les viene bien convencernos de ser plurales, diversos e inclusores? Ante estas preguntas se precisa de una conciencia sobre la diversidad para no someter a los demás a los propios criterios; para no humillar a los otros cuando no desean ser incluidos o para dignificarnos por fuera de los lenguajes de los poderes que nos insisten en la diversidad. La diversidad también se debate entre lo diferente y lo desigual, entre el deseo y lo posiblemente alcanzable.

Las personas en situación de desplazamiento forzado reconfiguran sus ideas sobre la sociedad, desde sus experiencias de guerra, límite que les moviliza nuevas identidades. Es allí donde la educación no logra leer los pormenores ni, por tanto, consigue entregar salidas a las exclusiones, a la vulneración del mundo de la diversidad. En un pensamiento ampliado hay que revisar el mundo y las objeciones que exponen quienes han cometido atentados contra el ser humano para darnos cuenta de una inconformidad real y muy profunda contra algún poder que les ningunea, que les humilla. ¿Le dice estas quejas de humillación algo a la educación latinoamericana, a la educación mundial?

Y el desafío inicial tiene que ver, también, con entender cómo la mirada del otro cambia nuestra propia mirada, cómo la palabra del otro incide nuestra propia palabra y cómo, finalmente, el rostro del otro nos obliga a sentirnos responsables éticamente. ¿Por qué queremos cambiar al otro?

Las distancias entre lo que es, lo que se tiene y el deber ser son más visibles en países con guerras, con corrupción, con normas insuficientes para proteger a los menos favorecidos; de hecho, cuando revisamos las diversidades/homogeneizaciones, las inclusiones/exclusiones, detectamos una distancia, casi insalvable, entre lo concreto y lo abstracto, entre los países del primer mundo económico y sus vecindarios.

Cualquier mirada a las diversidades-homogeneizaciones, a las diversidades-inclusiones, no puede bastarse con el mundo de la escuela, ha de encontrar otros escenarios sociales para resignificarla y accionarla.

Sentir vergüenza es una emoción necesaria, pero no siempre practicada en la humanidad. Si sintiéramos vergüenzas por todas las formas de exclusión o por las pobrezas que tenemos al incluir, es probable que tomaras acciones más dignas en relación con las otredades y mismidades.

Desde el diverser y el diversar se inauguran rutas lingüísticas para pensar y accionar lo que hasta el momento comprendemos como diversidad, pero que en su nombramiento mismo no pasó de ser un adjetivo o un sustantivo, es decir, formas de congelar y olvidar las realidades que desea contener.

Las personas no debemos seguir cayendo en las alternativas de las alternativas. No seguirle apostando a la discriminación racional, a la discriminación social, saber que los seres humanos estamos hechos de nuestro pasado y que no podemos escapar de nuestra historia. De ahí que es necesario reconocer las múltiples opciones del arte, de la poética de la creatividad, de la educación con dignidad para adentrarse por las inclusiones y las diversidades, todas con un norte, con un centro único: el ser humano ha de ser proyectado como fin, jamás como medio.

Referencias bibliográficas

ACNUR (2016) "ACNUR y OIM emiten llamamiento para operaciones humanitarias en Europa". Disponible en: [http://www.acnur.org/noticias/noticia/el-desplazamiento-forzado-en-el-mundo-Debate-su-cifra-record/].

ARENDT, H. (2008) *La promesa de la política*. Barcelona: Paidós Ibérica.

BALLOOGH, R. y PINNEGAR, S. (2001) "Guidelines for Quality in Autobiographical Forms of Self-Study". Disponible en: [http://www.jstor.org/stable/3594469].

BAUMAN, Z. (2003) *Modernidad líquida*. Buenos Aires: Fondo de Cultura Económica, 1ra. ed. 1999.

BERRUEZO, P. (2006) "Educación inclusiva en las escuelas canadienses. Una mirada desde la perspectiva española". *Revista Interuniversitaria de Formación del Profesorado*, 20 (2), 179-207.

BLANCO V, P.M. (2008) "Construcción de significados que otorgan los profesores, de Educación Parvularia, Enseñanza Básica y de Enseñanza Media, al trabajo con la diversidad, en una escuela municipal de la comuna de La Región Metropolitana".

Disponible en: [http://repositorio.uchile. cl/tesis/uchile/2008/blanco_p/sources/ blanco_p.pdf].

BOWLES, S. y LEVIN, H.M. (1963) "The Determinants of Scholastic Achievement-An Appraisal of Some Recent Evidence". *The Journal of Human Resources*, Vol. 3, N° 1 (Winter, 1968), University of Wisconsin Press, pp. 3-24.

CASTELL, R. (2004) *Encuadre de la exclusión bordeando sus fronteras. Definiciones y matices,* (5ª edición). Barcelona: Gedisa.

CEDEÑO, F. (2006) "Congreso Internacional de Discapacidad en Medellín". Disponible en: [http://.www.mineducacion. gov.co].

CIFUENTES G., R.M. (2011) *Diseños de investigación cualitativa.* Buenos Aires: Noveduc.

CONRAD, J. (1908) "La bestia". Disponible en: [http://elespejogotico.blogspot. com.co/2010/11/la-bestia-joseph-conrad.html].

COMISIÓN EUROPEA (2010) *Diferencias de género en los resultados educativos: medidas adoptadas y situación actual en Europa.* Bruselas: Agencia Ejecutiva en el Ámbito Educativo, Audiovisual y Cultural.

DEVALLE DE R., A. y VEGA, V. (2006) *Una escuela en y para la diversidad.* Buenos Aires: Aique.

EL HERALDO (2016) "En la Guajira otros dos niños muertos". Disponible en: [http://www.elheraldo.co/la-guajira/ otros-dos-ninos-muertos-por-desnutricion-en-la-guajira-311170].

EL TIEMPO (2016) "Cifras de ingresos a educación superior". Disponible en: [http://www.eltiempo.com/bogota/ cifras-de-ingreso-de-a-educacion-superior-en-bogota/14981018].

EL TIEMPO (2014) "Solo el 16 por ciento de los jóvenes de Bogotá llega a la universidad". Disponible en: [http:// www.eltiempo.com/bogota/cifras-de-ingreso-de-a-educacion-superior-en-bogota/14981018].

FREDERICKSON, N. y CLINE, T. (2002) *Special education needs inclusion and diversity.* Bickingham: Open University Press.

GIMENO S., J. (1999) "La Construcción del Discurso acerca de la Diversidad y sus prácticas". *Aula de Innovación Educativa,* 82, 73-78. Disponible en: [http://www. cse.altas-capacidades.net/pdf/la_construccion_del_discurso.pdf].

GINÉ, C. (1998) "¿Hacia dónde va la integración?". *Cuadernos de Pedagogía,* (269), 40-45. Disponible en: [https://dialnet.uni-rioja.es/servlet/articulo?codigo=36402].

GONZÁLEZ G., M.A. (2018) *Aprender a vivir juntos. Lenguajes para pensar diversidades e inclusiones.* Washington: Amazon.

GONZÁLEZ G., M.A. (2017) "Diálogos de saberes. las homogeneizaciones-diversidades y las exclusiones-inclusiones en la Educación Colombiana, narrativas autobiográficas". *Revista de Pedagogía.* Vol. 38, N° 103, pp. 209-247. Disponible en: [http:// saber.ucv.ve/ojs/index.php/rev_ped/article/view/14934/144814481599].

GONZÁLEZ G., M.A. (2016a) *Aprender a vivir juntos. Lenguajes para pensar diversidades e inclusiones.* Buenos Aires: Noveduc.

GONZÁLEZ G, M.A. (2016b) *Un preludio de sorderas.* Bogotá: Oveja Negra.

GONZÁLEZ G., M.A. (2015a) "Learning in violent contexts. Dialogues war". *Global Journal for research analysis,* Vol 4, Nro. 3 (ISSN: 2277-8160), pp. 60-67.

GONZÁLEZ G., M.A. (2015b) *Tiempos intoxicados en sociedades agendas. Sospechar un poco del tiempo educativo.* Bogotá: Ediciones desde Abajo.

GONZÁLEZ G., M.A. (2014a) "Metáforas y paradojas de los miedos en los sujetos docentes". *Revista Latinoamericana de Ciencias Sociales, Niñez y Juventud,* 12 (1), pp. 355-370.

GONZÁLEZ G., M.A. (2014b) *Miedos y olvidos pedagógicos.* Rosario: Homosapiens.

GREENE, M. (1993) "Diversity and Inclusion: Toward a Curriculum for Human Beings". *Teachers college Record Volume* 95, N° 2, Columbia: Columbia University.

HARARI, Y.N. (2017) *De animals a dioses. Breve historia de la humanidad* (9ª edición). Bogotá: Penguin Ramdom House.

HERMAN, D. (2007) *Narrative*. Cambridge: Cambridge University Press.

HEVIA, R. (2005) *Políticas educativas en atención a la diversidad cultural, Brasil, Chile, Colombia, México y Perú*. Santiago de Chile: UNESCO.

LEIVA O., J y MÁRQUEZ P., M. (2012) "La comunicación intercultural: Una herramienta de inclusión en los contextos educativos de diversidad cultural". *Revista de Pedagogía*, vol. 33, n° 93, pp. 71-93.

NATIONAL COUNCIL FOR SPECIAL EDUCATION (NCSE) (2011) "Inclusive Education Framework. A guide for schools on the inclusion of pupils with special educational needs". Disponible en: [http://ncse.ie/publications-overview].

NUSSBAUM, M. (2014) *Emociones políticas ¿Por qué el amor es importante para la justicia?* Bogotá: Editorial Planeta.

NUSSBAUM, M. (2010) *Not for profit*. New Jersey: Princeton University press.

NUSSBAUM, M. (2004) *Hiding from humanity. Disgust, Shame, and the Law*. New Jersey: Princeton University Press.

ORGANIZACIÓN DE LA NACIONES UNIDAS PARA LA EDUCACIÓN, LA CIENCIA Y LA CULTURA (2008) "La educación inclusiva: el camino hacia el futuro, una breve mirada a los temas de educación inclusiva: aportes a las discusiones de los talleres". Disponible en: [http://www.ibe.unesco.org/fileadmin/user_upload/Policy_Dialogue/48th_ICE/CONFINTED_48_Inf_2__Spanish.pdf].

ROSANO, S. (2008) "El camino de la inclusión educativa en punta hacienda (comunidad campesina de la sierra andina ecuatoriana)". Disponible en: [http://dspace.unia.es/bitstream/handle/10334/34/0050_Rosano.pdf?sequence=1].

SKLIAR, C. (2008) "Equipo multimedia de a poyo a la formación inicial y continua de docentes". Disponible en: [http://www.bnm.me.gov.ar/giga1/documentos/EL000780.pdf].

SKLIAR, C. (2002) *¿Y si el otro no estuviera ahí? Notas para una pedagogía (improbable) de la diferencia*. Buenos Aires: Miño y Dávila editores.

TEZANOS, J.F. (1999) *Tendencias en desigualdad y exclusión social*. Madrid: Editorial Fundación Sistema.

UNGEI (2010) *Equity and inclusion in education*. Washingtong: World Bank.

UNHCR o ACNUR (2016) "El desplazmiento forzado en el mundo". Disponible en: [http://www.acnur.org/noticias/noticia/el-desplazamiento-forzado-en-el-mundo-bate-su-cifra-record/].

Emoción y cognición: "alfarerías" en la educación

Reflexiones psicoanalíticas sobre la construcción posible de conocimientos y subjetividad en educación

Jorge Eduardo Catelli

"A orillas de otro mar, otro alfarero se retira en sus años tardíos.
Se le nublan los ojos, las manos le tiemblan, ha llegado la hora del adiós.
Entonces ocurre la ceremonia de la iniciación:
el alfarero viejo ofrece al alfarero joven su pieza mejor.
Así manda la tradición, entre los indios del noroeste de América:
el artista que se va entrega su obra maestra al artista que se inicia.
Y el alfarero joven no guarda esa vasija perfecta para contemplarla y
admirarla, sino que la estrella contra el suelo, la rompe en mil pedacitos,
recoge los pedacitos y los incorpora a su arcilla"

(Eduardo Galeano, 1993)

A modo introductorio:
acerca del Otro, el prójimo y el semejante

Poder pensar a la educación como un escenario en que se constituyen los sujetos, construyen proyectos de vida, se conmueven las estructuras que los sobredeterminan y se abren potencialidades de despliegue en esas subjetividades en juego, tanto de sujetos ejerciendo la función docente como sujetos estudiantes, amerita el planteo de algunos puntos de partida, para los cuales la "experiencia con el semejante", desde una lectura psicoanalítica, puede ofrecer territorios de pensamiento fértil, para iluminar este encuentro entre un sujeto y otro, que siempre es otro. Considero que es indefectiblemente mutua la transformación de quienes atraviesan las escenas educativas, sean cuales fueran las funciones que ejerzan en ese escenario social y de encuentro subjetivo. Sin embargo, la presencia del otro ha de estar atravesada por cierta posición ética en relación con sus "condiciones aventajadas" ante quienes por su momento de despliegue evolutivo, ya sea cronológico o transferencial, simbólico o libidinal, cognitivo o emocional, se encuentran en un período de cristalización de ciertas estructuras de pensamiento y/o de su propia subjetividad.

Voy a hacer a propósito de estas primeras ideas, una resignificación de algunos conceptos freudianos, que considero que pueden cobrar nuevos sentidos y potencialidades en relación con la experiencia educativa. El lazo con el semejante, tal como lo describe Freud en el "Proyecto de psicología", es el que constituye con una acción inaugural (aquella tan mentada "nueva acción psíquica" –Freud, 1914: 74–) la salida del encierro narcisista, el reconocimiento del otro, la empatía y la comprensión del sujeto en ciernes, para dar lugar a su constitución. Si "toda educación es siempre una pos educación", aquel encuentro primario, que marca el encuentro del sujeto con lo social, representado en el asistente que lo recibe en este mundo, va a ser pródigo de consecuencias y sostén inicial de una primera escena que potencialmente tendrá lugar en los vínculos con otros representantes de lo social, especialmente en la educación.

El yo y el objeto se descubren y reconocen simultáneamente. A este complejo de procesos psíquicos lo entiendo basado en el trabajo de la identificación, comprendida ésta como una actividad de pensamiento inconsciente, de razonamiento del aparato psíquico, que permite ir estableciendo puntos de coincidencias y diferencias, que abre unas dimensiones entre un "prójimo" y un "semejante" (*Nebenmensch*), no sin consecuencias en el establecimiento del llamado "lazo social", los destinos de la pulsión y la constitución del aparato psíquico, en un universo que se va inaugurando con renuncias. Es necesario renunciar a innumerables impulsos instintivos para poder "estar con otros": primeras consecuencias del encuentro con el asistente primario y precursor de los que serán los lazos educativos con futuras figuras representantes inconscientes de aquélla. "Vecino" es la palabra que usamos para designar a la persona que vive en el mismo barrio o las casas que están cerca. Así, nuestro vecino es aquel que habita una vivienda cercana a la nuestra y las ciudades vecinas son aquellas que están situadas en los alrededores de la nuestra. En francés, *vicinus* dio lugar a *voisin*, y en italiano, a *vicino* (cercano). En alemán, desde el mhd. y ahd. (alemán medieval temprano y tardío), se dice *Nachbar*, de donde surge luego el *neighbour*. *Nach* es el siguiente, el próximo, el *Nachbar,* es como *neighbour*, aquél que está a continuación, al lado, cerca. Cada uno sabe cuántos problemas podemos tener con los vecinos, junto con la potencial solidaridad, cercanía y lazo social que marca estos vínculos Cada vez que se produce un encuentro con otro en los dispositivos que la educación ofrece, nos encontramos ante otro y somos otro de ese sujeto, evocando –siempre como representantes de un Otro de la Cultura, de lo Social y del Lenguaje– las marcas de un encuentro temprano y de la historia de nuestras "vecindades subjetivas": historias del lazo social del sujeto, actualizado en cada encuentro solidario o repulsivo, identificado y de espanto.

El sistema narcisista, en tanto sistema defensivo, tiende a ser refractario al estímulo, imposibilitando el encuentro con el objeto y el reconocimiento de la alteridad. Entiendo que esto obedece a una compulsión tanática, que bien puede sumergir al sujeto en la melancolía, o bien lanzarlo a un goce maníaco, como intento de negar la complejidad del encuentro con la diferencia o bien, a su vez, por someterse a los engaños del superyó, instancia que también el psicoanálisis ofrece con su acervo, para describir y ubicar una dimensión de inscripción psíquica del Otro y lo social en el sujeto, con una eficacia intrapsíquica que, por fenómenos proyectivos, también es ejercida –aun sin saberlo– por las figuras de los docentes que han de estar representando cierta autoridad. Ambos procesos, tanto el de la manía como el de la melancolía, están basados en la condición de "ambivalencia y narcisismo" previos. Sin embargo, tal como cita Freud (1911: 225) el "pichón del huevo" podría ser un buen ejemplo de ese "sistema psíquico separado de los estímulos del mundo exterior", que aparentemente puede prescindir del objeto, y que puede satisfacer sus necesidades de nutrición, pero que, sin embargo, esta situación no hace más que describir otra ficción, dado que ahí también es necesario el aporte de un factor externo, como por ejemplo el calor, para que este sistema funcione. El otro facilita esa ficción, pero es en verdad el sostén de esa realidad vital y es el núcleo de ese encuentro en lo social que permitirá la realidad del encuentro transformador entre los sujetos. Podemos pensar entonces esta dimensión como la "ficción del narcisismo". Tal como señala Freud en 1921, el objeto ha devorado al yo a costa de la idealización.

Freud cita en 1918 a Crawley, quien con expresiones que difieren poco de la terminología empleada por el psicoanálisis, señala que cada individuo se separa de los demás mediante lo que él llama "*un taboo of personal isolation*" {«tabú de aislamiento personal»}, y que justamente en sus pequeñas diferencias, no obstante su semejanza, en todo el resto, se fundamentan los sentimientos de ajenidad y hostilidad entre ellos. Freud dice que "sería seductor ceder a esta idea y derivar de ese «narcisismo de las pequeñas diferencias» la hostilidad que en todos los vínculos humanos vemos batallar con éxito contra los sentimientos solidarios y yugular al mandamiento de amar al prójimo". En 1930 plantea con ironía y crudeza, que "después que el apóstol Pablo hizo del amor universal por los hombres el fundamento de su comunidad cristiana, una consecuencia inevitable fue la intolerancia más extrema del cristianismo hacía quienes permanecían fuera; los romanos, que no habían fundado sobre el amor su régimen estatal, desconocían la intolerancia religiosa, y eso que entre ellos la religión era asunto del Estado, a su vez traspasado de religión. Tampoco fue un azar incomprensible que el sueño de un imperio germánico universal pidiera como complemento el antisemitismo".

En el reverso de la melancolía, como cuadro patológico, cuya base se hace consistente en ese narcisismo previo, se encuentra la manía: allí el ideal y el yo se confunden luego de haber ejercido sobre el yo el mayor sometimiento. Un modo de expresión de esta contracara al sometimiento más extremo del sujeto es la omnipotencia de creer poder prescindir del otro. No hay educación posible si sus actores asientan sus bases subjetivas en la infatuación que la manía ofrece, desde las estructuras subjetivas o los engaños sociales de ciertas "meritocracias" promisorias, que desprecian el encuentro con el otro y la diferencia, el lazo social y su riqueza en la identificación. Freud (1921) sostiene que la coincidencia del yo con el ideal genera la sensación de triunfo sin crítica, se siente libre y sin remordimiento ni reproche, ya que el yo luego de haberle "ofrendado al superyó" (*ibídem*: 113) el sacrificio de su renuncia pulsional, espera ser entonces, amado por éste, como recompensa. La tan mentada en estos días "meritocracia", de corte utilitario y de salvaje "darwinismo social", transforma con mucha facilidad, en el contexto del despliegue subjetivo, al otro en un rival, alguien que, como la palabra tuvo en su origen, es interpretado como aquél enemigo potencial por estar del otro lado del "*river*", de ahí lo del "rival". Pero curiosamente, ese rival es equivocadamente propuesto en aquél en que se engraman los lazos de lo social, el más cercano –naturalmente con quienes se despliegan los lazos también de esa índole, espontáneamente– transformándolo en un ser de quien son dignas las mayores desconfianzas, en base a que en él están cifradas las teorías de la competencia de "dos para un solo lugar", en una lógica narcisista y caníbal.

Podríamos pensar entonces que el abandono de la satisfacción con los objetos reales constituye, de este modo, una regresión narcisista: en "El yo y el ello" Freud postula que el yo se trata a sí mismo como si fuera el objeto y se ofrece al ello diciéndole: "*mírame puedes amarme a mí, soy tan parecido al objeto...*" (1923: 32) Siguiendo en este punto las conceptualizaciones de Garma (1976) considero su idea de que en la retracción narcisista no sólo se trata de libido en el yo sino también de la pulsión de muerte, la que impone la renuncia pulsional y el encierro mortífero.

Poder hacer conscientes algunos de estos puntos básicos conceptuales, puede dar algún otro fundamento a la potencialidad que el encuentro educativo, como reedición de un primer lazo que va modificando y a la vez constituyendo al sujeto (o en términos freudianos "al yo", por "catexias colaterales" 1950), que lejos de las adquisiciones cognitivas posibles, son realizables, en una primera instancia, por la identificación como lazo afectivo del sujeto, quien requiere esa "*prima* de confianza" para poder llevar adelante otros despliegues, no sin la escenificación transferencial acorde a sus series complementarias, que en cada caso tendrán lugar.

Acerca de la "identificación" como herramienta conceptual para pensar en educación

Respecto del concepto de "identificación", considero interesante realizar al respecto una revisión, para poder tomar a la función docente como parte significativa de un "andamiaje identificatorio", que se apoya en identificaciones anteriores como "trabajo psíquico" y que –tal como en un momento primero– ha de ser sostén que permitirá "cierto entendimiento del sujeto con el otro" (cf. Catelli y Zaefferer, 2013) y será no sólo andamio constitutivo sino también "puente" con un mundo posible de aquél.

Tal como planteara en otro lugar (Catelli, 2009), el concepto de identificación ha tenido a lo largo de la conceptualización de Freud algunas variaciones que han marcado no solamente momentos diversos en cuanto a su teorización, sino también respecto de los modos en que ha sido comprendida a posteriori, situándose en uno u otro momento teórico. Considero que esta diversidad de líneas para abordar este concepto constituye la apertura de posiciones diversas que son también grávidas de consecuencias para la reflexión en educación y sobre las potencialidades que en las dimensiones educativas se despliegan.

El concepto de identificación puede rastrearse en la obra de Freud muy tempranamente. Ya en el "*Proyecto de una psicología*" (1950) aparece, e incluso en el "*Manuscrito L*" (*ibídem*: 289), en que habla de las personas más cercanas al ámbito familiar y así de las primeras figuras en la historia subjetiva, quienes permanecen como marcas fundantes del lazo social. En el "*Manuscrito N*", anexo a la carta 64 de 1897 (*ibídem*: 296), de la misma época que la referencia anterior, aparece la idea de la identificación como "modo de pensar", a partir de elementos que el aparato psíquico toma en común. Me resulta particularmente importante este concepto temprano en el psicoanálisis, ya que refiere a una de las dimensiones que articulan el lazo afectivo con la potencialidad cognitiva del sujeto, en términos que "identificación" es también un modo de "pensamiento", vale decir, un modo de funcionamiento del psiquismo, con el cual posteriormente tendrá lugar la más variada posibilidad de desarrollos psíquicos, tanto afectivo-libidinales como intelectuales y de pensamiento. Desde esta perspectiva, el primer engrama del pensamiento puede encontrarse en la identificación, como primer modo binario de diferenciación que lleva adelante el sujeto.

No tomaré *todas* las dimensiones que el concepto de identificación adquiere en el psicoanálisis, sino exclusivamente las que considero relevantes para la presente conceptualización, para diferenciarla de otras lecturas.

En el "*Proyecto...*", describe Freud cómo un hecho tempranísimo y de enorme importancia en la vida anímica, la "*vivencia de satisfacción*", produce tanto una huella perdurable, cuanto una intensa aspiración a reproducirla. El mecanismo que producirá una recarga de las huellas mnémicas de aquella primera experiencia, guiando cada intento de lograr una descarga, desarrolla una progresiva complejización: de la postergación de la satisfacción de la necesidad que produce una descarga en forma de llanto –indirectamente acorde a fin– (cf. *ibídem*: 362-6) a la adición de signos de la realidad sobre las huellas mnémicas, puede producirse una alucinación, conocido este proceso como "*identidad de percepción*". Vale decir, se ha tomado como idéntico aquello evocado, como si hubiese sido percibido. En el caso en que no sea exactamente el mismo objeto encontrado, el sujeto habrá de *comparar* la percepción[1] del mismo con su huella y, en función de que sea adecuada, le otorga el signo de realidad, por poseer cierta "*identidad*" con respecto a cualidades que aquél considera indeclinables. Esto aparece ligado ya al proceso secundario y se lo conoce como "*identidad de pensamiento*". El "*complejo del semejante*" va a ser también precursor de la identificación, en la medida que consiste en una suerte de *reflexión* acerca de los orígenes de la comprensión de los actos expresivos ajenos (cf. Valls, 1995: 152). El encuentro posible de un docente con ese sujeto en la escena educativa implica necesariamente la evocación de ese otro "a reconocer" como semejante, que facilite una dimensión de encuentro posible con un proyecto de vida propio y a construir, una potencialidad en ciernes de aquella metáfora paterna originaria.

En el "*Proyecto...*", muestra este proceso, que involucra al pensamiento con la identificación, en función de ese encuentro con el semejante:

> [...] Cabe suponer que a tal fin [el interés por discernir] la imagen-percepción es sobreinvestida también desde el yo [...] Si la imagen-percepción no es absolutamente nueva [vale decir, que haya puntos de coincidencia con la de la huella] ella ahora recordará, evocará una imagen-percepción-recuerdo con la que coincida al menos en parte. Y entonces se repite con esta imagen-recuerdo el proceso de pensar anterior [...] Supongamos ahora que el objeto que brinda la percepción sea parecido al sujeto, a saber, un prójimo. En este caso, el interés teórico se explica sin duda por el hecho de

---

1. Me resulta interesante destacar que la palabra que normalmente utiliza Freud en el original alemán para decir "*percepción*", es "*Wahrnehmung*", que literalmente significaría "*aquello que es tomado por verdadero*" ("*Wahr*" –la verdad– y "*nehmung*", del verbo "*nehmen*" –tomar–) en vez de utilizar la palabra "*Perzeption*", de origen latino tardío, que implicaría otra etimología vinculada con "*aquello a lo que se accede por medio de los sentidos*". En el primer caso, daría la idea del "juicio", como condicionante de la percepción, ya que "*tomar algo por verdadero*" ("*wahrnehmen*"), compromete a nivel de la enunciación a un sujeto –o mejor sería decir en este contexto "*un aparato psíquico*"– que realizaría un cierto proceso de pensamiento, para *identificar* al objeto, en la acción de la percepción misma (cf. Catelli, 2009).

que un objeto como este es simultáneamente el primer objeto-satisfacción y el primer objeto hostil, así como el único poder auxiliador. Sobre el prójimo, entonces, aprende el ser humano a discernir. (*Ibídem*: 379; los agregados entre corchetes son míos)

Para trazar una bitácora de cierto recorrido teórico que estoy recortando, debo citar los trabajos de "*Duelo y Melancolía*" (1917 [1915]) en relación con la *identificación*, donde convergen líneas de pensamientos anteriores, que parten del "*Proyecto*" (1950 [1895]), "*La interpretación de los sueños*" (1900a [1899]) e "*Introducción del narcisismo*" (1914), para continuar luego, fundamentalmente en "*Psicología de las masas...*" (1921) y "*El yo y el ello*" (1923).

En "*Tótem y tabú*" (1912-13) ya había considerado a la identificación estrechamente ligada a la fase oral o canibálica del desarrollo de la libido, y –tal como plantea J. Strachey (AE. 14: 239)– "*quizá dependiente de ella*". Es ahí donde sitúa, respecto de la relación de los hijos con el padre del mito de construcción de lo social, de "la horda primordial" que "[...] en el acto de la devoración, consumaban la identificación con él [...]" (*ibídem*: 143-4). No menos importante es entonces, la frase que precede en el texto a la anterior cita: "El violento padre primordial era por cierto el arquetipo envidiado y temido de cada uno de los miembros de la banda de hermanos [...]" (*ibídem*: 143).

Con lo cual también podemos colegir que la identificación –al menos parcialmente– era *previa* a aquella devoración que la sucedería, los hijos querían *ser* como el padre: lo envidiaban y le temían. Sin embargo, parecería haber sido ésta una identificación fallida, fracasada, creyendo entonces –siguiendo con la construcción mítica freudiana– que comiéndose al padre serían como él. Al estilo del hombre de ciertas tribus, que devoraba al animal con el fin de poseer sus cualidades,[2] o en el ritual de la "sagrada comunión" cristiana, en que se incorpora por medio de la hostia consagrada "el cuerpo de Cristo" –también bajo la égida de la *creencia compartida*– y que "repite el sentido y el contenido del antiguo banquete totémico" (Freud, 1939 [1934-38]: 81). Claro está que la potencial eficacia de ese animal a devorar por su bravía, o esas hostias "consagradas", representantes del cuerpo de Cristo, radica en las investiduras psíquicas previas, que son condición necesaria para que se consuma esa eficacia simbólica, aunque desde la perspectiva estrictamente identificatoria, sería fallida, ya que constituiría más una mera "incorporación" que un acto psíquico tal como la identificación supone.

---

2. Cf. n. 6 de la sección III de "*El yo y el Ello*" (1923b), AE., 19: 31

Cuántas veces se ha escuchado hablar de "comer libros", "la letra con sangre entra", "tragarse los libros" y otras horribles metáforas para hablar del estudio... en probable fracaso del mismo, si nos atenemos a las fundamentaciones anteriores. Y si fue eficaz, seguramente no era fiel a esas metáforas, los procesos puestos allí en juego que, necesariamente debieron modificar al sujeto para producir aprendizajes

Siguiendo con la línea de "*Tótem y tabú*", plantea Freud (1915: 247) que en la identificación, el yo "querría incorporárselo, [al objeto] en verdad, por la vía de la devoración, de acuerdo con la fase oral o canibálica del desarrollo libidinal".

Según Abraham (1924: 338), Roheim en una comunicación al congreso psicoanalítico de 1922 planteó unas "interesantes observaciones acerca de la necrofagia. Lo que él dijo hace muy probable que en su forma arcaica los ritos del duelo consistieran en la ingestión de la persona muerta" (cf. *supra*). De este modo, explica las manifestaciones propias de la melancolía, que va a desplazar a la concepción de la identificación y que Freud toma en cierto período, coincidentemente con las ideas de 1913 (si bien no podemos desestimar que las publicaciones de aquél datan de 1911).

Abraham (1924) comenta que luego que su padre muriera, durante el período de duelo por el que pasó, le ocurrieron "*ciertas cosas*" como consecuencia de lo que él mismo llama "*proceso de introyección*": su cabello encaneció rápidamente y luego volvió a ponerse negro en el curso de unos pocos meses.

> [...] lo había visto [al padre] anteriormente unos meses antes de su muerte, su cabello y barba estaban casi blancos y más largos que lo habitual, pues permanecía en cama. (*Ibídem*: 333)

Así nos anoticia de un buen ejemplo de una "*identificación narcisista*" propia de ese momento melancólico que parece habérsele suscitado, además de la introyección del objeto perdido. En el mismo informe hace él mismo alguna referencia a lo que podríamos entender como sus *autoreproches*, respecto de no haber podido estar en esos últimos momentos de la vida de su padre. Y cuántas veces nos hemos encontrado en nuestros ámbitos de trabajo docente, con cierta "identificación narcisista", parcial y poco duradera, en nuestros estudiantes esgrimiendo una cierta estética –incluídos los tatuajes, tan *on vogue* hoy en día– que emulan fallidamente los modos de hablar, los ropajes, las muletillas y otros indicadores potenciales de figuras docentes idealizadas o así mismo, del "estudiante idealizado" que los habita, en el camino de la construcción de una identidad propia.

A diferencia de la incorporación –*in corpore,* "adentro del cuerpo"–, la "*introyección*"[3] parecería ser un proceso psíquico (como *fantasía* de incorporación). El objeto se va interiorizando –psíquicamente– pero es sentido ajeno al yo, por lo tanto éste se vincula con ellos de un modo semejante a como lo hace con los objetos externos. En este sentido, es el superyó el prototipo de ese tipo de objetos internos (Winocur, 1989), ya que como instancia psíquica, es vivida por el sujeto como interna y a la vez externa: se le impone con su voz en sus mandatos, de un modo curioso, que interpela y ordena, siendo que a su vez representa originariamente a objetos externos y actualmente es parte de la configuración psíquica del sujeto.

De este modo, considero que es la "*identificación narcisista*" la que opera en la melancolía, desde la base de la misma, tal como la *condición* de la disposición narcisista del yo que habrá de melancolizarse. Es en esta línea que la incorporación oral sería adecuada para entender la situación regresiva de la melancolía, como fracaso de la identificación, más que como consumación de la misma. Tal como en el caso de la "*identificación narcisista*" a nivel psíquico, en la "*incorporación*" el objeto está un breve lapso en el cuerpo (en el yo, para la identificación narcisista). Un momento "maníaco", de "posesión maníaca" del objeto:[4] "[...] mi objeto amado no se ha ido, pues ahora lo llevo dentro de mí y nunca podré perderlo" (Abraham, 1924: 333).

"¡Profe!, me estudié todo durante la cursada pero ahora para el final, como pasó el primer turno, no me acuerdo de nada de lo que estudié... ¡y mire que me tragué todo todo todo, eh!", me dijo un día un estudiante unos días antes de rendir su final de la materia que había cursado conmigo. Los conocimientos pueden adquirir también la calidad de esquirlas escupidas en superficies poco continentes, como meros reservóreos que apurados por cuatrimestres y fechas de burocracias ministeriales y superyoicas le quitan no sólo el placer al saber, el sabor al aprender, sino que lo

---

3. Término acuñado por Ferenczi en 1909, que Freud comienza a utilizar en 1915 (cf. p. 130, n. 2 y p. 239n).

4. Abraham cita también "*lo mucho que de esta posición libidinal respecto de su objeto, ha quedado en muchas lenguas*". Así *poseer,* del lat. "*possidere*" –sentar las posaderas–, es en alemán "*besitzen*", que proviene de "*sitzen*" –estar sentado– probablemente *sobre* la "*posesión*", mostrando el origen *anal* de las mismas. Curiosamente, el término utilizado por Freud en su original, para llamar a lo que se ha dado en traducir por "*investidura*" es "*Besetzung*", que proviene de "*setzen*" –sentarse, colocarse sentado– en este caso, a diferencia de "*sitzen*" que responde a la declinación del dativo, corresponde al acusativo, vale decir, 'con movimiento', de modo concordante con el movimiento de libido que supone el interjuego dinámico de investiduras, desinvestiduras, sobreinvestiduras y contrainvestiduras. La "*Besetzung*" es el término que se utiliza también para hablar de "*ocupación*" ya sea en las guerras, en un asiento o en el toilette, en que podrá leerse "*besetzt*", cuando se encuentre "*ocupado*" (o *investido*).

transforman en un contenido a ser vomitado, expulsado, excretado y, de esa manera, poco eficaz para la apropiación significativa que modifique la trama subjetiva, que indefectiblemente no encuentra ancla con tales condiciones de configuraciones psíquicas.

La fantasía de incorporación, como es la *"introyección"*, parecería ser un paso *posible* previo a la identificación del yo con el objeto; sin embargo, no siempre ni necesariamente desemboca el primero en el segundo proceso (cf. Freud, 1923: cap. 3).

Me resulta más interesante, en tal caso, la idea de la oralidad en términos *"digestivos"* (Garma, 1971), ya que considero que así se abre otra vía posible a la "metáfora oral", que no se agota en la incorporación, sino en el proceso de *"hacer propio"* algo del objeto, por medio de la *asimilación*, en tanto "hacer similar", "hacer semejante". En este sentido, a diferencia de Abraham, quedaría la oralidad como *paradigma* inicial de un modo de tomar aspectos, características, o lo esencial mismo del objeto para hacerlo propio en el yo. Véase el epígrafe del capítulo, con el fragmento de Galeano de "Ventanas sobre la memoria": encuentro una interesante metáfora en ese modo de "hacer parte de la propia argamasa" aquellos elementos del otro que desde su función –parafraseando a Freud– sedimentan en el yo y pasan a ser parte de él mismo.

El alfarero, docente experimentado, en sus años tardíos, "ofrece su pieza mejor". ¿Sus propios recorridos?, ¿sus propias identificaciones?, ¿su deseo? Tal vez todo esto, alternativa y simultáneamente. "Rompe la pieza", al igual que en el recuerdo de Freud, quien es invitado a adentrarse en el objeto, a penetrar en el libro y a atreverse con el objeto edípico "tras haber superado el [miedo a] la mujer [...]" (cf. AE 7: 179) y hacer propio el objeto, asimilado a su estructura, genuinamente, en plena modificación de su ser.

En 1939, en el *"Moisés..."*, Freud plantea el progreso de la cultura, justamente por la identificación, tratada como "proceso de pensar por encima de la percepción sensible [que] acredita un paso grávido de consecuencias", como también lo llama "un triunfo de la espiritualidad sobre la sensualidad", puesto que "la maternidad es demostrada por el testimonio de los sentidos, mientras que la paternidad es un supuesto edificado sobre un razonamiento y sobre una premisa" (1939: 109-10). No olvidemos la sentencia del antiguo derecho romano *"Mater certissima, Pater semper incertus"*, ya evocado por Freud en una nota al pie de 1909, en el *"Hombre de las Ratas"*, en que comenta el nacimiento de Atenea, diosa sin madre, que nace de la cabeza de Zeus. Aún en tiempos de las pruebas genéticas y de ADN, siguen teniendo validez estos razonamientos psíquicos en ese 0,01% de margen de error, que se imponen más por un despliegue intelectual que por la potencia que tienen los sentidos.

Siguiendo con esta perspectiva recorrida desde un psicoanálisis freudiano considero que la función docente se inscribe en esta línea de identificaciones producto de un trabajo psíquico, que abre a partir de un anclaje singular, la potencialidad de despliegue de otros elementos en los sujetos, con posibilidad de transformarlos entonces en elementos propios. La función docente en relación con la escena educativa, ha de potenciar aquellas situaciones *prínceps* de la constitución subjetiva, no sin incidencia en esa trama sensible de la misma: la metáfora del alfarero aporta a las dos posibles líneas de desarrollo dentro del pensamiento freudiano, una –tal vez iatrogénico o eventualmente hipertrófico– de las "incrustaciones" como podría ocurrir tanto en las masas o fanatismos grupales, como en las patologías singulares comandadas por el superyó en su versión más tanática. Otra en la integración a un yo que potencia y facilita sus intercambios y producciones con el medio, que son los otros y que es el sí mismo.

La educación como travesía del sujeto

Una de las metáforas posibles para hablar de educación, como ese entramado de modificaciones de la subjetividad y de reedición de las más tempranas conflictivas, así como de la cristalización de situaciones determinantes para la vida del sujeto, es la de "travesía".

El lugar del docente, en sus más diversas versiones, responde a una necesidad inherente a la formación de los seres humanos, tal como ocurre en cualquier proceso educativo. Pensar en un momento de aprendizajes, como momento de pasaje –"travesía"– y a su vez de crisis, implica el desasimiento de lo conocido previamente, tal vez "lo familiar" para ir a lo desconocido que se le va a proponer, "de lo familiar a lo social", podría ser una metáfora posible, entre la zona de conocimiento previo sin tensión, a la salida a otras dimensiones que le serán presentadas al sujeto. Se hace necesario entonces que los sujetos puedan ser sostenidos (Winnicott, 1960*a*) por las funciones simbólicas que cumplen las veces de sustitutos de lo familiar y que justamente la familia va delegando, por las razones propias de diversas etapas vitales. Aun en los doctorados se habla de "*Doktorväter*" (padres de doctorado) o "Tutores de tesis".

La adolescencia, como momento de pasaje crítico, entre la infancia y la adultez, también tiene muestras muy espectaculares de estos fenómenos que la educación permite desplegar y lleva a la reflexión psicológica una y otra vez. Ya en 1905, Freud plantea que en la pubertad se consuma uno de los logros psíquicos más importantes, pero también más dolorosos: "el desasimiento respecto de la autoridad de los progenitores, el único que crea la oposición tan importante para el progreso de la cultura, entre la nueva generación y la antigua" (1905: 207). Sin embargo, no es ese desasimiento sin una "*figura puente*" que, por efectos de la transferencia (Freud, 1912*b*) le otorgue cierta investidura de "autoridad" o "respeto" que en la estructura edípica toma el nombre del padre.

Lo que algunos llaman "inopia", en tanto fragilidad de la adolescencia ante ciertos factores externos de riesgo y la inestabilidad interna por los cambios (Doltó, 1988) muestra algo de la importancia del lugar del otro, que establece un puente durante este período de pasaje y múltiple despren-dimiento. Tal como los bogavantes y las langostas que pierden su caparazón protector durante el período "adolescente" de su crecimiento, los jóvenes también deben encontrar otras figuras que los acompañen en ese proceso, como instancia protectora mientras son vulnerables, ya que si en este período reciben golpes "quedan heridos para siempre; su caparazón nueva recubrirá las heridas y las cicatrices, pero no las borrará" (*ibídem*: 13). Y continúa "*las personas secundarias* juegan un papel muy importante en la educación de los jóvenes durante este período. Aunque no estén encargadas de dar dicha educación. Todo lo que hacen puede favorecer la expansión y la confianza en sí, al igual que el valor para superar sus impotencias o por el contrario pueden estimular el desaliento y la depresión" (*ibídem;* resaltado mío).

Encuentro en estos conceptos una adecuada metáfora respecto de la temática que estoy abordando en el presente capítulo, acerca de la construcción de subjetividad en educación, que se establece como lugar necesario a lo largo del crecimiento del ser humano, en momentos de intento de diferenciación de las figuras de los padres y de búsqueda de una identidad propia, hecha también de aspectos de éstos, pero amalga-madas –al estilo de la argamasa del artesano iniciado, en el epígrafe del presente capítulo– en una nueva, con la importancia de que sea diferencial y aun en ciertos casos con apariencia de "opuesta" al modelo familiar, para defenderse de las situaciones confusionales que están implicadas en la endogamia. Romper en pequeños pedazos la pieza del anciano alfarero, puede ser metáfora de romper con modelos identificatorios anteriores, pero aun hacerlos parte del sí mismo en esa asimilación a la argamasa propia: metáfora de una identificación lograda.

La potencialidad de la educación y la función docente da cuenta de una "red" más amplia aun que la de la "*figura puente*" de quien la encarne, no sin dejar de serlo, en la medida en que es precursora de la inclusión en una lógica social, simultáneamente al microcosmos del universo de cada sujeto, en que tienen lugar las peculiaridades de la dramática singular del atravesamiento de la escena edípica. En épocas de manifiesta caída de los referentes simbólicos, se multiplica el valor de esta función como "andamiaje identificatorio" y sostén –en el sentido "winnicottiano"– para los potenciales despliegues del sujeto.

De la "*Auctoritas* e *imperium*", Sujeto supuesto Saber y eficacia

Los antiguos romanos distinguían dos dimensiones –entre otras dimensiones semánticas de los términos– para dar cuenta de las características necesarias del gobernante para que pudiera llevar adelante su tarea. El "*Imperium*" daba cuenta del poder público, el dominio que su cargo le otorgaba (*lat. Imperium*). En este sentido, era el *poder* y *derecho* para ejercer su función. Sin embargo no siempre esta potencialidad, era acorde con la posibilidad real de llevarlo a cabo, respecto del reconocimiento del pueblo, y en ese sentido, de su *poder real*. Según el antiguo derecho romano, fueron los dioses quienes le entregaron a los emperadores el "*imperium*" para que ejercieran su función. En cierto sentido, veo también una metáfora de las situaciones de los escenarios educativos, en que se plantean unas condiciones para que aquellas cuestiones expuestas en los apartados anteriores tengan una posible eficacia. El Sujeto supuesto Saber, implica suponerle al otro un Saber y a su vez un Sujeto. Esta dimensión, introducida por Jacques Lacan en 1961 da cuenta de un supuesto inicial para la transferencia que se pone en juego en el lazo educativo.

Respecto de este reconocimiento simbólico, puede rastrearse otra categoría también establecida por los antiguos romanos: la "*auctoritas*". En Roma, este término aparece –precisamente– ligado a la función tutelar. De este modo, el tutor poseía la "*auctoritas*", palabra que da la etimología a los actuales términos de "autor", "autoridad" y sus derivados, como por ejemplo, también el "autoritarismo", en tanto desvío de esa función.

La expresión "auctoritas" proviene a su vez de "*auctor*", que significa "aumentar", "promover", "hacer progresar" (cf. Kluge, 1883 [2002]: 78 y Corominas, 1961 [2003]: 73) y significa etimológicamente entonces, la cualidad creadora de ser y de progreso, en función del prestigio moral, la capacidad o superioridad de una persona en función de una determinada actividad o saber, respecto de otros que se la reconocen naturalmente.

En derecho romano se entiende por *auctoritas* la legitimación social, el reconocimiento que procede de un *saber* y que se otorga a una serie de ciudadanos. Ostenta la *auctoritas* aquella personalidad o institución, que tiene capacidad moral para emitir una opinión calificada sobre una decisión. Si bien dicha decisión no es vinculante legalmente, ni puede ser impuesta, tiene un valor de índole moral muy fuerte. El término es en realidad difícil de traducir, y la palabra castellana "autoridad" es apenas parte del verdadero significado de la palabra latina, pero considero que en el ejercicio de la función docente adquiere plenitud de sentido, cuando coincide con ese reconocimiento por parte de los sujetos, en empatía con el compromiso subjetivo de cierto "deseo docente", respecto del ejercicio de su función y la legitimación del mismo.

La "*potestas*" (potestad) está más ligada al mencionado concepto de "*imperium*", en tanto remite a la designación de una tutela específica, pero no necesariamente reconocida socialmente. Sería en ese sentido, aquél que tiene capacidad legal para hacer cumplir su decisión. Podemos pensarlo como la posibilidad de eficacia real, de una posición simbólica en la que ha de instituirse la función tutorial.

El ámbito educativo, por la complejidad de las situaciones institucionales que se ponen en juego, muestra estas dos dimensiones en juego respecto de los escenarios educativos, en que tienen lugar estas variaciones del lazo educativo, en todas sus posibilidades y combinaciones, de una menor o mayor "*auctoritas*", o menor o mayor "*imperium*", de acuerdo a la ubicación de los sujetos, tanto docentes en ejercicio de su función, como de los sujetos respecto de aquéllos, en el contexto institucional de su desempeño.

El acceso al conocimiento.
Dos sueños paradigmáticos y una perspectiva en su interpretación

"Du gleichst dem Geist,	*"Te equiparas (sólo) a aquél espíritu,*
den du begreifst"	*que comprendes"*
(V 512)	
[...]	*[...]*
"Was du ererbt von Deinen Vätern	*"Lo que has heredado de tus padres,*
hast,	*aprópiatelo, para así hacerlo tuyo,*
erwirbt es, um es zu besitzen,	*Lo que no sirve de nada (no se*
was man nicht nützt, ist eine schwere	*utiliza),*
Last."	*es una lastre pesado."*

F. W. v. Goethe, Faust I, V. 682, ff (traducción del autor).

En una de las más significativas obras de Sigmund Freud, *La interpretación de los sueños*, encontramos el testimonio que nos transmite de una experiencia propia (a partir del análisis de uno de sus sueños), con quien podríamos considerar uno de sus "primeros pares" y su "primer docente", en la dimensión edípica del vínculo y con quienes habría de marcar significativamente su acceso al conocimiento, aun para con los sucesivos "docentes" que entrarían en serie respecto de ese lugar. Me estoy refiriendo –en primera instancia– al "sueño de la monografía botánica".[5]

El sueño es breve, apenas una imagen. En ella aparece escrita una monografía sobre una cierta planta; yace frente a él el libro y está hojeando una lámina en colores doblada. Acompaña a cada ejemplar un espécimen desecado de la planta, a la manera de un herbario. En el análisis del sueño, comenta que esa mañana había visto en la vidriera de una librería un nuevo libro que llevaba como título "El género ciclamen". Esta primera asociación de un resto diurno, lo lleva a la idea del ciclamen, como "la flor preferida de Martha", su mujer. Surge un autorreproche por no llevarle flores con la frecuencia con que ella lo desearía y pasa luego a otro punto de abordaje del sueño que es evidentemente otro autorreproche: en este caso, el abandono del proyecto de investigación sobre las propiedades anestésicas de la cocaína. Piensa que le serían útiles si tuviera que operarse de glaucoma, tal como efectivamente fue operado su padre. No olvidemos la importancia del ojo en la curiosidad, particularmente la infantil, como órgano sensorial que "penetra" los objetos. Así como el "Bücherwurm", (en español, "polilla", pero también –tal como señala acertadamente Strachey[6]– "ratón de biblioteca", o más literalmente "gusano" –Wurm– "de los libros"–Bücher–) "el que penetra los libros", para decirlo aun más psicoanalíticamente. Luego de abrir aquellas líneas asociativas, toma cada parte del sueño para su análisis (parte por parte, hoja por hoja).

Respecto de "la lámina en colores, plegada", comenta que en sus tiempos de estudiante de medicina padeció mucho por su afán de aprender exclusivamente con monografías y que a pesar de sus limitados recursos, se procuró muchas publicaciones médicas cuyas láminas en colores eran su delicia. A esto dice que se suma un recuerdo de infancia muy temprano: el padre de Sigmund Freud, se divirtió cierta vez dejándoles a éste y a la mayor de sus hermanas un libro con láminas en colores que era la descripción de un viaje a Persia, con el fin de que lo destrocen. El pequeño Sigmund tenía entonces cinco años y su hermana menos de tres. Evoca aquel momento con la imagen de ellos deshojando "dichosos"[7] aquél libro, "hoja por hoja como un alcaucil".

De ahí quizás, la invitación que transmite desde el psicoanálisis a "destrozar" el sueño, también "parte por parte", en el trabajo del análisis, para su interpretación, que es a su vez la aventura del pensar, de ingresar

---

5. Ap. "A", del cap. V., p. 186.

6. Cf. n. p. 188.

7. En el original, "überselig", ("más" que dichosamente, o "por demás dichosos") SA II, p. 185 o AE 4, p. 189.

en los contenidos y los saberes. ¿Qué más, sino descomponer "parte por parte", significa "analizar"?

La curiosidad infantil tiene su origen en un interés práctico, persigue descubrir los secretos de la sexualidad y del origen de los niños. Es así que en el niño, la pulsión de saber y de ver recaen sobre la sexualidad. Por lo tanto, siguiendo algunas ideas desarrolladas por Jorge Winocur, encuentro en ese recuerdo infantil el contenido erótico de esa escena de Sigmund Freud con su pequeña hermana, con quien había sido invitado, por parte de su padre, a "destrozar (*venichten*[8]) el libro". También el libro en cuestión, que relataba las aventuras de un viaje a Persia, tierra desconocida e inquietante, era en sí buena metáfora de lo desconocido e inquietante de la sexualidad. En la misma descripción del recuerdo, aclara Freud que "pedagógicamente fue algo apenas justificable". Entiendo en esa situación una autorización del viejo Jakob a romper el libro, a penetrar en el conocimiento y por lo tanto dejarse llevar por la curiosidad sobre la sexualidad: habilitación a atreverse con el deseo –en este caso aún incestuoso, por desplazamiento edípico de su madre como primer objeto prohibido al de su hermana–, en la medida que había sido también convocada ella, para aquella tarea. La autorización de un padre a ingresar en la escena edípica de un modo *princeps*, para no retirarse del objeto potencialmente incestuoso, "la hermana", queda desplazado ahora en el libro –que a su vez es símbolo del genital femenino–. Considero que no sólo abre la posibilidad y estímulo a las posteriores investigaciones, incluidas las de los sueños y la formulación del aparato psíquico, sino también a la línea de interlocutores "docentes", que entraron en serie con aquél: Breuer, Fliess, Charcot, Königstein, Rolland, Einstein, etcétera.

El incesto en tanto tabú, ocluye la posibilidad de ingreso y apertura de las vías habilitantes en la transmisión, en tanto la represión como modo de defensa paradigmático, arrasa no sólo con aquello de lo cual se defiende, sino también con todas sus manifestaciones sucedáneas, ramificaciones y expresiones derivadas.

Es a partir del atravesamiento de estos tabúes, que es posible desarrollar el conocimiento, dejándose llevar por la curiosidad.

---

8. De las variadas maneras que podría haber utilizado Freud para decir "destrozar", utiliza el término "*vernichten*", que designa en idioma alemán la acción de *destrozar*, pero "hasta sus últimas consecuencias", despedazar "hasta las últimas partes", transformando el objeto en "*Nichts*" –*nada*–. Es en este sentido también el modo que tiene de analizar los sueños, analizándolo hasta sus últimas instancias. Cf. SA II, p 185: "*Mein Vater machte sich einmal den Scherz, mir und meiner ältesten Schwester in Buch mit farbigen Tafeln (Beschreibung einer Reise in Persien) zur Vernichtung zu überlassen*" (el resaltado es mío) En AE, Etcheverry traduce "*para que lo destrozáramos*" (p. 189), yo diría "*hasta dejarlo hecho añicos*".

El otro podrá ser, de ahí en más, monumento recordatorio de lo tentador de aquellos objetos primarios y también de la prohibición y del castigo. No olvidemos que a Prometeo lo castigaron a quedar encadenado a las montañas caucásicas para que eternamente los buitres le devoraran el hígado, que crecería por las noches, con motivo de haber seducido a Palas Atenea, robado el fuego (*del conocimiento*) a los dioses del Olimpo y entregado el mismo a los hombres. Esta escena, trágica en su resolución, aparece en el relato del sueño de Freud, como una escena "más que dichosa" (*Überselig*), sentimiento que logra transmitir innumerables veces respecto de su trabajo intelectual y sus investigaciones; en esta línea, sale de lo trágico, para ir más allá y conquistar el conocimiento, apertura que permitirá luego la entrada de aquellos, que en línea con la sustitución de aquél padre, podrán ubicarse en la travesía ante el conocimiento desde aquéllos docentes que fueron significativos para aquél, en el acompañamiento y estímulo de esos desarrollos.

Al estilo del relato bíblico en que Adán avanza sobre la prohibición de comer el fruto del árbol de la sabiduría, la transmisión para el desarrollo en el conocimiento lleva implícita la posibilidad de comer un fruto prohibido, así como el acceso mismo al objeto, la consumación de un acto prometeico que permite un saber vivencial.

Freud "se atrevió", autorizado por su padre, a despedazar el libro, a hacerlo añicos. Como el ratón de biblioteca, tuvo el atrevimiento de "introducir el gusano en la alcachofa". De este modo transmitió el camino para la interpretación de los sueños y el de la "vía regia" de acceso al inconsciente. Entiendo a su vez esta línea, como un modo posible, desde estas teorizaciones, para pensar el acceso al conocimiento en el lazo entre sujetos.

Conquistar el objeto es parte de la transmisión y la "conquista del conocimiento", que es condición de la facilitación de quienes en educación se desempeñan. "*Alea jacta est*" diría Julio César ante el Rubicón, antes de dar comienzo a la guerra civil en Roma. Cruzar el río es parte del tabú a atravesar en la conquista del conocimiento, y serán ahí quienes acompañen como derivados de aquella función, quienes tendrán una significatividad decisiva, en ese posicionamiento subjetivo de sus tutorandos.

Un tercero, Jakob, un padre, otro, un docente, un educador, que articula una palabra convocante para meterse en el libro, meterse en el objeto y cruzar ese Rubicón para acceder a esa Roma prohibida.

En otro sueño paradigmático, conocido como el sueño "del amigo Otto" (p. 277), Freud cuenta que en el contenido manifiesto del mismo "[...] Otto se ve malo, tiene la tez oscura y los ojos desorbitados". Luego explica que Otto es el médico de la casa y que le está "eternamente agradecido", porque desde hace años vigila la salud de sus hijos, tratándolos con éxito cuando caen enfermos y que muy amablemente, en cuanta ocasión se presenta, les hace regalos. También cuenta que el día del sueño, había estado de visita y que su mujer observó que se lo veía cansado y abatido. Luego, por la noche, sobrevino el sueño que el mismo Freud tuvo y pensó en la posibilidad de que su amigo tuviera la "enfermedad de Basedow".[9] En el análisis del sueño, Freud se pregunta por qué temería que Otto tuviese la enfermedad mencionada, siendo que su aspecto no ofrecía el menor motivo para tal diagnóstico. Comienza entonces a ofrecernos sus asociaciones al sueño y evoca un recuerdo de una situación acontecida seis años antes del sueño, en que él, con un grupo de conocidos, entre los que se encontraba el Prof. R., viajaban al bosque de N., a unas horas de su residencia veraniega. Entonces el cochero, no del todo sobrio, hizo despeñar el vehículo por una cuesta, saliendo sanos de milagro. Fue entonces que se vieron precisados a pernoctar en la posada más próxima. Un señor que mostraba signos inequívocos de la enfermedad mencionada anteriormente —y aclara Freud que tal cual, como en su sueño, Otto tenía la piel del rostro oscurecida y los ojos salientes— se puso a disposición del grupo y les preguntó qué podía hacer por ellos. El profesor R, entonces, respondió que "nada, si no es que me preste usted un camisón de dormir". A lo cual el caballero respondió que no podía hacerlo y se alejó luego.

Luego de este recuerdo, Freud asocia con que Basedow no es sólo el nombre de un médico, sino también de un famoso pedagogo.[10] También evoca el recuerdo de haberle pedido a su amigo Otto que, en caso que una desgracia le ocurriera, vigile la educación de sus hijos, en especial en la pubertad. Entonces Freud interpreta que ver a su amigo Otto en el contenido manifiesto del sueño con los síntomas patológicos de aquel noble auxiliador, querría decir que si le sucediese una desgracia, le importará tan poco ocuparse de sus hijos, como le importó a aquel barón de L. a pesar de sus gentiles ofrecimientos. A continuación Freud prosigue con la interpretación, diciendo que él mismo se colocó (dimensión topológica de la identificación) en el lugar del profesor R., pues él le demanda a Otto

---

9. La enfermedad de Graves-Basedow es una tiroiditis autoinmune de etiología desconocida, que estimula la glándula tiroides, y es la causa de tirotoxicosis más común. Se caracteriza por hiperplasia difusa de la glándula tiroides resultando en un bocio e hiperfunción de la glándula o hipertiroidismo. La enfermedad recibe el nombre del médico irlandés Robert James Graves por sus descripciones en 1835 y Karl Adolph von Basedow por sus reportes en 1840.

10. Johann Bernhard Basedow (Hamburgo, 11 de septiembre de 1723 – Magdeburgo, 25 de julio de 1790) fue un pedagogo alemán, fundador del *Philantropinum* de Dessau. Revalorizó el realismo educativo de Comenio y originó la reforma de la escuela en su país.

como el profesor R. le demandó en aquella ocasión algo al Barón de L. El profesor R., agrega Freud, es alguien con quien en la realidad *no osaría a compararse*, y quien hizo su propio camino profesional con independencia de cualquier carrera académica, y sólo tardíamente obtuvo el título que desde mucho antes merecía de *profesor*. Freud nos muestra esa función tutorial que se manifiesta vía identificación, establecida entre el profesor R. y él, como subrogado de aquélla figura paterna que alentaba a "destrozar los libros", "penetrar en el conocimiento" y respecto de la cual, Freud también esperaba ser nombrado *Profesor*, como aquél –y que se demoraría bastante, como también le habría ocurrido a aquél, "tardíamente"–. Agrega a su vez que el "tardíamente", es el cumplimiento de deseo de vivir lo bastante para guiar él mismo a sus hijos en la pubertad. En ese sentido estaría la doble situación de su lugar respecto de quien ocupara el lugar de cierta función tutorial, sustituto de un lugar paterno, el profesor R. en la línea de Jakob Freud, y a su vez, su propio lugar a ser sustituido en su función por parte de Otto, precisamente en un lugar educativo con respecto a sus hijos. Encuentro allí cierta recursividad de esta función, en tanto es la forma en que se especifica la misma, basándose en la propia definición, constituyendo cierto circuito sin fin: Freud respecto de otros que tuvieron cierta eficacia educativa significativa respecto de sí, a condición de la función inaugural ejercida por Jakob en su función paterna y a su vez la eficacia de transmisión de Freud, respecto de sus múltiples discípulos, aún luego de su muerte, con sus ideas y aun en nuestros días.

Sea éste un estímulo a seguir pensando, recreando y haciendo uso de ese legado de herramientas teóricas acerca del sujeto y la subjetividad, que nos permitan elaboraciones sólidas acerca del psiquismo, sus potencialidades y desarrollos para una formulación posible de ciertos interrogantes en educación, que amplíen los horizontes de esas prácticas.

Referencias bibliográficas

ABRAHAM, K. (1924) *Un breve estudio de la evolución de la libido, considerada a la luz de los trastornos mentales*. Buenos Aires: Ed. Hormé, 1959.

CATELLI, J. (2009) "Duelo o melancolía: acerca de la incorporación oral y la identificación", inédito.

CATELLI, J.; SHAMMAH, S. y ZAEFFERER, T. (2010) "Un intento de explicación psicoanalítica a la transmisión entre pares. Los hermanos Freud y el incesto, una monografía", *Revista Moción*.

CATELLI, J. y ZAEFFERER, T. (2013) "El dolor a partir de la constitución melancólica del aparato psíquico", *Revista de Psicoanálisis*, Tomo LXX, N°1, Asociación Psicoanalítica Argentina.

COROMINAS, J. (1961 [2003]) *Breve diccionario etimológico de la lengua castellana*. Madrid: Gredos.

DOLTO, F. (1988) *La causa de los adolescentes*. Barcelona: Seix Barral, 1990.

FOUCAULT, M. (1981) "Subjetividad y verdad". En: *Dits et écrits*. París: Gallimard, 1994.

FREUD, S. (1950 [1887-1902]) *De los orígenes del psicoanálisis. Proyecto de una psicología*, AE 1.

FREUD, S. (1939) *Moisés y la religión monoteísta*, AE 23.

FREUD, S. (1930 [1929]) *El malestar en la cultura*, AE 21.

FREUD, S. (1926*a* [1925]) *Hemmung, Symptom und Angst*, SA VI.

FREUD, S. (1926*b* [1925]) *Inhibición, síntoma y angustia*, AE 20.

FREUD, S. (1923) *El yo y el ello*, AE 19.

FREUD, S. (1921) *Psicología de las masas y análisis del yo*, AE 18.

FREUD, S. (1918 [1917]) *El tabú de la virginidad (Contribuciones a la psicología del amor, III)*, AE 11.

FREUD, S. (1917 [1915]) *Duelo y melancolía*, AE 14.

FREUD, S. (1914) *Introducción del narcisismo*. AE 14.

FREUD, S. (1912*a*) *Sobre la dinámica de la transferencia*, AE 12.

FREUD, S. (1912*b*) *Sobre la más generalizada degradación de la vida amorosa*, AE 7.

FREUD, S. (1911) *Formulaciones sobre los dos principios del acaecer psíquico*. AE 12

FREUD, S. (1905) *Tres ensayos de teoría sexual*. AE 7.

FREUD, S. (1900*a* [1899]) *La interpretación de los sueños*, AE 4 y 5.

FREUD, S. (1900*b* [1899]) *Die Traumdeutung*, SA II.

GARMA, Á. (1971) *El psicoanálisis. Teoría, clínica y técnica*. Buenos Aires: Paidós.

GARMA, Á. y GARMA, E. (1976) "La escotomización del sometimiento al superyó en la teoría de Frerud del narcisismo". *Revista de psicoanálisis*, XXXIII, 4, Buenos Aires: Asociación Psicoanalítica Argentina.

KLUGE, F. (1883 [2002]) *Etymologisches Wörterbuch der deutschen Sprache*. Berlin: Walter de Gruyter.

LACAN, J. (1961-2) *El Seminario. Libro 9. La identificación*. Buenos Aires: Paidós.

MÉNDEZ, H.; TESORO, J. y TIRANTI, F. (2006) *El rol del tutor como puente éntre la familia y la escuela*. Buenos Aires: Magisterio del Río de la Plata, Ed. Lumen.

VALLS, J.L. (1995) *Diccionario freudiano*. Buenos Aires: Ed. Juan Yébenes.

WINNICOTT, D.W. (1960*a*) "La teoría de la relación paterno-filial". En: *El proceso de maduración en el niño*. Barcelona: Ed. Laia.

WINNICOTT, D.W. (1960*b*) "La deformación del ego en términos de un ser verdadero y falso". En: *El proceso de maduración en el niño*. Barcelona: Ed. Laia.

WINNICOTT, D.W. (1956) "La tendencia antisocial". En: *Deprivación y delincuencia*. Buenos Aires: Paidós, 1990.

WINOCUR, J. (1996) "El narcisismo y la identificación narcisistica". *Revista de Psicoanálisis*, vol 53, N° 1, Buenos Aires: APA.

WINOCUR, J. (1989) "La identificación y su discriminación de la incorporación y la introyección". *Revista de Psicoanálisis*, Tomo XLVI, n° 5.

Fernand Deligny: 136 cometas lanzados al cielo
Sobre prácticas, afectos y emociones en la tarea de educar

Daniel Korinfeld

> *"En los desmadres más grandes, eres la calma sonriente.*
> *En las grandes calmas eres el viento."*

Semillas para educadores

No hay modo de habitar un oficio sin entrar en conversación e intercambios con otros, con quienes lo comparten cotidianamente o lo compartieron en otros tiempos y lo han dejado o ya no están entre nosotros, entonces conversamos a través de sus testimonios y relatos, de los textos en los que nos transmiten sus experiencias. Vamos encontrando a estos interlocutores tan necesarios, llegan a nosotros de diversas maneras y nos acompañan por un tiempo, una determinada etapa o durante todo nuestro trayecto de oficiantes. Hay encuentros que son promisorios, que pueden cambiar tu manera de pensar y de hacer. Los diálogos con los que nos precedieron, el conocimiento de sus experiencias, esas herencias están allí para ser descubiertas y resignificadas, para ponerlas en relación con nuestras prácticas y lo nuevo de sus demandas.

Voy a compartir con ustedes mis comentarios, mi lectura de uno de los textos quizás más singulares de Fernand Deligny (1903-1966), especialmente un texto escrito en 1943 y editado en 1945 llamado *Semilla de Crápula*, del que citaremos la edición 2017. Deligny trabajó en hospitales psiquiátricos, centros de readaptación con los pibes caídos, excluidos de la sociedad, de las familias, del sistema educativo, con los niños y adolescentes llamados delincuentes, retrasados, idiotas, psicóticos, autistas. Es en el contexto de la segunda guerra mundial en Francia que escribe este libro.[1] Es un autor que ha despertado un creciente interés en los últimos

---

1. Para conocer más sobre su biografía y su obra existen excelentes y completas referencias, entre otras la introducción que escribe Jordi Planella a la edición en español de *Los va-*

tiempos, la publicación en español de una parte de su obra en nuestro medio nos ha permitido conocerlo, comenzar a leerlo.[2]

Si Fernand Deligny no estaba cómodo con que lo llamaran educador (fue escritor y cineasta al mismo tiempo, poeta, etólogo), no era ésta su única incomodidad en un oficio y en tareas de las que no esperaba ningún confort. Se encargó de señalarlo más de una vez dicho, enunciado y en acto. ¿Pero se trata del oficio de educar o de la posición que Deligny asumía al encarnarlo? No es ésta la única pregunta que sembró, fueron diversos los interrogantes que nos ofrecen las aventuras de este sujeto inclasificable llamado Fernand Deligny, quien se empeñó en cuestionar categorías, atravesar clasificaciones, interpelando "las ideologías de la infancia" y el *sentido común educador* para resituarlo y desplegarlo en nuevos términos.[3]

Cierta radicalidad de su posición, la complejidad de las situaciones y de los contextos en los que desarrolló su acción, su decisión de trabajar-estar con los niños y adolescentes más "difíciles" son como un imán para nosotros. Imaginamos una suerte de inagotable manantial capaz de refrescar nuestras prácticas para recuperar la energía que no parece sobrar, reactivación que nos ayude a atravesar las encerronas en las que nos encontramos, en las que creemos estar y ante las cuales no les vemos salida.

Situado como quien en todo momento emprende, busca y se encuentra atravesando una aventura[4] dispuesto a lo que ha de advenir, pendiente y curioso por lo que va a llegar, sabiendo que es una empresa de resultado incierto pero que la acción y el pensamiento que implican remiten al futuro sostiene cierta vocación por transmitir los avatares de su oficio, bajo un modo particular de registro y transmisión. La escritura constante en torno a su tarea y a su experiencia parece confirmar esa idea. Trabaja, lee y escribe configurando un trípode valioso para el ejercicio de los oficios del lazo (Frigerio, 2017). "Consejos para los educadores que quieran cultivarla" es el subtítulo de *Semilla de crápula*, y el texto consiste en una serie de aforismos y sentencias o, como él escribe: fórmulas, formulitas, paradojas y charadas. Tiempo después de haberlas escrito y publicado se

---

gabundos eficaces (2015); la introducción, el glosario y la cronología escrita por Sandra Álvarez de Toledo en *Permitir, trazar, ver,* una excelente compilación de sus textos (2009).

2. Le debo a Graciela Frigerio el conocimiento de su obra cuando comenzamos a trabajarlo en los Ateneos de Pensamiento Clínico hace ya varios años. Fue comentado y citado en varias de sus recientes publicaciones, el texto presente trae la resonancias de los intercambios y debates que hemos mantenido sobre los escritos de este autor.

3. Expresión de Pierre-Francoise Moreau retomada por Sandra Álvarez de Toledo (2009).

4. Aventura, una empresa de resultado incierto o que presenta riesgos. "Lo que va a venir, lo que va a llegar" (latín). Ventura: "hechos inciertos que están por venir". Futuro, suerte, fortuna y riesgo están trenzados en este significante.

autocrítica furiosamente al punto de comenzar a escribir un texto llamado "Semilla de crápula o el charlatán de buena voluntad", finalmente y pasado el tiempo (1960) ya más condescendiente con su producción imagina un nuevo subtítulo: "Semilla de crápula, o el aficionado a las cometas" va a comparar sus ciento treinta y seis fórmulas con cometas lanzados al viento, que no buscan, ni pueden "aplicarse", han sido hechas para que se agiten alegremente en el cielo de algunas memorias.

Deligny pudo dar cuenta cada vez de su aventura, de sus aventuras, en cierta medida cada quien podrá constatar en su historia, en sus historias cotidianas la vigencia, la pregnancia de algunas de las ideas echadas a rodar o a volar en su texto. Cada quien dirá como resuenan sus aforismos, sus frases que aquí llevan el sesgo de nuestras lecturas, cuánto tienen que ver con sus prácticas, con lo que nos hace pensar, cuánto toca ese núcleo que mueve y construye lo que llamamos experiencia, "esa lámpara tenue que sólo ilumina a quien la sostiene" (Louis Fernand Celine, citado por Piglia, 2010).

Semilla de crápula: un niño a ser revelado

> *"Hay tres hilos que habría que tejer conjuntamente: el individual, el familiar, el social. Pero el familiar está un poco podrido, el social está lleno de nudos. Entonces uno teje solamente el individual. Y se asombra de no haber hecho más que un bordado de señora, artificial y frágil."*

Del mismo modo que el cultivador conoce el cardo, la cizaña, el educador que frecuenta el encuentro con la infancia conoce al semilla de crápula. Pero a diferencia del cultivador que considera que infectan sus campos, Deligny sabe, sostiene y apuesta a que el semilla de crápula es semilla de hombre, y esa afirmación, asumida a cada paso de su práctica le permite usar un lenguaje que aun en su época podía exigir algún reparo. Resentidos, ladronzuelos, perversos. No se tratará de librarse de ellos, hacerse cargo de un niño no es para cumplir la función atribuida, demandada, docilizarlo, domesticarlo, rectificarlo, borrarlo, suprimirlo, librar de él a la sociedad (sabemos por la historia y nuestro presente que no se trata sólo de metáforas) se trata ante todo de revelarlo, como en fotografía, acompañar la posibilidad de su transformación. Transformaciones que no necesita reconciliar con el ideal de inocencia de la niñez (Deligny, 2015*a*).

Esa posición implica unos modos de pensar y actuar y sus reflexiones nunca pierden de vista esos tres hilos que menciona el epígrafe, dimensiones que están presentes siempre en toda relación al otro cuando lo que está en juego es una transmisión, una formación. Tres hilos entrelazados, reconocerlos más allá del alcance de nuestras intervenciones, que se suela tejer más el individual –tal como nos recuerda– no implica que no sea imprescindible ese saber que es una posición, una mirada que impregna nuestras intervenciones y al mismo tiempo da cuenta, en cierta medida de la fragilidad de las mismas.

En una frase con un indudable efecto humorístico advierte que cuando conocemos las historias complejas y difíciles de los niños, abandonados y criados por distintos familiares acusamos, recriminamos a la sociedad y a los distintos responsables, pero cuando llegan a nosotros desde la prisión y comenzamos a conocerlos, nos dice, nos llenamos de indulgencia hacia la madre, la tía, la prima, el abuelo y el director de la prisión. Una vez más nos descentra de una visión simplificada de los problemas. Sin excusar a la sociedad pide registrar las intensas dificultades que supone acompañar a algunos de estos pibes y al mismo tiempo desvictimizarlos, un modo de ubicar la potencia de la responsabilidad que nunca desaparece y que antes o después será el motor de los cambios que pueda realizar. Capaz de tensar esta cuerda nunca olvida que esos niños fuertes y vulnerables, temerosos y audaces, frágiles y resistentes, sus pequeños vagabundos como los llama con afecto, son efecto de la indiferencia del mundo adulto y con mordacidad nos pregunta acerca de nuestras expectativas de que estos pibes "sean como todo el mundo"... paradojas de ciertos ideales.

¡Mantenlos vivos!

> *"Mantenlos vivos. Si la vida, para ellos, es robar, es molestar, es demoler, simplemente búscale a esos verbos complementos directos o indirectos que hagan insensiblemente derivar su fuerza hacia actos confesables y útiles."*

Pero, como es de suponer, Deligny tenía una visión radical de la sociedad de su época, tuvo una posición contestataria en todos los órdenes y nunca abandonó, pese a las vicisitudes desafortunadas de su siglo, una visión de futuro que anudara de mejores modos esos tres hilos de los que hablaba.

Una nación que tolera villas miseria, las cloacas a cielo abierto, las clases superpobladas, y que se atreve a castigar a los jóvenes delincuentes, me hace pensar en esa vieja borracha que vomitaba sobre sus pibes a lo largo de la semana y le daba una bofetada al más pequeño, circunstancialmente, un domingo, porque había babeado su delantal. (2015*b*: 50)

Desde esa perspectiva plantea una suerte de anti-biopolítica, ante un tratamiento de los cuerpos de la gran mayoría de los niños y jóvenes como vidas que no merecen ser vividas, muertes que no merecen ser lloradas –tomando expresiones e imágenes que Judith Buttler expresó tan bien–, ante la desigualdad cada vez mayor y cada vez más naturalizada –no podemos eludir pensar el deseo filicida que como sociedad revela–, lanza lo que alcanza el estatuto de una consigna: *¡Mantenlos vivos!* Una denuncia, un desafío, un gesto político ante la inercia de ciertas instituciones que existen para "ocuparse" de la infancia. Sencillamente permitir que vivan, "mantenlos vivos" es para él un modo de denunciar las exclusiones y normalizaciones que los amenazan. Por ahí pasa su aventura, en ver hasta dónde en cada caso, en cada situación eso es posible para él y para quienes lo acompañan. Y eso implica una batalla sin tregua contra las idealizaciones, de los pibes, de los proyectos, las planificaciones, los sistemas, los seres queridos y sobre todo los mismos educadores.

El desacople, el desarreglo, lo que no funciona como se espera, lo que sorprende, lo que asusta: de los contrastes de estos asuntos se nutren sus consejos, un juego de señuelos y de espejos en los que siempre caemos, más ingenuos o precavidos. Más experimentados o más noveles será necesario resbalar, golpearse un poco, quizás no caer siempre pero tampoco nunca. No parece ser un llamado al educador perspicaz, educador detective que ya fue y volvió, como suele decirse, sino a aquel que sabe que su oficio consiste en esos enredos y detenciones, en esas capturas e imposturas y que cada vez y con cada una/o, cada pibe, en cada grupo se juega ese partido, esa partida, que no es de ajedrez, es de vida. Porque, junto a otros, Deligny sostiene que el educador es aquel que está dispuesto a que cada quien pueda ocupar su lugar en la existencia y entonces busca a aquellos que se quedan en los bordes, a los que los habitan, los bordes del salón, de la ciudad, de los lazos, de lo que llamamos normalidad, sobre todo a a los que más les cuesta.

El semilla de crápula es frecuente que te desacomode, allí donde esperas un lobo, una fiera, los vas a encontrar serviles, aduladores, diligentes y si entonces crees haberlos conquistado nuevamente estás equivocado. La confianza, la apuesta al lazo pedagógico no la confunde con la ingenuidad. Tampoco se trata de un llamado al escepticismo lúcido sino a habitar esos lazos, esas transferencias, en todo su espesor, en toda su complejidad, en sus idas y vueltas, en las imposturas que le son inherentes, con sus ambigüedades y ambivalencias que llevan las marcas de cada uno de los sujetos, de cada situación y de cada contexto grupal e institucional.

El amor vendrá después

"Sobre todo no intentes saber lo que dicen de ti entre ellos. ¿Tienen ganas de ponerse en marcha cuando te ven llegar? Ese es tu trabajo."

No se trata del amor dice, el amor vendrá después y no está ahí tu recompensa. En un oficio que lleva las marcas del familiarismo, en el que el don suele confundirse con el amor del que se hace una apología a veces manifiesta y generalmente latente, su consejo impacta. Si se trata de hacer que te amen lleva caramelos, si quieres hacer tu trabajo llévales una soga para tirar, nos dice, hace falta que sepas lo que quieres, insiste. Que el amor y el bien guían la tarea de educar es una idea instalada en el campo educativo y más allá de él, no alcanza incluso con nombrar los desmanes y descalabros subjetivos que en nombre de tan altos ideales se han cometido para desactivar ese común sentido de lo familiar y lo materno que impregna toda tarea con la infancia y la adolescencia. No son pocos los esfuerzos por desmarcarse que nuestro autor realiza en esa dirección. Sin desestimar los afectos como motor del encuentro del educador con la infancia no ubica al amor en el centro del mismo. En efecto, se trata de estar advertidos de los malentendidos, ambivalencias y equívocos inherentes al amor también en los oficios del lazo.

En esa misma línea, la idea del educador como ejemplo, único lugar desde el que se construye el lazo pedagógico lo plantea como un riesgo para ambos, ser referente para el otro no necesita ni requiere necesariamente del "ejemplo". Allí nos ofrece una indicación que no por conocida deja de tener su efecto: "no enseñarles lo que no sabes o no deseas, no te encargues de enseñarles a vivir si no te gusta la vida" (2015*b*: 34) es en todo caso algo diferente al lugar del ejemplo, se trata de la relación con el deseo que lo anima, que aunque no sea idéntico al anhelo o al querer tiene que ver con las ganas, la pasión, la curiosidad, el compromiso con el propio oficio —en todo caso sabe que toda relación al deseo no es cosa sencilla—. Algo más terminante se muestra si el educador se reconoce en la abnegación, Deligny no duda en indicar que cambie de oficio, si la piedad le impide tomar decisiones, no vacila en señalarle la salida.

Escribe Fernand Deligny que en lugar de calmar al agitado y despertar al dormido encuentres el modo de que el primero ocupe útilmente su agitación y enseñar al segundo a trabajar durmiendo, te advierte que no serás entonces tan poderoso pero habrás hecho tu posible, dice; invita a hacer "tu posible", sostenerse a la mayor distancia de la omnipotencia que nos enreda y nos detiene en el mismo movimiento en el que nos concentramos en vencer, derribar la resistencia de los pibes. Agitación y somnolencia, acaso son dos modalidades que "representan" a las infinitas formas de presentación de los sujetos infantiles, juveniles. Modos privilegiados desde los que se resiste el afán pedagógico, a las que nuestro autor les solicita todo nuestro respeto, es decir, la valoración de esa posición singular que no requiere tanto un desciframiento como una compañía activa, empática y discreta. Dirá en otro texto que se requiere del educador una *presencia ligera*. Hacerse presente cuando uno no está ahí nos dice que algo del lazo sostenga un trabajo más allá de la presencia. Ligero y al mismo tiempo con peso específico es el arte de captar la ocasión y las circunstancias para hacerse presente, condiciones que sostienen toda inventiva del educador.

No creerse las máscaras de adolescentes agresivos, difíciles, bellos delincuentes rudos, ellos se desmayarán si los vacunas, se burla no sin ternura; así como descree de toda impostura del educador insiste en no quedar fascinado, hipnotizado por los personajes tal como se nos presentan. O quizás se trata de creerles pero algo menos; es tan necesario dejar que el personaje funcione se despliegue como que tenga espacio en nosotros para mutar, bajar la guardia y enseñarnos otras dimensiones subjetivas que han quedado en segundo plano y a resguardo, otras facetas de sí mismos, aquellas que los muestran vulnerables, indefensos, a la intemperie.

La simulación, la idea de engaño está siempre presente, la ilusión –que siempre nos acecha– de haber transformado, "rescatado" a un muchacho a partir de unas cuantas acciones. "Experiencia habla: guárdate tus experimentos para los ratones blancos". ¿Acaso no es algo contradictorio con su llamado a crear nuevas circunstancias, a confiar, a arriesgarse en cada acto pedagógico? Puede que lo sea, en todo caso los anti-consejos que se orientan en esta dirección intentan mostrarnos que durante cierto tiempo entre los niños, los adolescentes y los educadores, sobre todo en instituciones de cuidado, asistencia o protección funcionan lógicas bien diferentes y sobre todo tiempos y procesos subjetivos imposibles de predecir. Lógicas que ilustra con claridad cuando afirma:

> Crees que el mundo está dividido en dos grandes grupos: los que son honestos y los que no los son. Ellos te dirán: los que son atrapados y los que no. (*Ibídem*: 25)

En todo caso en su sentido más general apunta a detener el *furor educandis*, esa pasión que ciega al pedagogo, impotentiza al educador y tantas veces sus peores efectos recaen en los destinatarios de su proclamado bien.

Aquel que se nos presenta como indiferente o dormido podrá ser el más rápido y habilidoso para alguna tropelía, o este otro por el que nos preguntamos, ante el despliegue de sus virtudes, porqué se encuentra ahí frente a nosotros si en este lugar solo hay "pibes problema". El que se muestra, es porque tiene ganas de hacerse ver, por ende de ocultarse, a cada paso nos advierte con alguna frase o sentencia algo provocativa aquello de que "las apariencias engañan" y en todo caso el engaño, la simulación, la picardía, las astucias de muchos pibes para burlar nuestros saberes acumulados, nuestros controles son signos de un vigor subjetivo, dato que debiera despertarnos del letargo de las certezas, las primeras impresiones que se cristalizan, las experiencias que nos arman inventarios rígidos. Vigor subjetivo, espíritu de supervivencia, de vida. Lejos de desanimarnos debiera hacernos sonreír y recomponer nuestras fuerzas para nuevas ocurrencias. "Pródigo y avaro, audaz y temeroso, mezquino y desinteresado, aquel es él mismo solo cuando duerme" (*ibídem*: 28), él mismo, en el territorio de los sueños en el que lo uno y lo otro, su contrario coexiste y eso no nos sorprende demasiado. Su insistencia a no "tragarse el anzuelo", "no comprar lo que nos quieren vender" (lo que no significa que es necesario denunciarlo, hacerlo ver, subrayarlo) apunta a no actuar con ingenuidad, posición que nos deja descolocados, nos hace perder tiempo, un tiempo que cuando se trata de niños y de adolescentes es algo particularmente valioso. Deligny sostiene que cada quien no es "Uno", no responde a esa idea de unidad que un concepto rígido de identidad nos haría suponer; la falta de transparencia y de unidad habita a todo sujeto, algo que sin dudas desorienta a toda pedagogía tradicional.

La paradoja es que esa suerte de sospecha, esa forma de mirar que propone es precisamente la que posibilita una apuesta mayor, una apuesta a la confianza como prerrequisito del lazo pedagógico (Cornu, 1999). Estar despabilados ante esas imposturas, permeables a las sorpresas permite acompañar mejor cada itinerario subjetivo.

Ahora detengámonos en la siguiente indicación que nos propone:

No te dejes llevar al punto de decir: ¡Oh! Jean, tu hiciste eso... cómo me afliges. Si no es verdad, Jean va seguramente a darse cuenta. Y si es verdad, corres el riesgo de hacer que se acelere el ritmo de los delitos, aunque más no fuera por afligirte. Pues he allí un placer del que Jean está privado desde que abandonó a sus padres. (*Ibídem*: 47)

La indignación, el enojo o la decepción, ¡cómo puede ser!, ¡cómo lo ha vuelto a hacer!, ¡cómo me lo hace a mí!, rápida y directamente nos desliza a lo autoreferencial. Conoce ese punto al que parece no suele ser difícil dejarse llevar, asumirlo como algo que "me" hace sufrir, que "me" hace mal personalmente, posición que si es simulada, fingida, teatralizada será inmediatamente develada, se va a descubrir la falta de sinceridad de lo dicho. Si se trata de una sobreimplicación, la idea de que el niño o el adolescente lo hace "para", "me lo hace a mí", corre el riesgo de producir lo que se teme o fantasea, sitúa el carácter potencialmente performativo de estas posiciones, alimenta el posible *beneficio secundario* de lo acontecido (satisfacción directa o indirecta que el sujeto obtiene allí), refuerza la noción de díada como soporte del lazo pedagógico cuando de lo que se trata es de triangular: la tarea, los lazos y transferencias múltiples, la institución tal como ésta se presente. Deligny sugiere transformar los enojos en energía, digamos así (como vemos un consejo porta también sus ideales), pero mucho más interesante es cuando invita, recomienda evocar lo que se era capaz de hacer a esa misma edad, la propia biografía como instrumento para amortiguar la tendencia a lo autoreferencial y la sobreimplicación, herramienta de los oficios del lazo, un trabajo de evocación y de análisis que no concluye, que es interminable.

Dice que "ellos" conocen todos los métodos de seducción, desde la mano en el hombro hasta el puntapié, el sermón con la voz contenida, la mirada a los ojos, descree de su efecto por lo cual invita a desechar esas argucias... desnuda esas "artes", esas "técnicas" del oficio, las visibiliza, las sobreexpone, las deja un poco en ridículo, vemos cómo depositamos allí grandes expectativas de cambio, sobredimensionando su eficacia. ¿Son consejos que debemos seguir? ¿Acaso no forman parte de las tentativas, los movimientos y maniobras que surgen al calor de las vicisitudes del lazo con esa chica, con aquel pibe? Me inclino a pensar que Deligny denuncia la artificialidad de esas maniobras, cuando no están sostenidas en un vínculo entre el educador y el niño —siempre construyéndose—. Recordemos que sus consejos al ser afirmaciones universales supondrían que hay características idénticas para todos los pibes, algo contradictorio con su mirada, su posición y disponibilidad hacia la singularización, una tensión que no desconoce pero que reelige sostener como transmisión cuando decide reeditar su texto.

Castigos y *bla, bla, bla...*

> *"Si le cortas la lengua al que miente y la mano al que robó serás en algunos días amo de un pequeño pueblo de mudos y mancos."*

Llama a no preocuparse por ser o demostrar ser severo; si se es demasiado severo se ocultan, si no se es suficientemente severo no se les impide hacer las cosas mal... de ese modo sugiere desentenderse de la severidad como una posición que tantas veces embrolla al educador en ciertas imposturas que lo alejan de su estilo y lo descentran de la tarea que ha de llevar adelante.

No obtendrás nada de la coacción, sostiene, y denuncia el espiral de acciones que conlleva toda coacción, el incremento en la intensidad de violencia que implica. Un espiral de violencia que tiene consecuencias en el sujeto que es objeto de la misma (aunque esas consecuencias no son necesariamente las que el educador-agresor imagina) y va transformando radicalmente a quien aún (o casi siempre) con las "mejores" intenciones pedagógicas lo argumenta y lo ejecuta. La adaptación social parece no tener límites desatando algunas vertientes que han nutrido y nutren la pedagogía, discute con esa perspectiva punitiva, la idea del castigo y también la de los premios, tan incorporadas al acto de educar, desplazada también a lo largo del tiempo en otros modos y otros dispositivos. Escribe en una época en la que los castigos formaban parte de la educación de un modo explícito y todavía sostenido en profusas fundamentaciones, situaciones que no pocas veces concluían en crímenes en nombre de la pedagogía,[5] Deligny invita a pensar que la llamada disciplina, atraer la atención de los niños, construir el lazo que sostiene la tarea que reúne a los niños con los adultos en cada institución requiere de un educador capaz de convocarlos de mil maneras diferentes y, ¡atención!, se refiere a saber cantar, improvisar una historia de piratas, caminar con las manos, imitar gritos de animales, dibujar en las paredes con un trozo de carbón (*ibídem*: 24). Si vamos más allá de las particularidades de su experiencia que, como sabemos, no se desarrollaba en escuelas, pone sobre el tapete que la función lúdica a la que refiere no puede estar disociada del encuentro con la infancia.

Si quieres conocerlos rápido, hazlos jugar. Si quieres enseñarles a vivir, deja los libros a un lado. Hazlos jugar. Si quieres que le tomen el gusto al trabajo, no los ates al banco de trabajo. Hazlos jugar. Si quieres hacer bien tu trabajo, hazlos jugar, jugar, jugar. (*Ibídem*: 23)

Jugar es reconocerlos en su estatuto de niños y reconocerlos allí permite conocerlos, conocerlos, en principio en el contexto y en los asuntos en común que hacen al encuentro pedagógico; y en la adolescencia hay una dimensión lúdica que aun transformada continúa, no hacerle lugar es causa de mayores desencuentros. Allí se abre un campo que bien podemos nombrar como el de la escucha. Eso que la declaración de derechos de los niños, niñas y adolescentes plantea como el derecho a ser escuchado. Garantizar ese derecho, reconocerlos en su condición de niños, propiciar

---

5. "Pedagogía negra", así llamó Katharina Rutschky al sadismo inducido, la violencia legitimada con el fin de disciplinar al niño. Uno de los casos que llegó a las clasificaciones de la naciente psiquiatría y sexología de la primera parte del siglo XX fue abordado por la brillante investigación publicada bajo el título de *El preceptor*. Un caso de educación criminal en Alemania de Michael Hagner. Recientemente publicamos una serie de reflexiones sobre ese caso en Korinfeld (2018).

la escucha bien sabemos que no es convertirse en psicólogos o consejeros de los alumnos, solicitarles que se expresen y explayen porque sí, no es un llamado a la hiperexpresividad ni tiene como ideal la transparencia de o en la comunicación. Se trata de una disponibilidad y una posición que sabe transitar esa tensión en función de cada singularidad y situación. No se tratará de curiosidad. Deligny nos advierte sobre ese querer saber sobre las "pequeñas historias entre ellos", vale también para "querer saber" todo sobre cada uno/a, sin preguntarse con detenimiento por su sentido y por la prudencia y discreción que requiere explorar esas historias en las que se corre el riesgo "de asfixiarte en el fondo del pozo" (*ibídem*: 38).

Jamás olvides fijarte si el que se rehúsa a caminar no tiene un clavo en el zapato; posiblemente sea ésta una de las frases que encierra todo su saber hacer, resultado de su valiosa experiencia. Educar implica detenerse a pensarlo y entonces acompañar en lo posible a quien tiene un clavo en el zapato, suspender ese *furor educandis* –tan emparentado con ese otro furor el *furor curandis*–. Otorgarle un valor a esa detención, a ese rehusarse; un tiempo y un espacio para darle un curso, para tratarlo, registrar que está cumpliendo una función subjetiva. Bien podríamos llamarlo síntoma, por su función sustitutiva. "Es brutal y terco, no te apresures a quitarle esas garras". Intentar suprimirlo, resolverlo sin tratarlo con prudencia tiene consecuencias complicadas para el sujeto.

Insiste: "métete en medio de ellos sin armas y sin coraza, sin castigos y sin recompensas" (*ibídem*: 35) y aunque nos advierte con humor que no lo tomemos siempre al pie de la letra porque podemos salir golpeados, sabe que prohibir los castigos obliga a reorientar y recrear las tentativas. El saber que necesitamos para la tarea que nos reúne se va produciendo en esos encuentros, y son sin garantía de éxito.

Deligny insiste en ocuparlos, precisamente darles una tarea, ¿hay educación sin tarea, sin un soporte más o menos material en torno al cual se generan los encuentros cotidianos? Pero se mantiene desde su "para todos" en su "uno por uno": Rechazar a los que vienen a ofrecerse, no buscar a los que se alejan de ti... si hay uno solo comienza con ese. Una ocupación, una tarea para él es cantar, reír y bailar, hacerlos correr, sudar y saltar ¿y el resto? El resto, dice, es cuestión de prudencia y organización (*ibídem*: 38). Allí vuelve a ubicar que para estos asuntos complejos de la educación se trata de cuestiones simples, pero suficientemente pensadas.

Entonces escuchar está en el modo en el que se abordan ciertas conductas y comportamientos: si quieren robar frutillas sugiere que las planten en su patio, estar atentos no solo al acto en cuestión cuya moralidad rápidamente predispone hacia un tipo de acción: la sanción y el castigo. La escucha en este registro en el que estamos se propone interrogar, entre otras cuestiones, lo que mueve la acción, el valor que tendrá ese objeto para cada quien. Incluso su lectura propone la necesidad de discriminar entre lo que llama malas acciones las que son menos destructivas.

Pero tratándose de Deligny, si denuncia las posiciones autoritarias y punitivas, al mismo tiempo nos advierte respecto de la sobreprotección, las posiciones y actitudes benevolentes o condescendientes cuyos efectos no son mejores, generando rechazos cuando no reacciones agresivas.

Después de la incontinencia verbal, el castigo es el arma más cara a los rectificadores de niños nos dice con sarcasmo, estableciendo cierta equivalencia en la ineficacia de esas posiciones y añadiendo a su aforismo una sutil observación: "lo más triste es que los niños le toman el gusto a estos vicios de los adultos" (ibídem: 35), alude a lo que Freud denominó beneficio secundario. Un estilo de lazo que proponen los adultos que fácilmente se hace carne en los nuevos... Sabía que no es infrecuente que los niños y los adolescentes encuentren en el castigo esa respuesta directa, sencilla y sin complicaciones para toda transgresión: "un lugar". El castigo tiende a promover y multiplicar las transgresiones y produce más violencia.

¿Incontinencia verbal? Qué curioso, cuando nos dice que no nos contentemos con el valor de las palabras. Con gracia y no sin razón, nos dice utilizando una vez más metáforas "agrícolas" –indudablemente condicionadas por la época y su propio entorno– que si alguien compara a un campesino que le hablara a sus remolachas con un educador a sus niños, cualquiera se apresuraría a responderle que la diferencia es que las "crías de hombre" tienen orejas, y agrega: "por desgracia... si ese agujero no existiera, los adultos no podrían verter allí sus estupideces". Provocativamente subraya el lugar que el tiempo tiene en los procesos subjetivos, sobre el fondo se escucha su crítica a la apelación sistemática, insistente, machacona, a esa voz que solo sabe llamar al orden de la voluntad.[6] Deligny una vez más exagera y nos aguijonea: no apeles a su voluntad porque no la tienen. Describe con ironía, con gran humor la capacidad que tienen los muchachos de evadir el esfuerzo, la tarea, el intenso trabajo de evitarlos (ibídem: 31). Alguien que lee y que escribe como nuestro autor, que hace de ello el combustible de su vida y su práctica, ¿cómo es que propone que no contemos con el valor de las palabras? No se trata de algo precisamente literal; la interpretación de su "consejo" apunta a quienes sermonean con sus admoniciones, amenazas, estigmatizaciones, palabras sobrecargadas de moralinas que no tienen en cuenta y poco le importan la alteridad

---

6. Una insistencia que se encuentra entramada en la matriz del discurso pedagógico tradicional. Alguna vez comparamos esa ferviente creencia en el poder absoluto y universal de la voluntad con los llamados a la normalidad con las que los primeros psiquiatras comenzaron su relación con los "alienados" cuando decidieron quitarles sus cadenas, la autoridad y la voluntad más fuerte de los primeros lograría hacer retroceder a la locura (ver Korinfeld, 2008).

que está en juego en todo lazo. También al palabrerío vacío, al "bla, bla, bla", la insistencia que animada en la suposición del poder omnímodo de la voluntad y la consciencia como algo absoluto no encuentra otro modo más que pregonar indicaciones, recomendaciones y advertencias que prescinden de una necesaria y suficiente escucha. Pero si bostezan con la boca bien abierta al escucharte contar una historia, nos dice, tómalo, si puedes, como una señal de confianza. Ahí donde alguno lo lee como falta de respeto él lo escucha de otro modo, como un dejarse llevar, sentirse tomado por la voz, sentirse capturado por el relato... diferentes modos de leer y hacer lazo con el otro.

En su "cruzada desidealizante" se enoja: "Los haces cantar canciones que glorifican la belleza del mundo. Y lo que buscan, con los ojos bajos, es una colilla solitaria" (*ibídem*: 29), esa voz educadora almibarada que se escucha a sí misma, que no atiende y que no entiende por donde "anda" ese otro, demasiado encantada con su propio tono, con su melodía, fascinada con su misión, obnubilada por algunos logros, convencida de su misión laica, que ya no busca un puente, ya siente que no lo necesita que alcanza y sobra con sus conocimientos, sus teorías y sus historias que confunde con experiencia.

Menciona la limpieza, el aire limpio, el fuego y la luz como herramientas del oficio en contraste con la suciedad, la sombra, el desorden. Un desafío leerlo con los ojos de hoy, sin embargo Deligny se encuentra lejos de estar imbuido de cualquier ideología higienista. ¿Resonancias con muchas de las historias de los pibes? ¿Condiciones para la convivencia? ¿Prerrequisitos o encuadres para ciertas tareas? Interesante darle su lugar sin hacer de ello una educación "obsesiva", el eje de una formación o el núcleo moral de la personalidad de los alumnos. No suena tan extraño, después de todo, cualquiera conoce los efectos sobre el cuerpo y el "alma" de una apacible o refrescante ducha, la actividad más o menos automática de limpiar u ordenar, un breve paseo al aire libre o simplemente una taza de té en ciertos momentos, en determinadas situaciones.

Pescar ballenas

> *"Si por tan poco te asqueas del oficio, no te subas a nuestro barco, pues nuestro carburante es el fracaso cotidiano, nuestras velas se inflan de risitas burlonas, y trabajamos mucho para llevar a puerto pequeñísimos arenques aunque salgamos a pescar ballenas."*

El incesante crecimiento de los niños y adolescentes es el tiempo y espacio de nuestro encuentro desencuentro con ellos, intolerancia y paciencia, ansiedad y confianza forman parte de los obstáculos internos que se han de atravesar... Haberse confrontado con los chicos denominados autistas, seguramente lo condujo a buscar modos de encuentro con ellos/as, en un más allá del lenguaje y la voluntad, formas de encuentro trazando nuevos caminos.

Cuando Deligny se refiere a hacer "frente común" con los niños nada tiene que ver con ser su cómplice o su abogado, sino a definir un medio adaptativo, dice más que un conjunto de reglas abstractas, un lugar que funcione un cierto tiempo para cada uno de ellos. Da cuenta de lo subjetivo con relación al niño, al educador, y como ya señalamos respecto del entorno, la institución y el sistema nunca dejan de estar presentes en sus reflexiones. E inscribiéndose en la filiación de tantos otros referentes (Bernfeld, Airchorn, Korczak por nombrar solo a algunos de una larga lista que pongo en relación en este momento) deja testimonio de su compromiso por reconfigurar entorno, institución y sistema, interrumpir sus inercias mortificantes y cuando conocemos su biografía constatamos su decisión de alejarse en busca de otras alternativas.

Saber, poder construir un lazo y una atmósfera, saber, poder darlo por concluido, el mejor logrado de esos espacios requiere interpretar, efectuar su corte, su final. Por eso nos advierte:

> No los sueltes antes de que hayan tomado, de la atmósfera que has creado, todo lo bueno que podían tomar. Pero cuando estén demasiado cómodos, apresúrate a separarte de ellos. Por tener un ejemplo que mostrar a los otros, corres el riesgo de dejar que se pudran las mejores frutas de tu cosecha. (*Ibídem*: 47)

El otro en posición de objeto, como ejemplo para otros, para sumar a otros a su modo de trabajar, incluso para obtener más recursos que redundarían en posibilidades para más pibes, para avanzar en las teorías... pero no el otro como sujeto, ese es tu trabajo, por difícil o imposible esa es su posición y la orientación que nos propone.

"La vida tiene más experiencia que tú" escribe; toda la experiencia acumulada, la intuición, las artes de hacer que a lo largo del tiempo nos hacen baqueanos,[7] conocedores de situaciones y niños, conflictos y escuelas, madres, padres, adolescentes, colegas, instituciones y directores nunca alcanzan, fallan, y nuestros análisis, cálculos, predicciones y pronósticos, nuestros pálpitos y corazonadas pueden, suelen fallar porque la vida en común en todo ámbito es siempre mucho más compleja y no solemos estar a la altura de los desafíos que nos propone.

---

7. La fecunda noción de baqueano retomada del trabajo de Fernando Ulloa la trabajamos en Korinfeld, 2017.

Como transmitir cierta experiencia, contar con ella sin hacer de ello el reaseguro definitivo, el espacio confortable, a salvo de toda novedad, a resguardo de algo nuevo que vuelva a desestabilizar el suelo en el que estamos afirmados, un piso que una vez más (y van cuántas veces) se mueve y nos conmueve.

Acompañar el recorrido del otro, confiar, esperar, haciendo desde nuestras presencias, nuestros mínimos gestos, haciendo y siendo en red (Deligny, 2015*b*: 83). Esperar lo que allí advenga... soportar la decepción, las interrupciones, las crisis, los retrocesos, los fracasos. Desconfiado, como hemos visto, de las soluciones inmediatas, recuerda algo que educadores y terapeutas conocen bien cuando dice: "Les ha tomado quince años y nueve meses hacer de sus padres lo que es, y quisieran que en tres semanas lo conviertas en un niño modelo" (Deligny, 2017: 44).

Hablar de los fracasos (más allá que debamos debatir a qué nos referimos en tanto éxito y fracaso se instalan en nosotros desde una lógica mercantil, eficientista, técnica y meritocrática), registrar la decepción, tomar nota de la fatiga, de la necesidad de administrar el ánimo son aspectos centrales para ejercer, habitar todo oficio. Nos acompaña cuando nos recuerda que se trata de una tarea a la cual *"otros además de ti, y que eran Dioses, estuvieron a punto de renunciar"*.

> Cuenta con la fatiga que te asaltará un anochecer, con las ganas de resoplar como lo hacen los caballos y el deseo de marchar hacia el horizonte hasta el país de los niños sanos, nobles y armoniosos, regordetes y bronceados por el sol. [...] Al día siguiente estarás allí una hora más temprano que de costumbre a modo de disculpa. (*Ibídem*: 48)

A veces ocurre que todo es un desastre, nos recuerda, que nos resultan extraños y parecen extraños entre sí, y nos vamos con un disgusto, cierta desazón, un malestar, una sucesión de preguntas que no encuentran respuestas. Al día siguiente, por el contrario, todo parece marchar muy bien, quizás algo mejor que en la víspera. Seguimos sin encontrar las respuestas, no todo podemos comprenderlo y mucho de lo que ocurre queda en ese espacio enigmático.

Administrar el ánimo parece configurar toda una posición, los proyectos deben enfrentar su desgaste, las brillantes ideas en poco tiempo pueden demostrar ser inviables, lo que motiva a algunos o incluso a toda una camada de niños, de alumnos, de estudiantes puede que sea el aburrimiento mayor para la siguiente... administrar el ánimo es la consigna que Deligny utiliza para no desanimarse, no ceder ante las dificultades, las complicaciones, como si se empeñara en decirnos una y otra vez que no hay fórmulas, que no hay trucos que nos pueden "salvar" todas las veces, o en todo caso si algún consejo enhebra a todos ellos es la persistencia en sostener un lugar, un lugar conformado por el conjunto de tentativas y gestos dosificados en un tiempo y un lazo singular, una posición que asume riesgos y es sin garantías. Es indudable que propone una cierta disociación de los afectos, reacciones que le suscitan al educador las vicisitudes siempre cambiantes de su práctica. La posición que ha de asumir supone una transformación de su propia afectación en función del lugar que tiene y le cabe respecto a los niños y adolescentes que están bajo su responsabilidad, y que como refiere en su caso todos ellos llevan en su cuerpo, como menos, la marca de la indiferencia de los adultos. Como refiere el epígrafe que encabeza este escrito, *En los desmadres...* cuando las cosas se van de madre, siguiendo la literalidad de la expresión, se requiere una posición que contenga y reoriente la situación, serás esa *"calma sonriente";* los tiempos de inmovilidad, quietud, que sin duda pueden tener muchos sentidos e interpretaciones tanto en lo grupal como a nivel individual invitan al educador a su lugar de animador de la experiencia educativa común que los reúne y le da centralidad y sentido a ese encuentro. Dice que esta tarea requiere tener coraje para treinta niños, perseverancia para cincuenta, alegría para cien pequeños resentidos. Y a cada paso nos recuerda que –aunque no sea sencillo– siempre se puede cambiar de oficio, salir a pescar ballenas y volver a puerto con pequeñísimos arenques, exige de alguna manera volver a elegirlo cada vez.

Como decíamos, sus fórmulas, formulitas, paradojas y charadas como él mismo las describe, contenidas en su "Semilla de crápula" dan cuenta de los tres hilos ya mencionados: el individual, el familiar y el social, y siempre desde el educador, desde los avatares de su oficio propone una mirada y una sensibilidad que se aleja de lugares comunes y sentidos cristalizados. Sin temor a incomodar con lo políticamente incorrecto, esa inconformidad con su época y con la nuestra, su rebeldía e inactualidad implica precisamente su contemporaneidad. Alejado de toda sensiblería construye una sensibilidad compleja, atenta, disponible, imprescindible para nuestras tareas, una suerte de potente inconformismo pedagógico... La posibilidad de encontrarse, encontrar algo de la práctica de cada quien en este texto ha sido su gran acierto, encontrar, encontrarse aunque más no sea para discutirlo. Posiblemente alcance con que sus ciento treinta y seis fórmulas, o al menos algunas de ellas, como cometas lanzados al viento, como soñaba Deligny, se agiten alegremente en el cielo de algunas memorias. Un viento que empuja a construir lo común en el aula, en la escuela, en las instituciones y lugares de encuentros con las nuevas generaciones porque sabe que allí radican nuestras mejores esperanzas.

Referencias bibliográficas

ÁLVAREZ DE TOLEDO, S. (2009) "Introducción". En: Deligny, F., *Permitir, trazar, ver*. Barcelona: Ed. Museu d'Art Contemporani.

CORNU, L. (1999) "La confianza en las relaciones pedagógicas". En: Frigerio, G., Poggi, Korinfeld, D. (comp.), *Construyendo un saber sobre el interior de la escuela*. Buenos Aires: Novedades Educativas/Centro de estudios multidisciplinarios.

DELIGNY, F. (2017) *Semilla de Crápula. Consejos para educadores que quieran cultivarla*. Buenos Aires: Cactus/Tinta Limón.

DELIGNY, F. (2015*a*) *Los vagabundos eficaces*. Barcelona: Editorial UOC.

DELIGNY, F. (2015*b*) *Lo arácnido y otros textos*. Buenos Aires: Cactus.

DELIGNY, F. (2009) *Permitir, trazar, ver*. Barcelona: Ed. Museu d'Art Contemporani.

FRIGERIO, G. (2017) "Oficios del lazo: mapas de asociaciones e ideas sueltas". En: Frigerio, G.,. Korinfeld, D. y Rodríguez, C. (coords.), *Trabajar en instituciones los oficios del lazo*. Buenos Aires: Noveduc.

HAGNER, M. (2012) *El Preceptor. Un caso de educación criminal en Alemania*. Buenos Aires: Mardulce.

KORINFELD, D. (2018) "Derivas del lazo intergeneracional. De 'El preceptor' a 'Nada'". En: Frigerio, G.,. Korinfeld, D. y Rodríguez, C. (coords.), *Saberes en los umbrales. Los oficios del lazo*. Buenos Aires: Noveduc.

KORINFELD, D. (2017) "De Pandora, cajas negras, baqueanos e instituciones. Tres notas desde los Ateneos de Pensamiento Clínico". En: Frigerio, G.,. Korinfeld, D. y Rodríguez, C. (coords.), *Trabajar en instituciones: los oficios del lazo*. Buenos Aires: Noveduc.

KORINFELD, D. (2008) "Adolescentes y adultos: ¿Una lucha de voluntades?". En: Minicelli, M. (comp.), *Infancia, legalidad y juego en la trama del lenguaje*. Buenos Aires: Noveduc.

PIGLIA, R. (2010) *Blanco nocturno*. Buenos Aires: Anagrama.

PLANELLA, J. (2015) "Introducción". En: Deligny, F., *Los vagabundos eficaces*. Barcelona: Editorial UOC.

SEGUNDA PARTE

Apuntes de investigación para comprender la emotividad en los procesos educativos

El daño emocional del acoso escolar. Habilidades psicosociales y afectividad

Miriam Carlota Ordóñez Ordóñez
Janeth Catalina Mora Oleas

"Cuanto más la practico, con mayor claridad advierto lo lejos que estoy de la plena expresión de la no violencia en mi vida"
(Mahatma Gandhi)

Introducción

Acoso escolar

El acoso escolar es una forma de violencia, que integra una enorme complejidad por sus distintos niveles cualitativos y cuantitativos, siendo necesario significarlo dentro del contexto sociocultural y económico del cual emerge. Es necesario entender este fenómeno en función de un contexto o sistema social. Uno de los sistemas con mayor diversidad de interacciones es el educativo, lugar donde germina y se estructuran interacciones diversas, ya sean simétricas o asimétricas, poniendo en evidencia parte de un tejido de interacciones propias de los miembros del establecimiento educativo (Baró, 2003). Kaplan (2016) coincide con Baró al sostener que la violencia escolar es un daño emergente de un dolor social, constructora de subjetividad y producto de tensiones interaccionales en la convivencia, con simbolismos evidenciables en la actitud de la víctima que acepta como legítima su condición de dominación.

Es un fenómeno psicosocial pluricausal configurado por las pautas interaccionales de sus tres protagonistas: víctima, agresor y espectador (quien, sin pretenderlo, valida y ayuda a mantener este vínculo patológico), conocido también como el triángulo de acoso. La interacción entre acosador y acosado se caracteriza por un patrón de relación asimétrica, en donde uno de los actores ostenta el poder, ejerciendo el rol dominador y el otro se encuentra en una posición de sometimiento asumiendo un rol de víctima. El acoso entre iguales supone una perversión en la relación entre éstos, dada la pérdida del carácter horizontal de la interacción, lo cual conlleva que la relación de igualdad sea sustituida por una relación jerárquica de dominación-sumisión entre el agresor y la víctima. No hay causa aparente del acoso escolar. La víctima no ha provocado esta situación, más bien lo podemos considerar como una descarga de energía negativa en una situación de desajuste del agresor. Estas características lo diferencian de otras formas de abuso (Olweus, 2006).

Se hace presente a través de conductas negativas que se ejercen a uno o varios estudiantes de manera repetitiva y en un lapso prolongado de tiempo, con la intención de generar daño. Sus manifestaciones son físicas, verbales, relacionales, del daño a la propiedad del otro y mediáticas (los agresores trasladan a Internet sus insultos y amenazas haciendo pública la identidad de la víctima en un determinado foro: blogs, websites, entre otros, perpetuando el acoso durante meses o años) (Castro, 2007). Presenta además una dinámica cambiante y diversa, que se ha instaurado desde hace muchos años en los planteles educativos, alterando el normal proceso de desarrollo de los estudiantes y generando consecuencias psicológicas intra e interpsíquicas de victimización.

Victimización y afectividad

La víctima es uno de los protagonistas del acoso escolar; se caracteriza por su indefensión y porque no sabe cómo reaccionar frente al acoso que está viviendo. Existen varias tipologías de víctimas (Avilés, 2002; Collell y Escudé, 2006; Serrano e Iborra, 2005), entre ellas:

* *Víctima activa o provocativa:* presenta paralelamente un modelo de ansiedad y reacción agresiva, lo cual es utilizado por el agresor para justificar su propia conducta.
* *Víctima pasiva o sumisa:* se presenta con mayor frecuencia. Son niños y/o niñas tímidos e inseguros que se caracterizan por tener un patrón de reacción sumiso o evitativo, con tendencia a la depresión, a la baja autoestima y a la carencia de relaciones sociales dentro de su ambiente escolar.
* *Víctimas inespecíficas:* son niños considerados como diferentes, por presentar alguna característica diversa al grupo de pares.

De Acevedo y González (2010), Harris y Garth (2006) y Olweus (2006), coinciden en considerar que la víctima puede presentar las siguientes características:

- Ser un niño o niña con uno o más rasgos distintivos de la mayoría del grupo, por ejemplo: más alto/a, más bajo/a, más o menos lindo/a, más o menos inteligente, más rápido/a o lento/a, mejor en el estudio, con bajo rendimiento académico, entre otros.
- Ser físicamente diferente por raza, talla u otra condición: tanto un niño que usa lentes como uno físicamente atractivo que no sabe cómo reaccionar a situaciones de agresión pueden ser acosados.
- Ser un niño o niña que no responde a la agresión y se deja maltratar, presentando estrategias de afrontamiento pasivas. No se sabe defender, son débiles (física o psicológicamente), inseguros, ansiosos, cautos, sensibles, tranquilos, tímidos y con bajos niveles de autoestima.
- Hacer bromas de mal gusto a los demás.
- Ser una persona muy tímida o sensible.
- No tolerar bromas o chistes sobre ellos mismos.
- Tener padres sobreprotectores que le han enseñado que no puede hacer nada por sí mismo.
- Presentar ansiedad e inseguridad.
- Puede pelear por todo y meterse en problemas, con una reacción agresiva (víctima provocadora).
- Puede ser una persona hiperactiva, inquieta, dispersa, ofensiva, intentando agredir a otros escolares más débiles (víctima provocadora).
- Ser muy complaciente con todos y nunca decir que no.
- Sentirse humillada y con sentimientos de inferioridad.
- Tener, por lo general, una complexión débil.
- No creer en los adultos.
- No tener recursos sociales ni emocionales.
- Buscar evitar lugares y situaciones dolorosas.
- Siempre llevar las de perder por miedo, lo que le genera tristeza y enojo.
- No querer contar lo que le sucede al pensar que si lo cuenta se pone peor la situación (retaliación).

En cuanto al cuadro psicológico de la víctima, Rizzo (2012), Cerezo (2001, 2006), Fernández (2006) y Olweus (2006) señalan que se caracteriza por la presencia de: ansiedad, estrés postraumático, flashbacks, somatización, psicosomatización, autoimagen negativa, autodesprecio, temor y desconfianza, escaso autocontrol en sus relaciones, cuadros de neuroticismo, introversión y ansiedad, actitud pasiva, inseguridad, miedo, baja autoestima, tendencia mayor a la depresión, pobres relaciones interpersonales, comunicación escasa y deficitaria, poca asertividad e indefensión adquirida.

En el daño psicosocial y emocional que implica el acoso escolar sustantivo, uno de sus protagonistas más afectado es la víctima, la cual se siente constantemente humillada e impotente frente a la situación de victimización que está sufriendo. Se cree culpable, porque cree que tal vez ha hecho algo para merecerse aquello. Sin poder salir de ese círculo de violencia que la envuelve en una constante humillación y tristeza, la víctima se vuelve temerosa e insegura.

Para Davis y Davis (2008) las consecuencias de mayor incidencia que presentan los niños víctimas son:

- Rabia (piensa en cómo vengarse por el daño que ha sufrido).
- Tristeza (ya no disfruta de lo que hace, ni siquiera de aquello que le gustaba).
- Bajo rendimiento escolar (con una notable disminución de su capacidad analítica).
- Altos niveles de frustración.
- Dificultades para conciliar el sueño.
- Pérdida del apetito.
- Sentimientos de culpa.
- Reacciones violentas hacia otros y hacia sí mismo (inadaptación entre la expresión de la ira y la internalización de sus problemas).
- Sentimientos de desvalorización.
- Miedo.
- Aislamiento, soledad y por ende dificultad para hacer amigos.

Rodríguez (2004) señala que los niños y niñas víctimas de acoso escolar muestran una imagen negativa de sí mismos, poca capacidad para relacionarse con los demás, una deficiente habilidad para funcionar socialmente, tensión, la cual puede dar lugar a desórdenes de atención, del aprendizaje o de conducta, con un mayor riesgo de sufrir depresión. También puede presentarse la distimia caracterizada porque la víctima está triste, llora a menudo, muestra desesperanza, pérdida de interés en sus actividades favoritas, inhabilidad para disfrutar, aburrimiento persistente y falta de energía. Su comunicación es pobre, se siente culpable, con una sensibilidad extrema hacia el rechazo y el fracaso, hostilidad, aislamiento, quejas frecuentes relacionadas con enfermedades físicas como: dolor de cabeza, de estómago, náuseas y poliuria; no querer ir a clases, preocupación por la muerte a una edad temprana, mostrar reacciones emocionales inesperadas y extremas, flashbacks evidenciables en despertarse a media noche y tener problemas para dormirse o mantenerse dormidos, tener arrebatos de coraje extremo, baja autoestima y actuar como si tuviese menor edad (como por ejemplo chuparse el dedo).

Para Shephard, Ordóñez y Rodríguez (2012), el acoso escolar genera una serie de consecuencias intrapsíquicas e interpsíquicas en la víctima, entre ellas: disminuye su autoestima y lacera su identidad, dificulta su capacidad comunicativa y relacional, da lugar a emociones y sentimientos ligados a la tristeza, llanto y desesperación, siendo la ley del silencio la mantenedora de este círculo de interacción basada en el dominio-sumisión. Los autores consideran que:

> Es tal el sentimiento de indefensión de la víctima, que ha desarrollado diversos mecanismos para evadir el dolor y la frustración que representa a su Yo el acoso escolar; es así que, para defenderse, ha aprendido a somatizar a través de malestares físicos como: dolor de barriga, dolor de cabeza, vómitos; estos son los únicos mecanismos que pueden utilizar para no asistir a clases permitido tanto por sus padres como por sus profesores... Otras conductas presentes en el acoso escolar son: temor, miedo, evitación de las víctimas, descalificación, desvalorización y negación del conflicto... El acoso escolar está enmarcado por situaciones de violencia, sean agresiones físicas, verbales o de exclusión, donde la respuesta de la víctima ante la agresión es comúnmente una actitud pasiva..., la misma que está influenciada por el miedo que éste ha incorporado en su persona y además la desconfianza que tiene para verbalizar estas situaciones. (Shephard, Ordóñez y Rodríguez, 2012: 38)

En su más reciente estudio sobre el perfil psicológico del niño víctima de acoso escolar, realizado en Cuenca (Ecuador), Ordóñez, Mora y Pacheco (2016) evidenciaron que, frente a conductas de victimización, éstos se sienten solos y tristes debido a que durante el recreo están solos o junto a la profesora, puesto que no son incluidos por sus compañeros en actividades recreacionales. Se sienten además enfadados, lo cual podría generar que agredan a otros compañeros para descargar su frustración ante la victimización que sufren. Visualizaron también, aunque en porcentajes menores, niños y niñas víctimas que manifiestan que no saben qué hacer para que no ocurra dicha situación de acoso, denotando que no han desarrollado sus habilidades psico-socio-emocionales, entre ellas: la asertividad, la conciencia y canalización emocional y la resiliencia, recursos psicológicos clave para enfrentar situaciones de victimización.

Resulta evidente, en lo manifestado por los autores, el daño emocional y la indefensión adquirida presente en la víctima, así como su asimetría frente al poder del acosador, el cual presenta una ausencia de empatía frente a su víctima: no la considera su par, por tanto, no la considera su igual. Las asimetrías, clichés y estereotipos sociales se ven reflejados en la dinámica interaccional cambiante de los protagonistas del acoso escolar. El agresor, en una descarga emocional producto de su frustración, versa toda su ira sobre su víctima, y la víctima sumisa no sabe cómo enfrentar dicha situación, porque no ha aprehendido a reaccionar frente a esta violencia cruda y repetitiva; no dispone de habilidades psicosociales y emocionales como la asertividad, la resiliencia, la autoconfianza, la autovaloración y la validación social que le permitan enfrentar este círculo vicioso de violencia y descalificación, sin poder generar un sentido de pertenencia que le permita seguir caminando en este diario devenir del mundo escolar.

Intervención psicosocial

Shephard, Ordóñez y Rodríguez, en su estudio sobre acoso escolar realizado en el 2012 en Ecuador, ponen en evidencia:

- la presencia de acoso escolar en los niños y niñas de 74 instituciones educativas de la ciudad de Cuenca, evidenciable en un 6.4% de víctimas y en un 3.9% de potenciales víctimas;
- las principales consecuencias que dicho fenómeno psicosocial tiene en los actores del acoso escolar: víctima, agresor y espectador;
- la presencia de normas y reglas ambiguas de convivencia en las escuelas;
- la falta de recursos y estrategias psicosociales, pedagógicas y disciplinarias por parte de las figuras de autoridad al momento de abordar situaciones de conflicto a nivel escolar;
- la no utilización por parte de los profesores, padres y madres de familia de estrategias adecuadas para intervenir en el momento preciso y oportuno cuando se presenten situaciones de violencia escolar, y
- las actitudes y comportamientos de las figuras de referencia (padres de familia, profesores y autoridades) para los educandos, que refuerzan las conductas de violencia de las/os estudiantes, convirtiéndose en factores de continuidad del fenómeno.

La bibliografía científica en acoso escolar destaca diversos programas de prevención sobre este fenómeno, que han sido ejecutados a nivel internacional, con modificaciones y adaptaciones a los contextos concretos. Entre los más relevantes se encuentra el "Programa de prevención del acoso escolar", de Olweus, desarrollado en Noruega, con una duración de dos años, tiempo en el cual se redujo el acoso escolar en un 50%. Este estudio constituye la piedra angular de muchas intervenciones en diversos países. El "Programa de intervención del acoso escolar, PEACE" (*Pack Bullying Intervention Program*), el cual se focalizó en el trabajo con todos los integrantes de la comunidad educativa. El "Programa de concienciación compartida para prevenir el acoso escolar" (*Method of Shared Concern to Prevent Bullying*), creado por el psicólogo Anatol Pikas, aplicado en

Inglaterra, Australia, Canadá, Finlandia y Suiza, en el que se enfatizó la intervención directa de la víctima y el acosador (Caballo, Caldero, Carrillo, Salazar e Irurtia, 2011).

En España, también se han efectuado programas de intervención sobre acoso escolar con un gran nivel de impacto, entre los que se destacan: el programa "Sevilla anti-violencia escolar" (SAVE), el programa de Ortega *et al.* (2004), el de Ortega y Del Rey (2007*a*) denominado "Acoso escolar y ansiedad social en niños". Otros programas de trascendencia han sido: "Prevención de la violencia y lucha contra la exclusión" (Díaz-Aguado, 2004), "Programa de sensibilización contra el maltrato entre iguales" (Monjas y Avilés, 2006), "Intervención a través del test BULLS-S" (Cerezo, 2006), "CONVES. Programa para mejorar la convivencia escolar" (García Rincón y Vaca, 2006), "Programas JUEGO: 4-6, 6-8, 8-10, 10-12 años" y "Programa de intervención con adolescentes" (Garaigordobil, 2003, 2008); "Kit teatral postdata" (Collell y Escudé, 2007), "Programa CONVIVIR" (Justicia y cols., 2008) y "Programas de educación emocional y prevención de la violencia" (Grupo de Aprendizaje Emocional, 2005, 2010), (Caballo *et al.*, 2011).

No obstante, a pesar de las múltiples intervenciones realizadas a nivel mundial, con diversas investigaciones y proyectos preventivos en torno al acoso escolar; los mismos que, han permitido evidenciar este fenómeno y a su vez generar sensibilidad al respecto; se evidencia que existe incluso un considerable incremento de conductas violentas dentro de los centros de enseñanza. Esta situación podría generar un sinfín de hipótesis, entre las que se destaca la carencia de programas de prevención e intervención que han sido validados experimentalmente. Para Caballo *et al.* (2011), una de las causas por la que los programas no han incidido significativamente en las situaciones de acoso escolar es que han influido más en las actitudes, en el conocimiento y en las autopercepciones que en los comportamientos de acoso escolar.

Ante esta realidad se consideró la necesidad de planificar y ejecutar en Cuenca, Ecuador una segunda fase de estudio denominado "Impacto de un Plan de Prevención de Estrategias Psicosociales en la Disminución del Acoso Escolar – Bullying", cuyo propósito era generar un proceso de intervención psico-socio-educativo, basado en el uso de estrategias psico-socio-emocionales y comunicacionales. La propuesta se sustentó en los aportes de Olweus *et al.* (2009), Davis y Davis (2008), Ortega y del Rey (2007*a*), Beane (2011), Rodríguez (2004, 2006), considerados autores referentes en temáticas de acoso escolar, al haber validado diversos programas de intervención mediante la aplicación de estrategias psicosociales. El plan de intervención involucró a todos los miembros de la comunidad educativa: docentes, administrativos, padres de familia y estudiantes; con la finalidad de generar cambios duraderos y perdurables en el tiempo. La propuesta se realizó en dos instituciones educativas de la zona urbana de la ciudad de Cuenca, denominadas Institución "A" y "B". Inicialmente se partió de una fase diagnóstica específica en cada institución educativa con la finalidad de medir el impacto de bullying a nivel de víctimas.

La intervención tuvo una duración de nueve meses, con una dinámica de trabajo centrada en talleres dirigidos a los docentes, estudiantes y padres de familia. Con la finalidad de dar sostenibilidad al proceso, se estructuró, además, un "comité antibullying" considerado como el órgano rector a nivel institucional en políticas contra el acoso escolar, integrado por miembros de los diferentes sectores de la comunidad educativa: autoridades, docentes, estudiantes y padres de familia.

Concluido el proceso de intervención, y posterior a tres meses de receso (considerado por diversos autores como un periodo adecuado para que se instauren las políticas institucionales y las estrategias psicosociales aplicadas en la comunidad educativa), se evaluó el impacto del programa de intervención mediante la aplicación del mismo instrumento del diagnóstico inicial.

Materiales y métodos

Se trató de una investigación aplicada, con un diseño cuasi experimental pre-postest. El esquema de acción O1, X y O2 orientó las actividades desarrolladas, de manera similar, en las dos instituciones educativas intervenidas.

O1 = primera medida de la incidencia de bullying a nivel de víctimas.
X = aplicación del programa de intervención psicosocial propuesto.
O2 = segunda medida de la incidencia de víctimas de bullying, valor que se esperaba disminuir como consecuencia del programa.

Participaron estudiantes (n= 885) de entre 6 y 15 años, docentes (n=51) y padres de familia de dos instituciones educativas fiscales: A y B, de la zona urbana de la ciudad de Cuenca, que ofertan educación general básica (EGB). Las instituciones fueron seleccionadas por conveniencia.

En el pre y postest se utilizaron dos cuestionarios: el *Cuestionario sobre Intimidación y Maltrato entre pares en instituciones educativas de educación básica de la ciudad de Cuenca*[1] que, además de los datos sociodemográficos del niño, recoge información sobre manifestaciones y patrones

---

1. Cuestionario de Rosario Ortega, adaptado y validado en el "Estudio de la violencia escolar entre pares-bullying en las escuelas urbanas de la Ciudad de Cuenca" (2012).

interaccionales de violencia en el sistema escolar; e incluye 32 ítems en escala nominal y ordinal. Adicionalmente, se empleó el *Cuestionario sobre convivencia, conflicto y violencia escolar (Docentes)*,[2] de 63 ítems, de los cuales se seleccionaron 42 correspondientes a tres dimensiones: disciplina y organización (13 ítems), conflictividad y violencia (13 ítems) y convivencia e integración armónica (16 ítems); las respuestas corresponden a una escala tipo Likert de 1 a 5 en función de la frecuencia con la que los docentes han percibido las afirmaciones planteadas.

La evaluación diagnóstica (pretest) se realizó al inicio del año escolar, en los niños de segundo y tercero de básica se aplicaron encuestas cara a cara con el apoyo de una lámina ilustrativa, dado su nivel de pensamiento concreto. A partir del cuarto año de Educación General Básica (EGB) se empleó la modalidad de encuesta autoaplicada. De manera similar se procedió en el postest al finalizar el año escolar. Simultáneamente se recolectó la información brindada por los docentes de cada institución, mediante modalidad de encuesta autoaplicada.

Programa de prevención e intervención

La propuesta tuvo como sustento teórico diversos enfoques psicológicos, entre ellos: las teorías cognitivo-constructivistas, sistémica y humanística. Se focalizó en la disminución del acoso escolar y la generación de un clima escolar que posibilite el buen vivir para todos los integrantes de la comunidad educativa. Al ser el acoso escolar un fenómeno multicausal, se ha evidenciado que existe incidencia y relación directa e indirecta de la escuela, la familia, la sociedad, los medios de comunicación, las redes sociales, entre otras fuentes; por tanto, el abordaje de este fenómeno debió ser holístico y sistémico, dado que abarcaba el contexto microsocial en su totalidad.

Las estrategias empleadas, han surgido de intervenciones previas que las validan, a la vez que se han adaptado al entorno local para la eficacia de su aplicación. El enfoque de intervención se orientó al aprendizaje y utilización de conductas sociales proactivas (constructivas, adaptativas y asertivas) a partir de un modelo basado en el desarrollo de habilidades socio-emocionales y comunicacionales socialmente aceptables; así como la estructuración de reglas y normas de convivencia, que generen patrones interaccionales proactivos de convivencia social entre los miembros de la comunidad educativa; se mantuvo como elemento de base el hecho que las interacciones sociales van moldeando las diversas formas de interactuar de una manera sutil pero perdurable (Goleman, 2006). Se consideró, por

---

2. Cuestionario de Rosario Ortega, sobre "Convivencia, conflicto y violencia escolar", adaptado y validado por Shephard y Ordóñez, 2014.

tanto, que, al intervenir sobre los patrones relacionales, se fomenta la construcción de un clima escolar favorable.

Las sesiones de trabajo que se desarrollaron con docentes, padres y madres de familia asumieron la modalidad de talleres interactivos, en los que se fomentó su participación dinámica y activa, pues se pretendía que sean los propios miembros de la comunidad educativa quienes asumieran un rol de agentes de cambio. La dinámica de trabajo incluyó al inicio de cada sesión una retroalimentación de la sesión previa, además de la proyección de videos motivacionales y sensibilizantes sobre el fenómeno psicosocial del acoso escolar. Además, se hizo uso de ejemplificaciones que exponían situaciones reales que se presentaban en el aula de clase, con dinámicas analíticas sobre el material presentado; posterior a lo cual se ejecutaban actividades vivenciales. Para el cierre de cada sesión se generaba una reflexión final e internalización de los elementos tratados, todo ello con el fin de obtener un aprendizaje significativo.

El programa de intervención en acoso escolar abarcó la totalidad de la comunidad educativa, con una distribución de trabajo que se detalla en el cuadro 1.

Cuadro 1. Sesiones con padres y madres de familia		
Talleres	N° de sesiones	Temas
Taller con docentes	18	1. Reglas antibullying. 2. Violencia escolar. 3. Clima positivo. 4. Reconocimiento positivo. 5. Conductas de acoso escolar. 6. Espacios fuertes. Identificación de las emociones. 7. La empatía. 8. Asertividad o agresividad. 9. La valentía. 10. Pon atención a las señales de alerta a la conducta. Pasando rumores. 11. Cyberbullying. 12. Avisar o no avisar "la ley del silencio" y ser parte de la solución. 13. ¿Quiénes son tus amigos? ¿Quién los necesita? La influencia negativa de los amigos. 14. Más allá del estigma, El respeto. ¿Quién lo tiene? 15. ¿En quién confías? Solo estaba haciendo una broma. 16. ¿Dónde se traza la línea? 17. Igual o diferente ¿podemos ser amigos? Hechos y mitos acerca de niños/as y bullying. 18. Disciplina (Institución A), Difusión del mensaje (Institución B).

Réplica con estudiantes	18	1. Reglas antibullying. 2. Violencia escolar. 3. Clima positivo. 4. Reconocimiento positivo. 5. Conductas de acoso escolar. 6. Espacios fuertes. Identificación de las emociones. 7. La empatía. 8. Asertividad o agresividad. 9. La valentía. 10. Pon atención a las señales de alerta a la conducta. Pasando rumores. 11. Cyberbullying. 12. Avisar o no avisar "la ley del silencio" y ser parte de la solución. 13. ¿Quiénes son tus amigos? ¿Quién los necesita? La influencia negativa de los amigos. 14. Más allá del estigma. El respeto. ¿Quién lo tiene? 15. ¿En quién confías? Solo estaba haciendo una broma. 16. ¿Dónde se traza la línea? 17. Igual o diferente ¿podemos ser amigos? Hechos y mitos acerca de niños/as y bullying. 18. Disciplina (Institución A). Difusión del mensaje (Institución B).
Comité anti-bullying	6	1. Proyecto de intervención. 2. Reglas anti-bullying. 3. Consecuencias de las reglas anti-bullying. 4. Socialización de resultados. 5. Pautas para disminuir acoso escolar. 6. Empatía.
Padres y madres de familia	8	1. El elogio. 2. La empatía. 3. Las emociones. 4. La asertividad y la valentía. 5. Creencias, autoestima y resiliencia. 6. Resolución de conflictos. 7. Normas y reglas. 8. Habilidades para la amistad.
Socializaciones del programa	4	1. Socialización sobre la primera y segunda fase del proyecto bullying a toda la comunidad educativa. 2. Socialización del plan de intervención y las cuatro reglas anti-bullying institucionales. 3. Socialización sobre los resultados finales de la investigación a la comunidad educativa. 4. Socialización sobre los resultados finales de la investigación a los docentes.

Fuente: Shephard y Ordóñez (2014).

El análisis de datos se realizó mediante pruebas no paramétricas (la prueba de McNemar y la de rangos de Wilcoxon), además se aplicó la prueba t de student en los resultados de la escala aplicada a la planta docente. Las decisiones se tomaron con un nivel de significancia del 5% ($p < 0.05$).

Resultados

Las dos instituciones participantes tuvieron características parecidas en cuanto al porcentaje de estudiantes hombres y mujeres, la media de edad de los estudiantes, el número de profesores, el número de niños por aula, y el porcentaje de víctimas y posibles víctimas (ver Tabla 1). Una diferencia importante radicó en el estilo de dirección: la Institución A contaba con normas claras y establecidas, en tanto que en la Institución B la ambigüedad de las reglas era la práctica común.

Tabla 1. Características institucionales						
	Institución A			**Institución B**		
Población estudiantil	Hombres	Mujeres	Total	Hombres	Mujeres	Total
	50.1%	49.9%	453	54.2%	45.8%	432
Edad	Media	DT		Media	DT	
	8.98 años	2.29 años		9.29 años	2.58 años	
Estudiantes por aula	Media	DT		Media	DT	
	30 estudiantes	2.76		27 estudiantes	3.26	
Acoso escolar a nivel de víctimas	Potenciales víctimas	Posibles víctimas	Total riesgo	Potenciales víctimas	Posibles víctimas	Total riesgo
	38.4%	9.1%	47.5%	34.7%	10.6%	45.3%
Normas y reglas	Normas, reglas y consecuencias claras relacionadas con la convivencia.			Normas, reglas y consecuencias ambiguas y ambivalentes.		
Fuente: Cuestionario sobre intimidación y maltrato entre pares en instituciones educativas de la ciudad de Cuenca.						

Antes de la intervención, la institución A reportó un 9.1% de víctimas, luego de la intervención se reportó un 4.4% ($W = -2.58$; $p = 0.009$); lo cual significó una disminución del 51.64%. En la institución B, antes de la intervención se registró un 10.6% de víctimas y después de ella un 7.4% ($W = -5.66$; $p = 0.000$); disminución del 30.19% (ver Tabla 2).

Tabla 2. Incidencia del acoso escolar a nivel de víctimas antes y después de la intervención

Categoría	Institución A		Institución B	
	Pretest	Postest	Pretest	Postest
	%	%	%	%
Sin riesgo	50.8	58.1	54.2	60.4
Potenciales víctimas	38.4	36.6	34.7	31.5
Víctimas	**9.1**	**4.4**	**10.6**	**7.4**
No contesta	1.8	0	0.5	0.7

Fuente: Cuestionario sobre intimidación y maltrato entre pares en instituciones educativas de la ciudad de Cuenca.

Antes de la intervención, en la institución A: el 16.1% de las **posibles víctimas** mencionó que el acoso ocurría desde *el inicio de clases*; después de la intervención ese porcentaje se redujo al 8.4%. Antes de la intervención, un 32.9% de los **posibles agresores** señalaron que el acoso ocurría *pocas veces* y un 4.2% *muchas veces*. Después de la intervención, los porcentajes fueron del 23.4% y 1.1% respectivamente, reflejando una disminución significativa de la percepción de las conductas de acoso.

Tabla 3. Percepción de la frecuencia del acoso escolar.

Actores	Frecuencia	Insttiución A				Institución B			
		Pretest	Postest	W	p	Pretest	Postest	W	p
		%	%			%	%		
Víctimas	Nunca	54.3	66.7	-3.81	0.000	59	62	-3.97	0.000
	Hace una semana	11.7	9.3			8.8	10.6		
	Hace un mes	6.6	7.7			4.2	6.5		
	Desde inicio clases	16.1	8.4			16.2	13.2		
	Siempre	8.8	7.1			10.4	6.7		
Espectador	Nunca	27.8	27.2	-1.42	0.155	30.6	23.1	-2.25	0.025
	Pocas veces	47.9	49.2			42.6	53		
	Muchas veces	18.8	15.7			22.2	19		
Agresor	Nunca	56.5	67.1	5.48	0.000	63.7	70.6	-2.4	0.016
	Pocas veces	32.9	23.4			27.5	21.5		
	Muchas veces	4.2	1.1			5.3	3		

Fuente: Cuestionario sobre intimidación y maltrato entre pares en instituciones educativas de la ciudad de Cuenca.

A nivel de espectadores, antes de la intervención el 18.8% mencionó que en su escuela muchas veces presenciaba acciones de agresión, después de la intervención el porcentaje fue del 15.7%. La situación fue similar en la institución B: la percepción de la frecuencia del acoso por parte de los diferentes actores del bullying, disminuyó después de la intervención (ver Tabla 3).

Luego de la intervención, en las dos instituciones participantes se evidenció una llamativa modificación en la manifestación del acoso escolar, el daño físico disminuyó significativamente frente a otras formas de acoso (ver Tabla 4).

Tabla 4. Manifestaciones del acoso escolar					
Institución A			Institución B		
PRETEST	POSTEST		PRETEST	POSTEST	
	Daño físico	Otra forma		Daño Físico	Otra forma
Daño Físico	14	37	Daño físico	5	39
Otra forma	18	152	Otra forma	10	192
X² (McNemar)		5.89	X² (McNemar)		16
p		0.015	p		0.000
Fuente: Cuestionario sobre intimidación y maltrato entre pares en instituciones educativas de la ciudad de Cuenca.					

En las dos instituciones, se evidenció una mayor visualización del fenómeno de acoso escolar: el porcentaje de estudiantes que antes de la intervención, respondieron no saber cómo se manifestaba el acoso disminuyó después de la intervención. Además, la disminución del daño físico implicó un aumento de otra modalidad de acoso; en las dos instituciones disminuyó el acoso físico directo y el daño sobre la propiedad del otro a través del robo, no obstante, se incrementó el acoso verbal directo mediante el uso de burlas y apodos. Por otra parte, en la institución A disminuyó el uso de la amenaza y el acoso relacional mediante el rechazo, en tanto que la institución B, registró un incremento incluso en otras formas de agresión (ver Tabla 5).

Tabla 5. Manifestaciones del acoso escolar				
	Institución A		Institución B	
Cómo molestan a los compañeros	Pretest	Postest	Pretest	Postest
	%	%	%	%
No lo sé	35.5	33.3	31.3	26.2
Apodos y burlas	28.5	40	39.4	41.7
Daño físico	13.9	9.1	10.9	3.7
Robo	8.4	5.7	6.7	5.8
Amenazas	4.9	2.6	3.5	5.3
Rechazo	3.8	0.7	4.2	4.6
Otras formas	0.2	0	0	9
Fuente: Cuestionario sobre intimidación y maltrato entre pares en instituciones educativas de la ciudad de Cuenca.				

En referencia a las actitudes de los docentes frente al acoso escolar, después de la intervención, se pudo evidenciar una mayor presencia de los docentes al momento de detener las situaciones de acoso (ver Tabla 6).

Tabla 6. Quién detiene a los niños y niñas que molestan							
Institución A				Institución B			
	POSTEST				POSTEST		
PRETEST	Algún profesor	Otra persona	Total	PRETEST	Algún profesor	Otra persona	Total
Algún profesor	114	95	209	Algún profesor	109	71	180
Otros	105	139	244	Otros	108	144	252
Total	219	234	453	Total	217	215	432
Prueba de McNemar	0.405			Prueba de McNemar	7.240		
p	0.525			p	0.007		
Fuente: Cuestionario sobre intimidación y maltrato entre pares en instituciones educativas de la ciudad de Cuenca.							

Posterior a la intervención, los estudiantes percibieron una variación en la actitud de los diferentes miembros de la comunidad educativa ante los actos de agresión. En las dos instituciones, docentes, estudiantes y padres de familia, mostraron un posicionamiento diferente ante las situaciones de agresión escolar. En los docentes se visualizó el mayor cambio de actitud (ver Tabla 7).

Tabla 7. Actitud de la comunidad educativa				
	Institución A		Institución B	
	Pretest	Postest	Pretest	Postest
	%	%	%	%
No he molestado a nadie	69.6	73.3	66.2	75.6
Nadie me ha dicho nada	12.5	11.7	15.1	14.7
Sí, a mis profesores les ha parecido mal	**5.6**	**7.6**	**6.5**	**9.5**
Sí, a mi familia le ha parecido mal	6	6.7	6.7	7.5
Sí, a mis compañeros les ha parecido mal	7.2	7.1	6.5	6.5
Sí, mis profesores me dijeron que estaba bien	3	1.2	1.7	1
Sí, mi familia me dijo que estaba bien	2.6	1.7	3.1	1.2
Sí, mis compañeros me dijeron que estaba bien	1.9	2.1	3.8	0.5
W		-2.425		-1.964
p		0.0153		0.0495
Fuente: Cuestionario sobre intimidación y maltrato entre pares en instituciones educativas de la ciudad de Cuenca.				

En cuanto a la relación con el grupo de pares, antes de la intervención, tanto en la institución A como en la institución B las interacciones fueron calificadas como "buenas"; sin embargo, después de la intervención se observó un cambio significativamente favorable en la institución A (ver Tabla 8).

Tabla 8. Patrones interaccionales entre pares					
¿Cuántos mejores amigos/as (de verdad) tienes en tu escuela?	Institución A			Institución B	
	Pretest	Postest		Pretest	Postest
	%	%		%	%
Ninguno	5.1	5.1		7.2	4.9
Uno	13.7	20.1		12	14.6
Dos	18.8	18.5		19.9	17.4
Tres o más	62	55.6		58.3	62.5
W		-2.311			-0.786
P		0.021			0.432
Fuente: Cuestionario sobre intimidación y maltrato entre pares en instituciones educativas de la ciudad de Cuenca.					

Los patrones interaccionales profesor-alumno antes de la intervención ya eran percibidos como "buenos", así como el ambiente escolar. Posterior a la intervención no se identificaron cambios significativos en este ámbito en ninguna de las dos instituciones (ver Tabla 9).

Tabla 9. Percepción del ambiente escolar							
		Institución A			Institución B		
		Pretest	Postest	p	Pretest	Postest	p
		%	%		%	%	
¿Cómo te tratan tus profesores?	Mal	4.2	2.6	0.909	3	2.5	0.245
	Más o menos	14.1	18.1		11.3	15.5	
	Bien	80.8	78.6		84.5	81.5	
¿Cómo te sientes en la escuela?	Mal	3.3	2.2	0.872	4.4	1.9	0.968
	Más o menos	11.7	15.5		11.3	16.4	
	Bien	83.9	81.7		83.3	80.8	
Fuente: Cuestionario sobre intimidación y maltrato entre pares en instituciones educativas de la ciudad de Cuenca.							

Las modificaciones relacionadas con el clima escolar, percibidas por los docentes, se detallan en las Figuras 1 y 2; en la institución A se observó que de las tres dimensiones: "convivencia armónica", "disciplina y organización" y "conflictividad y violencia", la que experimenta un cambio significativo corresponde a la dimensión "conflictividad y violencia" (t=-2.61; p=0.021). Por su parte, en la institución educativa B se experimentaron cambios significativos en las dimensiones de "disciplina y organización" (t=-4.16; p=0.001) y en "conflictividad y violencia" (t=-4.67; p=0.000).

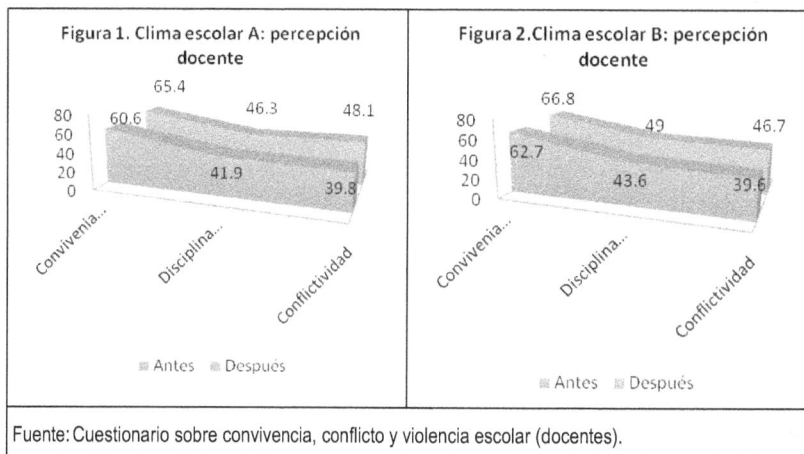

Figura 1. Clima escolar A: percepción docente

Figura 2. Clima escolar B: percepción docente

Fuente: Cuestionario sobre convivencia, conflicto y violencia escolar (docentes).

Conclusiones

Como resultado de la intervención se evidenció una disminución del acoso escolar, a nivel de víctimas, del 51.64% en la institución A y del 30.19% en la institución B. Estos datos demuestran que el "*Programa de desarrollo de estrategias psicosociales*" incidió favorablemente en las dos instituciones. Además de disminuir el porcentaje de víctimas en todos los años de educación básica, también disminuyó la frecuencia del acoso escolar desde la perspectiva de las víctimas, como de agresores y espectadores. Las significancias estadísticas corroboran que los resultados obtenidos se deben al programa y no a variables circunstanciales, resaltando la validez del mismo en su eficacia a nivel de prevención primaria y secundaria en niños con características similares a las del grupo de estudio.

El programa de intervención logró una disminución significativa del acoso en ambos planteles, evidenciando la instauración de patrones relacionales adaptativos entre pares, siendo éste el principal indicador no sólo de un cambio de actitud, sino de un cambio de conducta de los actores del acoso escolar.

Una de las principales características del acoso constituye la frecuencia con la que se produce. En las instituciones educativas A y B se logró una disminución considerable de las concepciones que el acoso se presenta "desde siempre" y "desde el inicio de clases" que son los dos indicadores de acoso escolar; esto evidencia que los actos de violencia identificados no cumplen con el criterio de frecuencia para ser considerado como acoso; sin embargo, se evidencia la presencia de conductas agresivas en los dos planteles.

El proceso de intervención implicó un cambio en las relaciones entre los pares, disminuyendo el daño físico y la exclusión, lo cual dio lugar a que los niños y niñas perciban que el acoso ha disminuido debido a una nueva forma de organización y vinculación entre los pares. Se hipotetiza, por tanto, como menciona Olweus (2006), que un cambio en las manifestaciones de acoso escolar implica un cambio en los patrones interaccionales.

Con el proceso de intervención psicosocial que se realizó en las escuelas, la agresión física disminuyó de manera significativa. Esto podría deberse a que esta manifestación deja evidencia y es visible, por tanto, hay actuación disciplinaria antibullying de los docentes sobre este hecho; no obstante, se incrementó el apodo. El apodo es una manifestación del acoso verbal que se encuentra en los primeros niveles de la escalada de violencia, siendo invisibilizada y normalizada entre los pares y en su contexto. Por tanto, se infiere que el programa de prevención e intervención psicosocial generó una modificación en los patrones interaccionales de violencia física directa disminuyéndolos pero concomitantemente se incrementaron los patrones interaccionales de violencia verbal directa, lo cual se podría adjudicar a que las normas, reglas y sus respectivas consecuencias, instauradas en las instituciones educativas piloto al igual que la vigilancia por parte del cuerpo docente de los espacios calientes generaron una limitación directa de la violencia física observable, dando lugar a un proceso de transferencia a la violencia verbal.

Previo al proceso de intervención en la institución A se evidenció la presencia de normas y reglas ligadas a la convivencia, en tanto que en la institución B, las normas, reglas y consecuencias se caracterizaban por su ambigüedad y ambivalencia. Posterior al proceso de intervención se visualizó la presencia de normas y reglas de convivencia proactiva concomitantes a la ejecución de las respectivas consecuencias frente a la falta de acatamiento de una norma o regla. El mayor cambio perceptual con respecto a la presencia de patrones interaccionales de convivencia pacífica por parte de los estudiantes se presentó en la institución "B", dado que se generó un cambio perceptual a partir del establecimiento de normas, reglas y consecuencias claras y de común acuerdo con respecto a situaciones de acoso escolar. Todas estas percepciones del grupo de estudio permiten inferir que el proceso levantado por el comité antibullying en las dos instituciones piloto posibilitaron la generación de normas, reglas y patrones interaccionales que limitan y previenen situaciones de acoso escolar a corto y mediano plazo, generando sustentabilidad del proceso en base al establecimiento de patrones interaccionales de convivencia pacífica que devengan a posteriori en un clima escolar cálido y empático.

Referencias bibliográficas

AVILÉS, M. (2002) "La intimidación y el maltrato en los centros escolares". *Revista LanOsauna* N° 2. Disponible en: [https://tecno12-14.info/pdf/bullying2.pdf].

BARÓ, M. (2003) *Poder, Ideología y Violencia*. Madrid: Trotta.

BEANE, A.L. (2011) *Bullying Aulas libres de acoso*. España: Graó.

CABALLO, V.E.; CALDERO, M.; CARRILLO, G.B.; SALAZAR, I.C.; E IRURTIA, M.J. (2011) "Acoso Escolar y Ansiedad Social en Niños (II): Una Propuesta de Intervención en Formato Lúdico". *Psicología Conductual*, Vol. 19, 626.

CASTRO, A. (2007) *Violencia silenciosa en la escuela: Dinámica del acoso escolar y laboral*. 2da. Edición. Buenos Aires: Bonum.

CEREZO, F. (2006) "Análisis comparativo de variables socio-afectivas diferenciales entre los implicados en Bullying. Estudio de un caso de víctima-provocador". *Anuario de Psicología Clínica y de la Salud*, 2, 27-34. Disponible en: [http://institucional.us.es/apcs/doc/APCS_2_esp_27-34.pdf].

CEREZO, F. (2001) "Variables de personalidad asociadas en la dinámica Bullying (agresores versus víctimas) en niños y niñas de 10 a 15 años". *Anales de Psi-*

cología, 17(1), junio, 37-43. Disponible en: [http://www.um.es/analesps/v17/v17_1/04-17_1.pdf].

COLLELL, J. y ESCUDÉ, C. (2007) *Guía Didáctica de la Obra de Teatro "Postdata" (Programa de prevención del bullying)*. Elaborada con la colaboración del GROP. Colección Kit Teatral. Madrid: Fundación Autor. Disponible en: [http://www.xtec.cat/~jcollell/Z07Materials.htm].

COLLELL, J. y ESCUDÉ, C. (2006) "Maltrato entre alumnos (I). Presentación d'un cuestionario para evaluar les relaciones entre iguales. CESC Conducta y experiencies sociales a clase", *Àmbits dePsicopedagogía*, 18, pp. 8-12. Disponible en: [http://www.xtec.cat/~jcollell/ZAP%20181.pdf].

DAVIS, S. y DAVIS, J. (2008) *Crecer sin miedo. Estrategias positivas para controlar el acoso escolar o bullying*. Bogotá: Norma.

DE ACEVEDO, A. y GONZÁLEZ, M. (2010) Alguien me está molestando: el bullying. 1era. Edición. Colombia: Ediciones B.

DÍAZ-AGUADO, M.J. (2004) *Prevención de la violencia y lucha contra la exclusión desde la adolescencia. La violencia entre iguales en la escuela y en el ocio.* Volumen 2: Programa de intervención y estudio experimental. Madrid: Instituto de la Juventud. Ministerio de Trabajo y Asuntos Sociales.

FERNÁNDEZ, I. (2006). *Escuela sin violencia: Resolución de conflictos*. Lima: Alfaomega.

GARAIGORDOBIL, M. (2008) *Intervención psicológica con adolescentes. Un programa para el desarrollo de la personalidad y la educación en derechos humanos.* Madrid: Pirámide. (2ª edición, original publicado en 2000).

GARAIGORDOBIL, M. (2007) *Programa Juego 4-6 años. Juegos cooperativos y creativos para grupos de niños de 4 a 6 años.* Madrid: Pirámide. (Volumen 5).

GARAIGORDOBIL, M. (2005) *Programa Juego 6-8 años. Juegos cooperativos* *y creativos para grupos de niños de 6 a 8 años.* Madrid: Pirámide. (Volumen 2).

GARAIGORDOBIL, M. (2004) *Programa Juego 10-12 años. Juegos cooperativos y creativos para grupos de niños de 10 a 12 años.* Madrid: Pirámide. (Volumen 4).

GARAIGORDOBIL, M. (2003) *Programa Juego 8-10 años. Juegos cooperativos y creativos para grupos de niños de 8 a 10 años. Madrid: Pirámide.* (Volumen 3).

GARCÍA RINCÓN, F.M. y VACA, E. (2006) *CONVES. Materiales de prevención y de intervención*. Madrid: TEA.

GOLEMAN, D. (2006). *Inteligencia Social. La nueva ciencia de las relaciones humanas.* Barcelona: Kairós.

GRUPO APRENDIZAJE EMOCIONAL (2007) *Programa de educación emocional y prevención de la violencia. Primer ciclo de ESO.* Alicante: Conselleria d'Educació. Disponible en: [https://convivencia.files.wordpress.com/2010/10/programa_ed-emocional-prevencion_violencia-1c-esocaruana2004322p.pdf].

GRUPO APRENDIZAJE EMOCIONAL (2005) *Programa de Educación Emocional para la Prevención de la violencia 2º ciclo de ESO.* Alicante: Conselleria de Cultura, Educació i Esport. Disponible en: [http://www.juntadeandalucia.es/educacion/webportal/ishare-servlet/content/cac3997f-c66f-4a18-b45d-7c6ea3a1262e].

HARRIS, S. y GARTH, P. (2006) *El acoso en la escuela.* 3ra ed. Barcelona: Paidós.

JUSTICIA, F.; BENÍTEZ, J.L.; FERNÁNDEZ, M.; FERNÁNDEZ DE HARO, E. y PICHARDO, M.C. (2008) "Aprender a convivir: programa de prevención do comportamento antisocial na educación infantil". *Cadernos de Psicoloxía*, N° 32, pp. 37- 47.

KAPLAN, C. (2016) "Cuidado y otredad en la convivencia escolar: una alternativa a la ley del talión". *Pensamiento Psicológico*, Vol. 14, N° 1, pp. 119-130.

MONJAS, M.I., y AVILÉS, J.M. (2006) *Programa de sensibilización contra el mal-*

trato entre iguales. Valladolid: Consejería de Educación. Junta de Castilla y León.

OLWEUS, D.; CROCKER FLERX, V.; LIMBER, S.; MULLIN, N.; RIESE, J. y SNYDER, M. (2009). *Olweus Bullying Prevention Program. Class Meetings ThatMatter A Year's Worth of Resourcesfor Grades 6-8.* Minnesota: Hazelden.

OLWEUS, D. (2006). *Conductas de acoso y amenaza entre escolares.* 2da ed. Lima: Alfaomega.

ORDÓÑEZ, M.; MORA, J. y PACHECO, M. (2016) "Perfil Psicológico del Niño Víctima de Acoso Escolar". *RevMed HJCA* 2016; 8(2): 108-116. Disponible en: [http://dx.doi.org/10.14410/2016.8.2.ao.18].

ORTEGA, R.; DEL REY, R. y MORA-MERCHAN, J.A. (2004) "SAVE model: an anti-bullying intervention in Spain". En Smith, P.K.; Pepler, D. y Rigby, K. (dirs.), *Bullying in schools: ¿how successful can interventions be?* Cambridge, England: Cambridge University.

ORTEGA, R. y DEL REY, R. (2007*a*) *La violencia escolar. Estrategias de prevención.* España: Graó.

ORTEGA, R. y DEL REY, R. (2007*b*) "Intervención en dificultades de orden social: conflictos, violencia y malos tratos". En: García, J.N. (dir.), *Dificultades de desarrollo. Evaluación e Intervención.* Madrid: Pirámide.

RIZZO, G. (2012). *Violencia escolar: un modelo para des-armar.* Buenos Aires: Bahía Blanca.

RODRÍGUEZ, N. (2006). *Stop Bullying. Las mejores estrategias para prevenir y frenar el acoso escolar.* Barcelona: RBA Libros.

RODRÍGUEZ, N. (2004). *Guerra en las aulas: Cómo tratar a los chicos violentos y a los que sufren sus abusos.* Madrid, España: Temas de hoy.

SERRANO, A. e IBORRA, I. (2005). "Violencia entre compañeros en la escuela". *Centro Reina Sofía para el Estudio de la Violencia. Informe* N° 9. pp. 1-71. Disponible en: [http://www.fapaes.net/pdf/informe_escuela.pdf].

SHEPHARD, B. y ORDÓÑEZ, M. (2014). "Impacto de un Plan de Prevención de Estrategias Psicosociales en la Disminución del Acoso Escolar-Bullying". Informe Final. Departamento de Investigación de la Universidad de Cuenca. Facultad de Psicología. Cuenca, Ecuador: Universidad de Cuenca.

SHEPHARD, B.; ORDÓÑEZ, M. y RODRÍGUEZ, J. (2012). "Estudio de la violencia escolar entre pares –bullying– en las escuelas urbanas de la ciudad de Cuenca". Julio, pp. 73. Cuenca: Universidad de Cuenca.

Las huellas emocionales del acoso escolar

Gisela Untoiglich

*"Hablar de la ternura en estos tiempos de ferocidades no es
ninguna ingenuidad. Es un concepto profundamente político.
Es poner el acento en la necesidad de resistir la barbarización
de los lazos sociales que atraviesan nuestros mundos..."*

(Fernando Ulloa)

Atahualpa, un niño que sufre

La madre de Atahualpa[1] se comunica un domingo a la noche desesperada solicitando un turno urgente para su hijo de 11 años; le ofrezco una cita para esa semana y me dice que ese día no podrían porque tenían que hacerle un holter cardíaco al niño. Hacía dos meses que habían comenzado las clases. Atahualpa concurría a sexto grado de primaria. Es decir, concurría era un eufemismo, ya que de los cuarenta días de clases transcurridos, había ido menos de la mitad porque refería sentirse mal reiteradamente. Dolencias en el pecho, taquicardia, mareos, dolores de cabeza o de estómago eran señales difusas que iban rotando desde el año anterior. Sin embargo, como así y todo continuaba siendo el mejor promedio del grado, nadie en la escuela parecía muy preocupado.

La familia de Atahualpa era del norte argentino y se habían trasladado a la Capital hacía cuatro años por razones laborales del padre; a todos les había costado la adaptación a la gran ciudad. La familia paterna era de origen español, la materna perteneciente a los pueblos originarios: colonizador y colonizados, así era el modo de funcionamiento familiar. La escuela se la habían recomendado al padre en el trabajo, por el nivel académico, el rigor en la conducta y el ambiente familiar.

Atahualpa era un niño inteligente, más bien solitario y silencioso, que disfrutaba de los problemas matemáticos más que de jugar al fútbol. Le gustaba cocinar, dibujar y tejer en un telar que le había regalado su abuela materna perteneciente a sus ancestros aborígenes. Usaba el pelo largo que

---

1. Algunos datos de la historia fueron modificados para preservar la identidad del niño y su familia.

le cubría parte del rostro. El padre, sumamente rígido, había intentado "normalizarlo" muchas veces sin éxito: trató de cortarle el pelo, prohibirle la cocina y el tejido y mandarlo a fútbol y nada había funcionado. Consideraba que el problema era su falta de tiempo debido a la fuerte exigencia laboral a la que estaba sometido y que la madre no era suficientemente estricta con el hijo.

Realizaban la consulta en ese momento por sugerencia de una docente, amiga de la madre, que estaba muy preocupada por la soledad de Atahualpa y los diversos dolores que manifestaba y les planteó que antes de seguir sometiendo al niño a estudios médicos (ya le habían hecho holter, endoscopía, resonancia) era prioritario hacer una consulta psicológica. Al padre le parecía que esto se solucionaba con "mano dura" y que su esposa no tenía que apañarlo tanto porque si no "saldría maricón"; la madre callaba.

Llega a la primera entrevista un niño desbordado de angustia, explica que no puede más, que no quiere ir más al colegio, que no aguanta las burlas de los compañeros, sus desprecios, que su papá dice que él tiene que esforzarse y cambiar porque si es el único que tiene dificultades para integrarse al grupo entonces seguro que el conflicto es suyo; que el director señala que como él es el mejor promedio y no se observa violencia en la escuela, entonces el problema no puede ser tan grave; la madre lo escucha pero dice que rece y Dios lo va a ayudar. Maldice el número 13, si no fueran impares los varones, él tendría algún compañero con quien sentarse, si no fueran tantos seguro que quedaría en el equipo de los varones capos o lo invitarían a los pijamas party. Todo esto lo larga en el medio de una catarata de lágrimas de bronca y frustración. Nadie entiende ni dimensiona su dolor, él no quiere ser otra persona para que lo quieran, ni tener otro color de piel, a él le gustaría tener amigos pero de los únicos dos que tuvo en la escuela, uno se mudó y se cambió de colegio y el otro dejó de ser su amigo para que lo dejen entrar al grupo de whatsapp de los "capos del grado". Así se enteró Atahualpa que había un grupo de whatsapp de los varones que se llamaba "sin Ata" y un grupo cerrado de Facebook que se llamaba "Los capos de sexto" en el cual solían subir fotos que lo ridiculizaban. También la madre supo que había un grupo de whatsapp de madres de los varones sin ella; la excusa fue que es el "grupo de mamis de fútbol". Atahualpa hacía dos semanas que no concurría al establecimiento escolar, primero una gripe, luego un malestar estomacal difuso. Como la madre iba todos los días a buscar tareas y entregar las hechas por el niño, nadie lo había llamado para ver qué le ocurría. Su aspecto era fantasmal, delgadísimo, pálido, ojeroso, decía que quería desaparecer, casi no comía porque todo le caía mal. El soplo vital parecía haberse esfumado, arrastraba su humanidad y su dolor mudo.

Le pregunté cuándo se sentía bien y refirió sus vacaciones en Jujuy, cuando pasaba largas temporadas en la casa de su abuela materna ayudándola a cocinar las empanadas que vendía a los turistas en una feria. Allí también tenía amigos, primos y no tenía que ser otro para que lo quieran y todos tenían un tono de piel parecida.

Mi primer intento fue comunicarme con el director de la escuela, quien negó que hubiera dificultades serias con Atahualpa. ¡Cómo podía haberlas si era el mejor promedio del grado, aplicado, correcto y respetuoso! Le mencioné las faltas reiteradas del niño y lo adujo a la sobreprotección materna... como era hijo único la madre lo cuidaba excesivamente. La angustia de Atahualpa también le parecía una exageración, el chico tenía que esforzarse en pertenecer al grupo, ir a los scouts, a las convivencias, a fútbol y si era necesario golpear a alguno, él lo avalaba. Él mismo había intentado "un careo" entre los líderes del grupo y Atahualpa delante de todo el grado, en el cual les había solicitado a los chicos que le pidan perdón a Atahualpa por lo de los grupos de whatsapp y facebook (aunque me aclaró que estos no era temas que correspondían a la escuela ya que sucedían fuera del horario y ámbito escolar) y Atahualpa sólo miraba el piso y permanecía en silencio. Iba a tratar de que el maestro los vigile más, pero en realidad era cuestión de los padres controlar qué hacían sus hijos en internet. El director cuestionó el tipo de abordaje terapéutico y le sugirió a la madre una Terapia de Modificación Conductual que entrene al niño y le dé estrategias de adaptación al grupo; si Atahualpa cambiaba todo se solucionaría.

La entrevista con los padres fue muy difícil, les tuve que decir que el niño estaba desbordado de angustia, que se negaba a continuar en esa escuela, que yo acordaba con su decisión y que había que buscar otro establecimiento. El padre estaba indignado, esto era un fracaso rotundo, todos sus compañeros de oficina y sobre todo los jefes mandaban a sus hijos a esa escuela; la madre asentía en silencio. El suicidio de un adolescente acosado por sus pares hacía un par de semanas, que había sido titular en los medios por una cantidad de minutos hasta que otra noticia sangrienta tapó la anterior, la tenía desesperada. Me preguntó si su hijo podía llegar a tomar una decisión así; no se lo podía negar y le aclaré que parte de las razones que llevan a un suicidio es que el sujeto sienta que no tiene otra forma de salida de una situación que lo atormenta. Había que desarmar la "encerrona trágica" en la cual estaba sumergido Atahualpa.

El padre se preocupó, la madre dimensionó la gravedad de la situación y solicitó mi ayuda para buscar una nueva escuela. Les expliqué que el cambio de colegio iba a ser sólo el primer paso de un trabajo a largo plazo en el cual tendrían que revisar sus modos de vincularse, los lugares que cada uno ocupaba, el trabajo con las diferencias y el espacio para la tramitación de lo doloroso.

De acosadores y acosados:
los usos ideológicos del concepto de *bullying*

¿Todo es "bullying"?, ¿a qué se denomina "acoso escolar"?

El acoso escolar (o *bullying* en inglés) por supuesto que no es un fenómeno nuevo. Gran cantidad de adultos han sufrido y/o infligido y/o presenciado diversas situaciones de acoso o humillación en la infancia y/o adolescencia. Asimismo, es posible encontrar múltiples referencias en la literatura como lo atestigua este fragmento de *Retrato del artista adolescente*, de J. Joyce (1916: 9):

> Por fin se marchó de la puerta y Wells se acercó a Stephen y le dijo: —Dinos, Dédalus, ¿besas tú a tu madre por la noche antes de irte a la cama? Stephen contestó: —Sí. Wells se volvió a los otros y dijo: —Mirad, aquí hay uno que dice que besa a su madre todas las noches antes de irse a la cama. Los otros chicos pararon de jugar y se volvieron para mirar, riendo. Stephen se sonrojó ante sus miradas y dijo: —No, no la beso. Wells dijo: —Mirad, aquí hay uno que dice que él no besa a su madre antes de irse a la cama. Todos se volvieron a reír. Stephen trató de reír con ellos. En un momento, se azoró y sintió una oleada de calor por todo el cuerpo. ¿Cuál era la debida respuesta? Había dado dos y, sin embargo, Wells se reía. Pero Wells debía saber cuál era la respuesta, porque estaba en tercero de gramática. Trató de pensar en la madre de Wells, pero no se atrevía a mirarle a él a la cara. No le gustaba la cara de Wells. Wells había sido el que le había tirado a la fosa el día anterior porque no había querido cambiar su cajita de rapé por la castaña pilonga de Wells, por aquella castaña vencedora en cuarenta partidos. Había sido una villanía: todos los chicos lo habían dicho. ¡Y qué fría y qué viscosa estaba el agua!

A lo largo de la historia siempre han habido situaciones de violencia ejercidas sobre pares, pero cuando a un fenómeno se lo nomina y conceptualiza, esto nos permite pensar un poco más allá. Es necesario subrayar que ninguna conceptualización es neutra y todas se dan en un contexto histórico-político-social determinado.

La temática del acoso escolar comenzó a ser estudiada con sistematicidad a fines de los años setenta en Escandinavia y a finales de los ochenta se había extendido a Japón, Inglaterra, Países Bajos, Canadá, Estados Unidos, Australia y otros países. En 1982 salió a la luz en Noruega la situación de tres niños que se habían suicidado como consecuencia del grave acoso al que los sometían sus compañeros, lo que trajo como corolario una campaña puesta en marcha por el Ministerio de Educación. Es notable cómo la muerte, transformada en hecho mediático, pone en tensión ciertas problemáticas, y sólo después de esos acontecimientos se comienzan a pensar intervenciones posibles.

Olweus (1998), investigador noruego, define el acoso escolar como la situación en la cual un estudiante está expuesto a acciones negativas llevadas a cabo en forma reiterada, durante un período de tiempo, por uno o varios compañeros.

"Acciones negativas" refiere a aquellas que se realizan de manera intencionada para causar daño, herir o incomodar a otra persona. Pueden ser acciones físicas y/o verbales, presenciales o virtuales, pero siempre conllevan la humillación y la exclusión. No se trata de cualquier pelea entre pares, sino una acción repetida en la cual haya desequilibrio de fuerzas, una relación de poder asimétrica. El o la estudiante expuesto a la situación de acoso se encuentra inerme y sin recursos ante aquellos que lo hostigan. Algunas modalidades son estruendosas, con golpes, burlas y palizas, y otras son deliberadamente sutiles, como dejar a uno siempre afuera de los acontecimientos grupales, de las conversaciones, de los juegos. En la actualidad se suma a estas modalidades el Ciberacoso, que consiste en el uso de redes sociales, mensajes electrónicos, mails, whatsapp incluyendo textos, imágenes o videos, hostigando, amenazando, atacando o burlándose de otra persona. El acoso cibernético puede incluir rumores, información falsa, mensajes dañinos, comentarios o fotos comprometedoras, excluir a alguien de las redes sociales u otras comunicaciones. Permite que los autores permanezcan anónimos y puede afectar al sujeto a cualquier hora y en cualquier día, y los mensajes y las imágenes pueden propagarse rápidamente, con el agravante que una vez que están subidos al ciberespacio no pueden bajarse, lo cual eterniza el acoso y acentúa la sensación de los niños y niñas que jamás van a poder librarse de esta situación.

El relevamiento inicial realizado en Noruega en 1983 mostraba que el 40% de los alumnos agredidos en la escuela primaria y el 60% en escuela secundaria indicaba que los docentes no habían intervenido en estas situaciones casi nunca.

¿Cuál es la relación entre este fenómeno y lo epocal?

Vivimos en un tiempo donde predomina el "sálvese quien pueda", los lazos solidarios están cortados, la biopolítica ejercida sobre los cuerpos administra quiénes son los ganadores y perdedores en una sociedad depredatoria donde el "neodarwinismo social" (Bourdieu, 1999) es la clave de la supervivencia en la cual deben triunfar los más brillantes, los más inteligentes, los mejor dotados genéticamente, los meritócratas, desconociendo las desigualdades de origen que signan con frecuencia la trayectoria de una gran mayoría.

La propuesta de pensar en términos de víctimas y victimarios es un planteo tramposo. La película "Carnage" (Polanski-Reza, 2011; conocida como "Un Dios salvaje" en su traducción al castellano) muestra cómo se puede pasar de víctimas a victimarios cuando los diques se van resquebrajando en una sociedad que no tiene lugar para los que considera débiles. Nadie quiere estar en el lugar del "Loser" (perdedor). Hace algunos años, un cartel en Nueva York decía: "*Nueva York la ciudad que todo lo perdona, menos el fracaso*". En Estados Unidos el 86% de los niños entre 12 y 15 años refieren haber sido acosados en la escuela. Acosar es más habitual que el consumo de tabaco, alcohol, drogas o sexo, según B. Coloroso (2004), quien también plantea que el Bullying es el emblema de la deshumanización, la pérdida de la posibilidad de ver lo humano del otro.

Datos actuales en una encuesta online realizada en España revelan que el 34,8% de los alumnos de primaria y el 45,91% de secundaria denuncia haber sido acosado en la escuela, manifiesta que la principal causa para ser atormentado es "la forma de comportarse, ser diferentes" (Diario El País, 2017). En Argentina, el año 2015 finalizó con 1.631 casos graves de acoso escolar, y el primer semestre de 2016 concluyó con 1.142 casos, lo que anualizado da un crecimiento del 40% de casos graves denunciados en la justicia y los distintos ministerios de educación del país.

El informe presentado por la UNESCO en enero de 2017, realizado a partir de las respuestas de cien mil niños, niñas y jóvenes de dieciocho países,[2] plantea que uno de cada cinco niños, niñas o jóvenes ha vivido situaciones de acoso escolar, proyectando la cifra, se calcula que 246 millones de niños, niñas y jóvenes en el mundo sufren situaciones de violencia en la escuela, anualmente. Los motivos más frecuentes reportados son: 25% afirma haber sufrido alguna forma de acoso debido a su apariencia física, otro 25% por motivos de género u orientación sexual, otro 25% en razón a su origen étnico o nacionalidad y el resto por otras razones.[3] El acoso puede ser presencial o en el ciberespacio.

2. Los países involucrados en esta muestra fueron: Burkina Faso, Chile, Guinea, Indonesia, Irlanda, Liberia, Malasia, Mali, México, Mozambique, Nigeria, Pakistán, Senegal, Sierra Leona, Suazilandia, Uganda, Ucrania y Zambia.

3. Estas cifras fueron extraídas del informe elaborado por las Naciones Unidas titulado *Ending the Torment: Tackling bullying from the schoolyard to cyberspace* (*Acabar con el suplicio: cómo abordar el acoso escolar, desde el patio del colegio al ciberespacio*, 2016).

Un dato fundamental es que aun con toda la repercusión actual de la temática, se mantiene la tendencia referida más arriba de la no confianza en el docente, y la mayoría de los niños y jóvenes no piden ayuda a los adultos. Las razones que aducen son: falta de confianza en los adultos, incluyendo maestros; miedo a las repercusiones o represalias; sentimientos de culpa; vergüenza; preocupación de que no se tomen en serio el problema o no saber dónde o con quién buscar ayuda. Para la mayoría de los adultos (tanto padres como docentes) este es un problema invisibilizado, consideran que forma parte de las modalidades vinculares en la infancia o adolescencia y que no es necesario intervenir ya que todo se encarrilará con el tiempo. Así se naturaliza la violencia, sin percibir la dimensión de la problemática, el dolor que acarrea, las huellas emocionales que la situación deja como marca en el presente y en muchos casos para toda la vida, llegando a ser a veces insoportable, como lo era la situación para Atahualpa.

El acoso escolar es uno de los modos que se visualiza la violencia en las diferentes sociedades. Según el informe de la UNESCO (2017) las causas subyacentes de la violencia escolar y la intimidación incluyen factores estructurales como la discriminación por género que acentúa la dominancia masculina, la desigualdad y la prevalencia de la violencia sobre las mujeres. Asimismo, en algunos países está legitimado el uso de la violencia de los maestros sobre los niños para mantener la disciplina y el control. Los niños, niñas o jóvenes que no pueden o no quieren ajustarse a las normas de género dominante suelen ser blanco prioritario del acoso escolar.

Se observa que la cultura escolar puede transmitir violencia cuando utiliza libros de texto con una mirada discriminatoria y sexista que no reciben una lectura crítica. También cuando la escuela "se hace la distraída" con niños que manifiestan o traen marcas de violencia en el hogar y no acciona, convalidando así la violencia como modo de crianza.

Cualquier niño, niña o adolescente puede sufrir situaciones de violencia y acoso escolar, pero aquellos que son vulnerables por factores como la pobreza, el estatus social asociado a la etnicidad, las diferencias lingüísticas o culturales, o cuestiones de género, corren más riesgo aun. Ser refugiado, migrante, de un origen étnico, color o religión diferente a la mayoría incrementa las posibilidades de acoso, lo cual por otra parte está promovido en la actualidad por mandatarios que declaran que la inmigración, sobre todo de países más pobres, es la causa de sus males.

En algunos contextos, los chicos pueden ser burlados por su falta de masculinidad o las niñas por su falta de feminidad. En muchos casos esto es inconscientemente avalado por la escuela y la familia, como era el caso de Atahualpa. De algún modo tanto su padre como el director esperaban que el niño se haga "macho", se defienda a golpes y salga de esta situación con hombría y no bajo las polleras de su madre, lo cual dejaba al niño en absoluto desamparo.

Un informe de UNICEF (2006) señala que "la salud mental y física de los niños intimidados está en riesgo: pueden mostrar síntomas de depresión o tienen problemas para comer, dormir o quejarse de síntomas físicos como dolores de cabeza o dolor de estómago". La cuestión es que estos signos difusos, muchas veces se confunden, sobre todo porque los adultos no quieren ver lo que está sucediendo, ni leer las señales que los niños, niñas o adolescentes ponen de manifiesto, a veces hasta que es demasiado tarde.

Asimismo, los testigos pasivos de la violencia sobre compañeros también tienen efectos en su salud. En estudios a largo plazo realizados en Inglaterra en 2014 se ha comprobado que las consecuencias del acoso escolar y haber sido excluido por los pares, continúan hasta la adultez, trayendo deterioro en la salud tanto física como mental. Según los datos del II° Estudio Regional Comparativo y Explicativo (SERCE) de la Unesco, desarrollado entre 2005 y 2009, "la violencia entre estudiantes constituye un problema grave en toda América Latina". En Argentina, estudios del 2011 refieren que uno de cada cuatro chicos tiene miedo de ir a clase.

Se plantea que la situación de acoso escolar precisa de cuatro elementos: el acosador, su víctima, el grupo de espectadores que sostiene y legitima la crueldad y que todo esto se sostenga en el tiempo. Voy a añadir un quinto elemento y es: una sociedad que promueve estos modos de acción y vulneración del más débil. Considero que pensar en términos de víctimas y victimarios patologiza a los sujetos, empobrece el análisis y nos deja a salvo como sociedad.

Como hemos dicho anteriormente, este fenómeno comienza a estudiarse sistemáticamente en los años ochenta, en la Europa de Margaret Thatcher, quien había declarado entre otras cosas "El fin de la sociedad", es decir los lazos sociales ya no son imprescindibles, lo que importan son los individuos y las empresas y la supervivencia de los mejores. Hoy, en la "era Trump" esto ha llegado al colmo de su manifestación política. La mirada xenófoba, la expulsión del diferente, transforma al mundo en un Reality Show en el cual para sobrevivir hay que estar dispuesto a eliminar al otro. Todo rasgo de extranjeridad, de diferencia, es vivido como peligroso y parecería que hay que hacerla desaparecer. Es la versión neofascista del neoliberalismo, el catastrófico triunfo de una sociedadególatra, que construye muros que excluyen y arroja a las fauces del mar al más vulnerable. Podríamos decir que se trata de una *lógica Trumposa* de exclusión. La crueldad se pone de manifiesto en su versión más descarnada.

F. Ulloa (2005) realiza una distinción interesante entre agresividad y crueldad. La agresividad es parte de lo humano, cierta cuota siempre es necesaria para poder separarse, poner distancia con el Otro, pero el accionar cruel tiene que ver con dispositivos políticos, sociales, institucionales que legitiman y promueven estos modos de vincularse. Una situación central del dispositivo de crueldad –el autor la denomina "la encerrona trágica"– plantea que siempre son necesarios dos lugares, sin un tercero de la ley al cual se pueda apelar. Así, la víctima se siente a expensas del victimario porque no percibe que haya nadie con peso a quien recurrir. En la "encerrona trágica" no es la angustia lo que predomina, sino algo más terrible aun: el dolor psíquico vivenciado como algo que no tiene salida, del que no hay fuga posible, que se mantiene constante en el tiempo y del cual la única escapatoria parece ser la muerte. Al menos así lo vivía Atahualpa al momento de la consulta, debido a que los compañeros lo hostigaban permanentemente, el director era un canalla que desestimaba el dolor del niño, el padre consideraba que era necesario pasar por estas situaciones para hacerse hombre y la madre lo hundía en sus propias angustias.

Tanto en la familia como en la institución escolar, de algún modo, predominaba la "cultura de la mortificación" que, siguiendo a Ulloa, no solo remite a la muerte, sino también a lo mortecino, lo apagado, a un destino que está signado por lo mortífero. Esa era la impresión que daba Atahualpa cuando lo vi por primera vez, acompañado por un síntoma muy particular: cuando no estaba llorando bostezaba sin parar, como si estuviera sumido en un letargo interminable, como si estuviera acostumbrado a ser mortificado.

Según un informe de la OMS (2014), el suicidio es la segunda causa de muerte entre los jóvenes de 10 a 24 años. B. Berardi (entrevista citada en Ibáñez, 2017) plantea que el "Ethos neoliberal" promueve la competición, la exclusión y el aislamiento que provoca una fragilidad extrema.

La escuela como productora de subjetividades

Pensar en términos de víctimas y victimarios es judicializar las relaciones escolares y dejar por fuera el contexto socio-histórico. Por otra parte, no se trata de que los niños pasen de víctimas a victimarios, ni de pensar en términos individuales exclusivamente, aunque estas situaciones no se desarrollen sin la participación de cada sujeto involucrado. Es necesario repensar este enfoque, para lo cual es preciso cuestionar el concepto mismo de "Bullying", a partir de lo cual es ineludible debatir por qué las diferencias son vividas como amenaza. Como refiere C. Kaplan (2014), el concepto de Bullying refuerza y reproduce la creencia de la superioridad de unos sobre otros y es preciso realizar un análisis de la dinámica social de la estigmatización para poder salir de esta propuesta tramposa.

Lo que se quiere subrayar en este escrito es que el concepto de *bullying* enmascara otras violencias, ya que al dejar afuera los determinantes sociohistóricos, nos hace creer que el problema es de cada persona y que las soluciones, por ende, también serán individuales. Es por esto que entra en consonancia con la época neoliberal.

La palabra máscara en su raíz latina significa fantasma, en su etimología árabe remite a *maskharah*: bufón. *Mas-hara*, del cual proviene *Sahara,* que significa "él burló". La máscara no es otra cosa que una ficción, un ardid para burlar la realidad.

¿Cómo deconstruir entonces las máscaras de las violencias?

Por lo general, la escuela no es la culpable de las violencias que allí se ponen de manifiesto; sin embargo, al ser la institución escolar un dispositivo moderno parte fundamental de esta sociedad, refleja las propias miserias sociales. En consecuencia, es necesario que se haga responsable, ya que solo desde un accionar comprometido con los niños, los docentes y los padres, podrá generar nuevas oportunidades. Es decir, no alcanza solo con señalar el problema, buscar las debilidades individuales, culpabilizar víctimas y victimarios. Se trata de involucrarse como comunidad, deconstruir esta lógica neodarwinista, plantear los problemas como grupales, ya que la mayoría de las veces, lo que más abunda son los espectadores pasivos de situaciones de maltrato sobre los otros. No se resuelve con más vigilancia y control sino con el trabajo grupal, el armado de redes de sostén en las cuales no sea avalado ningún tipo de vínculo violento, donde el otro y sus diferencias nos enriquezcan y no sean vividos como amenazantes. Entiendo que es difícil en un mundo que tira al mar o expulsa de sus fronteras al diferente. Si podemos promover estos cambios estaremos hablando ya no de escuelas inclusivas, sino de sociedades en las cuales las diferencias pueden ser alojadas.

Se tratará de trabajar sobre el clima de convivencia, generar entornos inclusivos de la otredad, abordar las problemáticas que se dan en la dinámica grupal como cuestión cotidiana y no aquello que se hace circunstancialmente, luego de una catástrofe. Trabajar para que los adultos sean confiables para los niños, es decir adultos posicionados en funciones de asimetría basada en algunos saberes, pero sobre todo en la responsabilidad del cuidado. Transformar la cultura escolar acerca de la violencia atañe a todo tipo de vínculos. La relación profesor-alumno puede avalar el acoso cuando un docente denigra a un estudiante como supuesto modo de enseñanza, cuando un directivo agravia a un docente o un docente al personal de maestranza.

No se trata de expulsar al estudiante violento, eso no resuelve el problema; se tratará de ocuparse de las violencias entendiéndolas como parte de los conflictos sociales cotidianos. La convención de los derechos del niño plantea la protección del derecho a estudiar en un ambiente no violento e inclusivo. Es necesario que la institución escolar tome a su cargo esta responsabilidad. Tampoco se trata de "Tolerar" las diferencias, el trabajo con la otredad es entender que las diferencias nos constituyen y nos engrandecen, se trata de respeto e inclusión de la diversidad y no de tolerancia o misericordia.

Con frecuencia la violencia se encuentra naturalizada, el sometimiento de los más débiles parece ser inherente a la especie, como lo planteaba S. Freud en su carta a Einstein en la cual reflexionaba sobre "El porqué de la guerra" (1932) y las diferencias que se transforman en desigualdades habituales.

En muchos países existe una legislación acerca del acoso escolar. Argentina sancionó en el año 2013 una ley sobre "Promoción de la convivencia y el abordaje de la conflictividad social en las instituciones educativas" (Ley 26.892, conocida como "Ley Anti-bullying") que plantea el respeto y la aceptación de las diferencias, el rechazo a toda forma de discriminación, hostigamiento, violencia y exclusión en las interacciones entre los integrantes de la comunidad educativa, incluyendo las que se produzcan mediante entornos virtuales y otras tecnologías de la información y comunicación. Esta Ley propone la resolución no violenta de conflictos, la utilización del diálogo como metodología para la identificación y solución de los problemas de convivencia, la valoración primordial del sentido formativo de las eventuales sanciones. Sin embargo, no alcanza con que estas cuestiones queden dormidas en la letra de una normativa; es necesario encontrar los modos para que las mismas sean abordadas en la cotidianeidad escolar.

Necesitamos construir estrategias que privilegien el cuidado del otro, que transformen las escuelas en verdaderos lugares de encuentro donde las diferencias nos enriquezcan, que convoquen a las familias a un trabajo conjunto, ya que la violencia no es del otro y a su vez no es sin el otro, y los conflictos son inherentes a lo humano. Precisamos construir estrategias colectivas de alojamiento acompañante entrelazando otredades.

Priorizar una perspectiva ética que empatice con el otro, en la cual predomine el "buen trato" y la ternura, miradas atentas al dolor, que no nieguen los conflictos y tengan la capacidad de transformarlos en intervenciones subjetivantes que alberguen las diferencias.

Referencias bibliográficas

BLEICHMAR, S. (2008) *Violencia social – Violencia escolar: De la puesta de límites a la construcción de legalidades (Escritos, conferencias, interrogantes)*. Buenos Aires: Noveduc.

BOURDIEU, P. (1999) *Contrafuegos. Reflexiones para servir a la resistencia contra la invasión neoliberal*. Barcelona: Anagrama.

COLOROSO, B. (2004) *The bully, the bullied, and the bystander: From preschool to high school : how parents and teachers can help break the cycle of violence*. New York: Quill.

FREUD, S. (1932) *El porqué de la guerra*. En Obras Completas. Buenos Aires: Amorrortu editores. Tomo XXII. 1976

IBAÑEZ, I. (2017) Entrevista a Bifo Berardi "Las redes sociales, postergación infinita del placer erótico". Disponible en: [http://confabulario.eluniversal.com.mx/las-redes-sociales-postergacion-infinita-del-placer-erotico/] (consultado: 11/02/17).

JOYCE, J. (1916) *Retrato del artista adolescente*. Barcelona: RBA Editores (1995).

KAPLAN, C. (2014) "La judicialización de la vida educativa. El bullying como categoría de naturaleza política". IIº Jornadas Internacionales "Sociedades Contemporáneas, Subjetividad y Educación". Disponible en: [http://iice.institutos.filo.uba.ar/sites/iice.institutos.filo.uba.ar/files/Kaplan,%20Carina.pdf] (consultado: 11/02/17).

MINISTERIO DE EDUCACIÓN (2014) "Resolución CFE Nº 226/14". Disponible en: [http://www.me.gov.ar/consejo/resoluciones/res14/226-14.pdf] (consultado: 11/02/17).

MINISTERIO DE EDUCACIÓN (2014) "Guía Federal de Orientaciones para la intervención educativa en situaciones complejas relacionadas con la vida escolar". Disponible en: [http://repositorio.educacion.gov.ar/dspace/bitstream/handle/123456789/110011/Gu%C3%ADa%20Federal%20de%20orientaciones%201.pdf?sequence=1] (consultado: 11/02/17).

MINISTERIO DE JUSTICIA Y DERECHOS HUMANOS (2013) "Ley 26.892 Promoción de la convivencia y el abordaje de la conflictividad social en las instituciones educativas". Disponible en: [http://servicios.infoleg.gob.ar/infolegInternet/anexos/220000-224999/220645/norma.htm] (consultado: 11/02/17).

OLWEUS, D. (1998) *Conductas de acoso y amenaza entre escolares*. Madrid: Morata.

OMS (2014) "Prevención del suicidio. Un imperativo global". Disponible en: [http://apps.who.int/iris/bitstre am/10665/136083/1/9789275318508_spa.pdf].

SMITH, R. (2014) *Bullying at school affects health 40 years later*. Disponible en: [http://www.telegraph.co.uk/news/health/children/10772302/Bullying-at-school-affects-health-40-years-later.html] (consultado: 8/02/17).

ULLOA, F. (2005) "Sociedad y crueldad". Organizado por Ministerio de Educación, Ciencia y Tecnología de la Nación Dirección Nacional de Gestión Curricular y Formación Docente Área de Desarrollo Profesional Docente, Seminario internacional La escuela media hoy. Desafíos, debates, perspectivas. Disponible en: [http://www.me.gov.ar/curriform/publica/huerta_ulloa.pdf] (consultado: 7/02/17).

UNESCO (2017) *School violence and bullying. Global status report*. Paris: UNESCO, Disponible en: [http://unesdoc.unesco.org/images/0024/002469/246970e.pdf] (consultado: 6/02/17).

UNESCO (2011) "Stopping Violence in Schools: A Guide for teachers", Paris.

UNESCO (2006) "Second Regional Comparative Explanatory Study (SERCE) (2006)". Disponible en: [http://www.unesco.org/new/es/santiago/education/

education-assessment-llece/second-regional-comparative-and-explanatory-study-serce/] (consultado: 10/02/17).

UNICEF (2006) "Informe mundial sobre la violencia contra los niños y niñas". Disponible en: [https://www.unicef.org/lac/Informe_Mundial_Sobre_Violencia_1(1).pdf] (consultado: 7/02/17)..

UNITED NATIONS (2016) "Protecting children from bullying. Report of the Secretary-General". Disponible en: [http://srsg.violenceagainstchildren.org/sites/default/files/documents/docs/A-71-213_EN.pdf] (consultado: 10/02/17).

UNITED NATIONS (2016) "Ending the Torment: Tackling bullying from the schoolyard to cyberspace". Disponible en: [http://srsg.violenceagainstchildren.org/sites/default/files/2016/End%20bullying/bullyingreport.pdf] (consultado: 7/02/17).

Afectividad en una escuela municipal chilena: polifonía de un relato real

Claudia Carrasco Aguilar
Antonio Luzón Trujillo

Introducción

El presente trabajo surge de los resultados de dos estudios realizados con una escuela municipal –pública– de la Región de Valparaíso, Chile. El primero de ellos se denomina "Conocimiento práctico para la convivencia escolar en contextos de escuelas efectivas y vulnerabilidad socioeconómica: un estudio de casos".[1] El segundo se trata de la tesis doctoral de la Dra. Claudia Carrasco, dirigida por el Dr. Antonio Luzón, titulada "Identidad profesional docente en las políticas educativas de rendición de cuentas en Chile".[2]

Este capítulo sintetiza y reconceptualiza el discurso colectivo de seis maestros y maestras de una escuela municipal pública de educación primaria que ha sido clasificada como "escuela efectiva" por el Municipio. En el año 2010, estuvo al límite de ser cerrada debido a sus bajos resultados, y el profesorado expresaba un creciente descontento hacia la gestión del centro, así como hacia su propio trabajo. Sin embargo, la escuela consiguió una transformación sustancial y el profesorado se refiere a la "afectividad" como pilar de ese cambio.

---

1. Desarrollado en el marco del Convenio de desempeño UPA1203 de la Universidad de Playa Ancha, Chile.

2. Realizada en el programa de Doctorado en Ciencias de la Educación de la Universidad de Granada, España, que contó con el financiamiento de la Comisión Nacional de Investigación Científica y Tecnológica de Chile (CONICYT) y su Programa de Formación de Capital Humano Avanzado, a través de la Beca de Doctorado en el Extranjero - Becas Chile, Folio N° 72170636.

A continuación, se presentan seis apartados. El primero busca contextualizar a una persona lectora internacional en las políticas educativas del país en que se enmarca este estudio. Luego, se presenta una breve discusión teórica sobre cultura escolar y reconocimiento docente. Posteriormente, se discute teóricamente sobre la pedagogía afectiva, y luego se presenta sintéticamente la metodología del estudio, para seguir con los resultados y discusiones finales. Los resultados de este estudio se presentan como un gran relato, ya que desde el enfoque narrativo esta escuela habla por sí misma a través de una construcción polifónica del texto.

Contexto sociopolítico de la educación en Chile

Diferentes debates educativos de países que componen la Organización para la Cooperación y el Desarrollo Económico (OCDE) guardan relación con la permeabilidad de los sistemas escolares a las lógicas de la mercantilización, instalando mecanismos orientados hacia la privatización y la rendición de cuentas, de los cuales Chile es uno de los mejores casos para analizar producto de su sistema de rendición de cuentas performativo (*performative accountability*) (Falabella y De la Vega, 2016; Verger, Bonal y Zancajo, 2016; Villalobos y Quaresma, 2015). En Chile se realizan pruebas estandarizadas al estudiantado, evaluaciones sistemáticas al profesorado, una creciente privatización de la educación en todos sus niveles, sistemas de recompensas y castigos a las escuelas, entre otros (Almonacid, 2001; Almonacid, Luzón y Torres, 2009). Como consecuencia de esto, los centros educativos chilenos compiten por recursos públicos por medio de un financiamiento basado en el subsidio a la demanda, lo que tiene en una crisis actual a la educación pública (Bellei, 2013; Canales, Bellei y Orellana, 2016; Elacqua y Santos, 2013). Por ello la OCDE (2017) ha criticado a Chile acusándolo de promover la segregación, segmentación y desigualdad social a través de la educación, aunque este cuestionamiento se basa en juicios mercantiles y no éticos o democráticos, definiendo la calidad educativa como medio para el crecimiento económico.

La evaluación estandarizada del logro educacional a través de un Sistema de Medición de la Calidad Educativa (SIMCE), ha traído altas consecuencias para las escuelas, lo que ha sido reportado en diferentes estudios como un alto malestar psicológico docente y estudiantil (Asséal y Pavez, 2008; Cornejo, 2009; Reyes, Varas y Zelaya, 2014), generando un ambiente punitivo de política educativa en general, y sobre todo en materia de convivencia escolar (Carrasco, Ascorra, López y Álvarez, 2018; López, 2014). A pesar de lo anterior, investigaciones chilenas han levantado evidencia respecto de las formas de resistencia a la reproducción de los discursos oficiales de las políticas neoliberales dirigidas al profesorado, en las cuales destaca la organización colectiva del sector (Fardella, 2013; Fardella y Sisto, 2015; Galaz, 2011).

Cultura y reconocimiento en el contexto escolar

En teoría educativa, se ha definido a la cultura escolar como un sistema de creencias, valores, estructuras cognitivas generales y significados dentro del sistema social; así como un conjunto de interpretaciones compartidas, reglas, tradiciones, normas y expectativas comunes (Elías, 2015) que se construyen y reconstruyen a partir de la interacción entre el profesorado y estudiantes (Villalta, Assáel y Martinic, 2013). La cultura escolar está conformada tanto por prácticas curriculares como por aquéllas que subyacen a las influencias políticas (Assáel, Edwards, López y Adduard, 1989; Fraile, 2015; López, Assáel y Neumann, 1984).

En Chile, las políticas de *accountability* construyen una cultura escolar de la auditoría, a través de diferentes dispositivos de vigilancia (Assáel, Acuña, Contreras y Corbalán, 2014) que han reducido el rol del profesorado hacia el ejercicio de una función técnica (Giroux, 1985), empujándolo a una crisis de valoración de su quehacer (Guerrero, 2017). Esta crisis se combina con precarias condiciones laborales y el escaso reconocimiento de las autoridades ministeriales o gubernamentales, redundando en un descrédito de la profesión (Esteve, 2009; Fernández, 2001; Gavilán, 1999; Marchesi, 2009).

Teóricamente, el reconocimiento ha sido abordado por diferentes autores y perspectivas. Puede ser definido como un deseo de "ser oficialmente alabado respecto a determinadas cualidades o capacidades" (Honneth, 2006: 129), aunque sin un cambio en las condiciones materiales en que se da la profesión docente, este reconocimiento sirve de poco (Larrosa, 2010; Tenti, 2007), por lo que para ser social, racional y moralmente justificado, exige profundas transformaciones (Honneth, 2006).

Pedagogía afectiva

Diferentes estudios en Latinoamérica han concluido sobre el valor de la afectividad en el proceso de enseñanza y aprendizaje, destacando las relaciones entre profesorado y estudiantado, el clima de apoyo en la sala de clases, la motivación y el afecto, como formas de enfrentar tanto la coerción como el autoritarismo en el aula (Garritz, 2009; Godoy y Campoverde, 2016). Al definir el afecto, encontramos que éste es descrito usualmente para dar cuenta de una noción general que engloba todos los fenómenos emocionales, independientemente de su duración, grado de conciencia y formas de expresión (Ciompi, 2007). Desde esta perspectiva, aunque las emociones son intrínsecas a las personas (González, 1999), son los afectos los que guían y organizan tanto el pensamiento como el comportamiento humano (Ciompi, 2007).

Como se comentó al inicio de este apartado, la inclusión de la afectividad en la educación permitirá enfrentar al autoritarismo, lo que implica fortalecer una educación para la democracia, donde se enseñen "las habilidades necesarias para preservarla, el estado mental reflexivo para avanzar en ella y el clima social y emocional necesarios para ejercerla" (García, 2003: 5, citando a Dewey, 1933). Una educación democrática no sólo constituye un acto de amor educativo en términos de Freire (1997), sino que además interpela el corazón de las políticas educativas de capitalismo neoliberal. El actual triunfalismo neoliberal está convirtiendo a la educación en un bien de mercado más, transformándola en mercancía transable (Freire, 2003; Giroux, 2005; Torres-Santomé, 2002; Walkerdine, 2002). Esto le resta humanidad al proceso educativo. Recuperar la dimensión humana y relacional de la educación es una forma de desafiar al neoliberalismo como pedagogía pública y cultura política (Giroux, 2005). Una pedagogía crítica afectiva reconoce que las escuelas son campos de lucha que no sólo mediatizan la lógica de la dominación, y el trabajo docente puede orientarse hacia diferentes formas de reconstruir una función social de la educación que no se encuentre atada a la ideología neoliberal. Las formas de resistencia docente pueden encontrar múltiples expresiones, como la organización colectiva, el trabajo democrático en el aula, el enfrentamiento de las lógicas de productividad en la escuela, pero no debe olvidar que se trata de una forma de poder contracultural en un escenario complejo de dominaciones que se sostiene en la existencia de las desigualdades y que exige del reconocimiento sincero, auténtico y amoroso de quienes construyen la escuela (Freire, 1997; Giroux, 1985).

Metodología

Este estudio tiene un carácter narrativo con elementos biográficos. Se buscó focalizar aspectos sobre las trayectorias de este profesorado en relación con el centro educativo. El método biográfico narrativo en el que se basa este estudio indaga en la visión del mundo social de pertenencia de las personas entrevistadas por medio de narraciones que reconfiguran el sentido de sus acciones en el contexto educativo (Balderas, 2014). Se realizaron entrevistas narrativas con relatos inducidos (Huchim y Reyes, 2013; Rubilar, 2017). Se recolectó información sobre las experiencias de este grupo de docentes desde el ingreso a esta escuela hasta el momento actual (Salgado, 2007).

En primer lugar se presenta una breve descripción de las personas entrevistadas, y luego se analizan los relatos en conjunto, estableciendo nudos interpretativos de sentido que reconstruyen el relato polifónico. Esta polifonía de voces ofrece un sustento colectivo a la narración que se está construyendo (Cortán, 2013; Leite, 2011). Los nudos de sentido son tres: (i) el comienzo de todo: un proyecto compartido; (ii) el clima de afectividad en la escuela, y (iii) el respeto y el reconocimiento. Éticamente se resguardó la confidencialidad de la información por lo que los nombres con los que las personas son presentadas en esta tesis son falsos.

Resultados

Quiénes cuentan esta historia: los autores del texto narrado

Juan, director del establecimiento. El director es un hombre de 60 años de edad, mide alrededor de 1,85 cm., tiene el cabello liso y cano que le llega hasta el cuello. De contextura gruesa, usa pantalones de tela y camisa con corbata. Su escritorio está lleno de papeles e informes, los que se encuentran debajo de cuadernos y un portalápiz. Su despacho siempre huele a café aunque la máquina es pequeña. Es profesor de Educación general Básica, y luego estudió Pedagogía en Educación Física. Ambas carreras las cursó en una universidad pública. Entró a trabajar a esta escuela en el año 1996 como profesor de Educación Física y luego estudió una especialización en Educación Diferencial así como diversos cursos y diplomaturas sobre gestión educativa. Además de trabajar en la escuela, se desarrollaba como voluntario en un proyecto de radio comunitaria que se encontraba en una villa frente a la escuela. El año 2010 se presenta y gana el cargo de director. Si bien podría haber elegido cualquier escuela, decide quedarse en ésta. Seis años después, vuelve a concursar el cargo siendo ratificado en el mismo. Tiene la intención de jubilarse en tres años.

Carlos, encargado de convivencia escolar. El encargado de convivencia es además el inspector general del establecimiento. Es profesor de Educación Física, estudió en una universidad privada y tiene 32 años de edad. Entró a trabajar en esta escuela en el año 2010. Este colegio ha sido su primer trabajo, y cuando comenzó se encargaba de unos talleres extra programáticos los días sábado por la mañana, con grupos de treinta estudiantes que asistían a realizar deportes. Luego de un año fue contratado como maestro. Hace dos años fue nombrado inspector general, y hace un año fue nombrado encargado de convivencia escolar, debiendo gestionar los tiempos y roles para llevar a cabo los dos cargos en la misma jornada laboral.

Ramón, profesor jefe de 5to Básico. Es un hombre cuya edad fluctúa entre los 40 y 50 años. Estudió Educación general Básica y una especialización en Historia y Geografía en una universidad tradicional. Actualmente es el profesor jefe de 5to año Básico, y hace clases de historia a otros cursos. Trabaja en esta escuela desde el año 2007, y antes de eso trabajaba en una escuela particular-subvencionada de la cual fue desvinculado debido a que junto con otros colegas organizaron un sindicato. Empezó a trabajar en esta escuela reemplazando a un colega que estaba de baja médica, y al cabo de un año fue contratado. Cuando llegó a este centro, sólo había tres profesores menores de 50 años. Comenzó a trabajar en primer ciclo Básico (1ro a 4to Básico) hasta que un día le permitieron avanzar con su curso de 4to Básico a 5to Básico, y desde entonces comenzó a trabajar en segundo ciclo.

Laura, profesora jefe de 6to Básico. Es una mujer cuya edad fluctúa entre los 40 y 50 años. Estudió Educación general Básica en una universidad pública que tiene una larga trayectoria en la formación de profesores y profesoras. Posteriormente, estudió la especialidad en Ciencias en una universidad tradicional. Si bien le hubiera gustado continuar con un postgrado en Ciencias, eligió cursar un Magister en Evaluación ya que considera que esto le puede abrir más oportunidades en el futuro. Trabaja en la escuela desde el año 2010, luego de haber trabajado en algunas escuelas de diferentes dependencias administrativas. A su ingreso, se dedicó a hacer clases en el 4to año Básico, y en la actualidad además de la jefatura de curso, hace clases de Ciencias Naturales en todos los cursos.

Rocío, profesora jefe de 7mo Básico. Mujer cuya edad fluctúa entre 40 y 50 años. Estudió Educación general Básica, Artes y una especialización en Matemáticas en la misma universidad. En el año 2009 ingresó a trabajar en diferentes escuelas que dependían administrativamente del mismo Municipio. Se desempeñó como maestra por tres años en una escuela de primaria que se encuentra ubicada en la parte alta de la ciudad y luego fue trasladada a otra escuela de una zona aun más alejada. Esta última escuela estuvo a punto de ser cerrada debido a su baja matrícula, y la profesora presenció la activa organización de las familias y de sus colegas para que ello no ocurriera. Ese mismo año (2012) decidió ingresar a estudiar la especialización en matemáticas, y al año siguiente solicitó ser trasladada a esta escuela (2013). Debido a que tiene estudios en Artes, hasta el día de hoy se encarga de dos horas de esta asignatura, además de Matemáticas. Hace poco finalizó un Diplomado para la Formación de Mentores y recientemente ha terminado un Magister en Curriculum y Evaluación. Le gustaría poder dedicar unas horas el próximo año al Programa de Mentorías del Ministerio de Educación, y así poder acompañar a diferentes profesores nóveles.

Ricardo, profesor jefe de 8ᵛᵒ Básico. Es hombre y su edad fluctúa entre los 30 y 35 años. Estudió guitarra clásica en el Conservatorio de Música, aunque su intención era aprender sobre guitarra eléctrica. Luego inició estudios que dejó inconclusos en Educación Musical, cursando dos años en una universidad tradicional, y un año en una universidad pública. Posteriormente, se da cuenta que quería enseñarle a estudiantes pequeños y por eso ingresó a estudiar Educación general Básica en una universidad privada. Luego, estudió una especialización en Lenguaje y Comunicación. Al iniciar la entrevista se presenta a sí mismo aclarando que antes de todo "él es músico". Actualmente hace clases de lenguaje en todos los cursos del segundo ciclo (5ᵗᵒ a 8ᵛᵒ) y tiene a su cargo unas horas de música. Desde que ingresó al Conservatorio de Música tiene una banda de rock, y además se desempeñó por un breve tiempo como jugador de fútbol de uno de los equipos más conocidos en la región.

Dónde se cuenta esta historia: la escuela Vuela Alto

La escuela Vuela Alto es una escuela de educación infantil y primaria (Básica) que tiene desde educación inicial hasta 8ᵛᵒ año Básico. Cuenta con una matrícula de doscientos cuatro estudiantes distribuidos en un solo curso por nivel, y cada clase tiene entre veinte y veinticinco estudiantes. Existe un total de dieciocho docentes de aula y tres docentes directivos. Trece docentes son profesoras y cinco son profesores. Todos los docentes directivos son varones. La escuela se encuentra emplazada en una ciudad de la zona centro del país. Está rodeada de una población que se formó a partir de una ocupación ilegal de terrenos y que desde el año 1984 no ha sido regularizada. La mayoría de las calles que rodea a la escuela no se encuentran pavimentadas. Frente a ésta pasan diferentes buses y locomoción colectiva que le dan al sector una buena conectividad con la zona más central. En el barrio existen diferentes comercios pequeños como verdulerías y panaderías que llevan más de quince años allí.

La escuela es un edificio de color verde, de seis pisos de altura, con un pequeño patio en su interior que no supera los cincuenta metros cuadrados, por lo que los recreos son en horarios diferidos entre primer y segundo ciclo Básico. El edificio cuenta con un comedor, una sala de profesores y tres oficinas. La misión del Proyecto Educativo Institucional (PEI) destaca el desarrollo personal, intelectual y físico, así como el desarrollo de una sólida base social, valórica y afectiva. La visión propende al desarrollo intelectual, físico y valórico, en un clima acogedor y afectivo para todo el estudiantado, favoreciendo la construcción colectiva del conocimiento, y al mismo tiempo el desarrollo de la resiliencia para enfrentar los desafíos de la sociedad. Dentro de los objetivos estratégicos se busca potenciar la escuela como una comunidad educativa afectiva, inclusiva y participativa. Por su parte, el Reglamento de convivencia escolar declara explícitamente un "Enfoque de Afectividad" que debe regir las relaciones entre los integrantes de la comunidad educativa. El enfoque de la afectividad aparece descrito como uno de los pilares de la identidad de este establecimiento, y se define como una labor colectiva que coloca a toda la comunidad educativa como responsable de asegurarla. Así, esta escuela define su sello educativo bajo el siguiente lema: "Ser Afectivo para ser Efectivo".

En relación con la historia del establecimiento, éste se funda el año 1978 y desde comienzos de la década de 1980 depende completamente del Municipio. Siempre ha atendido los niveles de educación primaria y posteriormente se suma la educación inicial. En el año 2009 la escuela sufre una crisis de matrícula que la lleva al límite de su gestión, por lo el municipio había decidido cerrarla. Sin embargo, antes de hacerlo, se llevó a cabo una auditoría que finaliza con la desvinculación de la directora, y un proceso de rediseño institucional. Ese es el año en que el actual director comienza a ejercer en su cargo, y es definido por el profesorado como un hito. Este hito, así como otros aspectos que se relacionan con esta historia, serán abordados en el siguiente análisis.

El comienzo de todo: un proyecto compartido

En primer lugar, y como si se tratara de un mito fundacional, existe "un antes y un después" en la historia de la escuela, que define su actualidad. El director llevaba algo más de diez años trabajando como profesor de educación física, cuando cada vez se hacían más evidentes los problemas de clima laboral. Sumado a los bajos resultados académicos y a una decreciente matrícula, la escuela se encontraba próxima a ser cerrada. Fue entonces cuando se destituye a la entonces directora producto de una mala gestión, y ese periodo es relatado como de baja identidad institucional y bajo apoyo de los directivos hacia el profesorado, lo que impactó en la motivación de muchos docentes generando un mal ambiente laboral. Motivado por sus colegas, Juan decide presentarse al cargo.

El hecho de que Juan haya ganado el concurso público ha sido significado en el tiempo como un triunfo colectivo, ya que habría tenido consecuencias positivas para todo el profesorado. Así, comienza a desarrollarse una nueva gestión actualizando el Proyecto Educativo Institucional. Las metas, así como el trabajo necesario para llevarlas a cabo, son definidas como un trabajo colectivo que impulsa la mejora escolar.

[...] llegó el director que hay ahora, que era un colega nuestro, ¿ya? Y ahí hicimos un proyecto en común con él y de ahí empezó el proceso de mejora. (Ricardo, profesor jefe de 8vo Básico)

[...] viene nuestra dirección. Digo "nuestra dirección" porque es una dirección compartida. [...] Yo no me siento solo, no tengo el sentimiento de muchos colegas que hablan de la soledad del cargo, no me siento así. Yo puedo discutir un día más tarde en una reunión con un colega, de cualquier tendencia, derecha, centro, izquierda, en la política y estamos tratando de imponer nuestros criterios, sale una tercera posición por ahí y nos regulamos un poco y salimos abrazados, hay respeto. (Juan, director de la Escuela)

Paulatinamente, el clima y ambiente de trabajo se volvieron centrales, así como un buen ambiente en las relaciones entre todos los actores educativos. Al conjunto de relaciones positivas como parte de un mejoramiento continuo integral la comenzaron a llamar "afectividad". Así, el proyecto de afectividad fue entendido como un proyecto compartido.

Cuando se inició el proyecto con Juan, que es el director, nosotros le dijimos que necesitábamos una escuela afectiva porque sabíamos que no había tanta afectividad. (Ricardo, profesor jefe de 8vo Básico)

El clima de afectividad en la escuela

En esta escuela se valora la confianza como generadora de un buen ambiente de trabajo, lo que a su vez se reproduce en la interacción con el estudiantado. Asimismo, la confianza del estudiantado hacia el profesorado es algo característico, lo que confluye en que el clima sea agradable y que en la sala de clases sea posible trabajar, dejando claro que antes de la llegada de Juan como director y del actual proyecto, existían dinámicas de violencia que hoy no se dan. Este clima de aula es llamado: "un clima de respeto".

[...] tenemos un buen equipo de trabajo yo creo. Lo otro es que hay un buen ambiente, como el director era colega nuestro, de algunos de nosotros, tenemos una confianza [...] Entonces de repente ven en ti o en mí, en todos, o en ciertas personas, ven algo más que un profesor. Alguien en quien pueden confiar. (Ricardo, profesor jefe de 8vo Básico)

[...] acá se trabaja tranquilo. Se trabaja y todo el mundo sonríe y si se discute en un consejo se sale abrazado del mismo, o sea se terminó el cuento ahí. Y no hay presiones de que, lo que nos ocurría antes, que no estaban de acuerdo con el director y al otro día hay una supervisión de aula [...] Aquí se da un clima de confianza, hemos mejorado la comunicación y hay respeto, esas son las bases entre otros detalles para entablar un clima positivo. (Juan, director de la Escuela)

[...] el clima es súper agradable para trabajar. O sea como te contaba en la época que yo llegué a la escuela, era terrible. Era súper complejo estar dentro de la sala. Mucha violencia. Hoy día una pelea en la escuela es un tema que pasa en el año, o sea es un dato casi como la anécdota del año, que hubo una pelea, hubo un problema. El clima hoy día es súper agradable, o sea podés trabajar, podés hacer una clase, hay mucho respeto. (Ramón, profesor jefe de 5to Básico)

[...] ellos cuentan que cuando llegaron les costaba mucho hacer clases, porque el clima que había acá con los alumnos, era como... [breve silencio], tanto alumnos como apoderados. [...] en general el clima es bueno, los niños trabajan y están motivados. (Rocío, profesora jefe de 7mo Básico)

Este clima se ve fortalecido con actividades en las cuales participa el profesorado y que no tienen una finalidad pedagógica sino recreativa. La intención de estas actividades es simplemente generar bienestar dentro del espacio laboral, con el fin de que el profesorado y el personal que trabaja en la escuela esté contento. La responsabilidad económica de estas actividades recae en la propia escuela ya que desde la perspectiva de Juan, mantener un clima agradable es parte de las actividades de la gestión escolar.

Además existen otros factores que influyen en la generación del clima, como el trato igualitario, el vínculo con la comunidad, un reencantamiento de la comunidad educativa con la escuela y la rápida y pertinente búsqueda de soluciones a los problemas cotidianos, todo lo cual terminaría impactando en la cultura escolar.

En esta escuela, el profesorado se siente orgulloso de este sello que los hace sentir especiales y únicos, siendo reconocidos por ello de parte de instituciones como el Ministerio de Educación. Para ellas y ellos, el reconocimiento significa éxito profesional.

Este clima escolar, que atraviesa todas las relaciones dentro de la escuela, tendría diferentes impactos como una creciente cercanía en las relaciones entre el profesorado y el estudiantado, y un aumento en la motivación del profesorado para hacer clases entretenidas y del estudiantado para asistir a la escuela. Además, el profesorado identifica una relación estrecha entre un buen clima escolar y los resultados de aprendizaje, porque al mejorar el clima escolar, el profesorado habría comenzado a realizar procesos de atribución interna de responsabilidad frente al fracaso escolar del estudiantado, atreviéndose a mirar sus propias prácticas y a innovar para la mejora continua. Además, el profesorado se esfuerza porque sus estudiantes vengan contentos a la escuela, reforzando la relación entre afectividad y efectividad.

> [...] como escuela afectiva que se le llama, afectivo para ser efectivo. Yo creo que por ahí va. O sea la persona que le gusta venir a trabajar o que venir a estudiar es grato, viene con más ganas de aprender, es más fácil aprender. (Carlos, encargado de convivencia escolar e Inspector General)

La dimensión motivacional de la afectividad es considerada como la más relevante para el logro de los aprendizajes y para el buen desempeño laboral. En general el profesorado es claro en señalar que ellos no trabajan para preparar la prueba SIMCE, y que el buen resultado de la misma es una consecuencia de la mejora en la afectividad, el clima y la convivencia, destacando además el valor del respeto entre el estudiantado como principio orientador para la conducción de una clase. Este respeto se define como un componente de la afectividad, y se describe como el reconocimiento y la aceptación tanto de las normas escolares como de la dignidad de todos y todas.

En el caso del profesorado, Juan espera que la escuela no constituya sólo un espacio laboral, sino que, además, se genere cierto nivel de trascendencia vinculado con la identificación en un proyecto común, y que allí radique el origen de la motivación.

> [...] le damos importancia nosotros a la vida. No queremos pasar por aquí como que la escuela es venir a hacer la pega[3] y llegar a fin de mes para ganar plata. En la medida que nos sintamos todos participando de un proyecto compartido. (Juan, director de la Escuela)

> [...] la escuela que teníamos hace siete años atrás, tú podías traer al mejor doctor en educación y no iba a poder hacer una clase, era imposible hacer una clase. Hoy día tú puedes traer a cualquier persona y hacer el taller que quieras hacer. Si tú logras compenetrarte con los chiquillos te va a resultar, porque los chiquillos quieren aprender, se interesan y van a poner atención, van a estar dispuestos a trabajar. Antes no se podía, porque no querían, estaban cerrados, entonces podías llegar con juegos, con lo que quisieras, pero como ellos no querían no te lo iban a permitir. Entonces el cambio del ambiente yo creo que ha sido fundamental para que hoy día hayan ciertas mejoras. (Ramón, profesor jefe de 5to Básico)

---

3. La pega es un chilenismo que alude al trabajo.

[...] los chiquillos en realidad en la parte afectiva, con la parte afectiva se fue ganando. Y claro, el tratar..., ahí había que trabajar mucho lo que era el respeto a las normas establecidas, el respeto al compañero, porque habían muchos niños en que eh, no tenían, el hábito de respetar al compañero. (Laura, profesora jefe de 6to Básico)

Ese lazo yo creo, es la clave de los resultados. Después, por lo menos cuando hablamos el otro día e hicimos el análisis SIMCE como escuela, hicimos todo y fue a la conclusión que llegamos. Que nosotros no trabajamos para eso, sino que toda esa afectividad hace que al niño le vaya bien. (Ricardo, profesor jefe de 8vo Básico)

El respeto y el reconocimiento

La identidad institucional y la cultura escolar de esta escuela se sostienen en la búsqueda del reconocimiento y respeto, que en el caso del profesorado se trata de la recuperación de la autoridad a través de la afectividad como valor fundante, y del respeto como el reconocimiento intrínseco de la dignidad humana.

Así, en esta escuela el respeto convive con otras formas de reconocimiento, como el de la autoridad docente y de su rol como capaces de garantizar la igualdad de oportunidades, a la vez que tiene una alta estima social, tanto en términos individuales como colectivos. El reconocimiento que busca/desarrolla esta escuela tendría al menos tres niveles: la dignidad del ser humano, la identidad docente y la identidad institucional.

Juan señala que lo primero que debió realizar fue devolverle la autoridad al profesorado en la escuela, aludiendo con esto al reconocimiento de la credibilidad pública del docente, así como a la generación de un proceso social de reconocimiento de su experticia. Para la confirmación de esta autoridad fue necesario generar un conjunto de reconocimientos dentro de la escuela, y así lograr que el profesorado y el personal de apoyo sientan que son importantes en el centro educativo. Con este fin, se instaló un discurso de valoración colectiva donde todas las personas serían igual de importantes dentro de la escuela.

Asimismo, existe un respeto que se demuestra en la consideración hacia el estudiantado. Para el profesorado es importante conocer las razones detrás de la desmotivación del estudiantado, así como de sus dificultades para aprender. Se valora conocer al estudiante, saludarlo y saber cómo está, además de averiguar las causas detrás de su rendimiento y disposición hacia el aprendizaje.

A veces hay que parar un poco, y si el niño no está aprendiendo debe haber un motivo, no decirle "que eres flojo", es que no, ¿le paso algo? [...]

A veces uno antes debe ver la situación que esté ocurriendo, por qué el niño no está rindiendo, lo que corresponde es averiguar por qué. (Carlos, encargado de convivencia escolar e Inspector General)

[...] siempre tratamos de partir con el tema del saludo. Como escuela le hemos dado harto tema al tratar de no saludar así como el saludo obligatorio, sino que de verdad saludar a los chiquillos, preguntarles como están, saber cómo les ha ido. (Ramón, profesor jefe de 5to Básico)

Tengo alumnos y alumnas que son conflictivos, que hay que tener un poco más de..., como no de tolerancia, pero sí comprender la situación de ellos, de toda índole. Me refiero a que vienen algunos chiquillos, llegan desmotivados, llegan con mala disposición, entonces ahí hay que tratar de comprender de dónde viene esa mala disposición. (Laura, profesora jefe de 6to Básico)

La cultura del cuidado y del respeto, a través del reconocimiento del valor de las personas como algo intrínseco, cobra un significado particular cuando se trata del estudiantado. En esta escuela, existe un reconocimiento explícito de que su estudiantado proviene de un sistema estructural que los maltrata en diferentes niveles. Esto los lleva a generar en la escuela un espacio de contención que resguarde al estudiantado de la violencia estructural, lo que brinda la oportunidad de que el profesorado esté atento a las prácticas de violencia estructural dentro del establecimiento, como la discriminación u otras formas de maltrato.

[...] nos ven como un amigo, como un aliado, no como la continuidad de los papás, ni la continuidad del sistema. O sea, por lo menos en esta escuela creo que dejamos de ser una representación del sistema hacia los niños. Me refiero a sistema porque aquí la mayoría de los chicos de la escuela están hacinados en sus casas, están vulnerados en sus casas, están hacinados en la población, principalmente por la violencia, por la droga. Entonces no tienen ningún espacio donde liberarse, donde sentirse queridos, donde sentirse ellos mismos, porque en todos lados están siendo reprimidos [...] El sentirte protegido y querido dentro de un sistema que los maltrata permanentemente [...], eso ha hecho que la escuela no es una reproducción del sistema de violencia en la que viven todos los días. (Ramón, profesor jefe de 5to Básico)

A pesar de compartir el mismo perfil de estudiante que otras escuelas de zonas marginales de la región, esta institución busca generar reconocimiento de sus logros en el barrio y en la comunidad en general. Resulta interesante este hecho, ya que la zona que rodea a la escuela es el barrio en el que vive este estudiantado, que si bien se caracteriza de forma negativa —con tráfico de drogas, delincuencia, con familias vulnerables, etc.– al mismo tiempo se convierte en un público objetivo del cual se espera un reconocimiento positivo y estimación social hacia la escuela y el profesorado. De esta manera, se narra con orgullo que ahora la escuela tenga una imagen positiva en el entorno social, ganando prestigio dentro de la comunidad.

Finalmente, este reconocimiento y estima social en el profesorado permiten que, a pesar de las condiciones negativas que tiene el trabajo en la escuela, el profesorado mantenga alta su motivación para trabajar. En esta escuela, como en muchas otras, existen diferentes obstáculos para desarrollar óptimamente el trabajo, como la infraestructura física, el exceso de burocracia del sistema público para llevar a cabo salidas pedagógicas y determinadas innovaciones, y la intensificación del trabajo que se expresa en la coexistencia de múltiples roles. Sin embargo, el clima laboral, y los reconocimientos que acá se dan, facilitan hacer frente a tal adversidad, a lo que se suma un compromiso docente que se expresa en la satisfacción de estar trabajando en lo que les gusta.

> [...] la verdad es que la escuela es pequeña, y bueno, los tres alumnos viven hacinados, juegan hacinados, es un mundo muy pequeño para ellos. Todo apretadito [...] Ni siquiera tenemos bodega pa' dejar las cosas [...] Nuestra escuela es un rincón donde a uno le gusta trabajar. Acá tú ves que están en clases, no hay bulla, no hay desorden, nos cachiporreamos[4] de ver que la gente mira pa' acá y están las manitos de los chiquillos en las murallas, y están las manos de todos los alumnos. Incluso los nuevos que llegan se les pintan las manos y se les pone por ahí para que participen. (Juan, director de la Escuela)

> [...] por el espacio físico que tiene la escuela tú te darás cuenta que no es grande, por lo tanto la capacidad que tienen las salas es para veinte alumnos como máximo [...]. Me encantaría hacer un millón de cosas con ellos [refiriéndose al estudiantado] y sacarlos, y que todas las clases fueran afuera. Porque la asimilación, sería más, más fuerte ¿entiende? [...] lamentablemente los trámites burocráticos también que hay que hacer son..., la verdad es que te desmotivan porque permiso, que tienen que llegar allá a las Corporaciones, una serie de trámites cada vez que ellos salen con el curso, tienes que recurrir a una serie..., entonces eso te desmotiva un poco [...]. Ciencias naturales me encanta, es lo que me gusta hacer, me gusta lo que hago, lo disfruto aquí haciendo clases, es lo que no me imagino haciendo otra cosa. Yo les digo a mis colegas, eh creo... no quiero desmerecer a los demás, pero creo ser de aquí una de las profes que viene así pero con hartas ganas a trabajar, independiente de los malos ratos,

---

4. Cachiporrear es un chilenismo que significa enorgullecerse.

independiente de la saturación de trabajo, independiente de todo eso y de lo que se esté viviendo como a nivel, digamos del gremio de profesores y todo eso. Me gusta, me apasiona lo que hago y sobre todo lo que enseño que son las ciencias naturales que es lo que más me gusta [...] Yo creo que ellos se dan cuenta [refiriéndose al estudiantado], ellos se dan cuenta que a la profesora le gusta lo que hace, le gusta lo que entrega, le gusta estar en contacto con ellos y yo se los digo, se los hago saber. (Laura, profesora jefe de 6to Básico)

Entrevistadora: — ¿Y por qué estudió pedagogía?
Entrevistado: — Me gusta, siempre me ha gustado [...] lo que a mí me gusta son los niños chicos, enseñarle a los niños no tan grandes [...]. Es parte del apasionamiento también. Es que el director igual es apasionado de su trabajo, aquí somos súper apasionados, al menos la mayoría. (Ricardo, profesor jefe de 8vo Básico)

[...] uno cuando va a ser profesor, es una aventura ser profesor. El profesor no es como otras profesiones u otras situaciones, otros trabajos. O sea, uno al ser profesor, uno hace de todo, en la escuela uno lamentablemente es así. Si uno quiere ser profesor y dice "no, si es que yo voy a hacer esto y nada más" hay que buscarse otro trabajo. O sea, aquí uno como profesor tiene que hacer de todo, de papá, de mamá, de amigo, confidente, de todo. (Carlos, encargado de convivencia escolar e inspector general)

Discusiones

El reconocimiento de la labor y del quehacer del profesorado, instala una cultura del reconocimiento con foco en la afectividad. Si bien, en la cultura de rendición de cuentas en la que se encuentra la escuela no es posible abstraerse de los resultados de aprendizaje, el énfasis no son éstos, y se obtienen por añadidura a un proyecto eminentemente afectivo.

En esta escuela, el mito fundacional de un proyecto educativo común basado en la afectividad le otorga un sentido colectivo al relato polifónico. La afectividad tiene características de aceptación de las personas, valoración del contexto sociocultural del estudiantado y del entorno en el cual se sitúa la escuela, vinculándose a la vez con esfuerzos colectivos por mantener un clima agradable de trabajo. En esta escuela existe un discurso colectivo que busca fortalecer una identidad institucional altamente cohesionada por medio de un proyecto educativo que se basa en un mensaje simple, claro y compartido: "una escuela afectiva es una escuela efectiva". Esto es el resultado de una cultura que destaca el reconocimiento y valoración de la vocación, pasión, cariño y dedicación del profesorado entre ellos mismos, y desde sus autoridades directas. Además, se reconoce al estudiantado, el barrio y los capitales culturales, como valiosos.

En esta escuela, el reconocimiento del profesorado se acompaña del mejoramiento de sus condiciones laborales, ofreciendo una organización de los tiempos y de la infraestructura que permite que puedan ejercer su labor sin recurrir a la intensificación y precarización del trabajo. Así, se busca el reconocimiento y respeto docente, entendido éste como la recuperación de la autoridad, una autoridad legítima y cariñosa. Si bien el proyecto compartido destaca la afectividad como marco de acción para conseguir la efectividad, también lo hace como un valor en sí mismo. La afectividad está constituida por la motivación y el respeto, siendo señalada como el origen del clima positivo que tendría la escuela y que se puede evidenciar en todos los niveles del trabajo educativo.

¿Cómo se llega a este escenario en un contexto político como el que se devela en este estudio? El hecho de formar parte de una comunidad llevaría a las personas a reconocer su dignidad humana. El profesorado ha construido una retórica común en la que tanto las familias como las autoridades ministeriales reconocen su desempeño, contando además con condiciones laborales que permiten un trabajo con altos niveles de estima social.

De todos modos, aunque en los discursos docentes existe la intención de cuestionar el modelo de cuasi-mercado que se rige a través de los méritos —lo que se expresa en el énfasis que le otorgan a la afectividad por sobre la efectividad—, este cuestionamiento se encuentra tensionado ya que el profesorado valora la afectividad en sí misma, al mismo tiempo que la valoran por su efecto sobre los resultados académicos.

Referencias bibliográficas

ALMONACID, C. (2001) "La creación de mercados educacionales en Chile". *Cuadernos de Pedagogía*, 308, 65-70.

ALMONACID, C.; LUZÓN, A. y TORRES, M. (2009) "Cuasi mercado educacional en Chile: el discurso de los tomadores de decisión". *EducationPolicyAnalysis Archives/Archivos Analíticos de Políticas Educativas*, 16(8), 1-47

ASSÁEL, J.; EDWARDS, V.; LÓPEZ, G. y ADDUARD, A. (1989) *Alumnos, Padres y Maestros: La representación de la escuela*. Santiago: PIIE.

ASSÁEL, J. y PAVEZ, J. (2008) "La construcción e implementación del sistema de evaluación del desempeño docente chileno: principales tensiones y desafíos". *Revista Iberoamericana de Evaluación Educativa*, 1(2), 42-55.

ASSAÉL, J.; ACUÑA, F.; CONTRERAS, P. y CORBALÁN, F. (2014) "Transformaciones en la cultura escolar en el marco de la implementación de políticas de accountability en Chile: Un estudio etnográfico en dos escuelas clasificadas en recuperación". *Estudios Pedagógicos* (Valdivia), 40(2), 07-26.

BALDERAS, I. (2014) "Propuesta de guión de entrevista para el estudio de la identidad docente". *Revista Latinoamericana de Metodología de la Investigación Social*, 6(3), 73-87.

BELLEI, C. (2013) "El estudio de la segregación socioeconómica y académica de la educación chilena". *Estudios Pedagógicos (Valdivia)*, 39(1) 325-345.

CANALES, M.; BELLEI, C. y ORELLANA, V. (2016) "¿Por qué elegir una escuela privada subvencionada? Sectores medios emergentes y elección de escuela en un sistema de mercado". *Estudios Pedagógicos* (Valdivia), 42(3), 89-109.

CARRASCO, C.; ASCORRA, P.; LÓPEZ, V. y ÁLVAREZ, J.P. (2018) "Tensiones normativas de los fiscalizadores de la Superintendencia de Educación en la(s) política(s) de convivencia escolar en Chile". *Perfiles educativos*, 40(159), 126-143.

CIOMPI, L. (2007) "Sentimientos, afectos y lógica afectiva.su lugar en nuestra comprensión del otro y del mundo", *Revista Asoc. Esp. Neuropsiq.*, 27(100) 425-443.

CORNEJO, R. (2009) "Condiciones te trabajo y bienestar/malestar docente en profesores de enseñanza media de Santiago". *Educação e Sociedade,* 30(107), 409-426.

CORTÁN, A. (2013) "Investigación-participación e historias de vida, un mismo camino". En: Lopes, A.; Hernández, F.; Sancho, J.M. y Rivas, J.I. (coords.) *Histórias de Vida em Educação: a Construção do Conhecimento a partir de Histórias de Vida*. Barcelona: Universitat de Barcelona.

ELACQUA G. y SANTOS, H. (2013). *Los efectos de la elección escolar y las políticas públicas en la segregación escolar*. Santiago: Informe Final de Espacio Público.

ELÍAS, M. (2015) "La cultura escolar: Aproximación a un concepto complejo". *Revista Electrónica Educare*, 19(2), 285-301.

ESTEVE, J. (2009) "La profesión docente ante los desafíos de la sociedad del conocimiento". En: Vélaz de Medrano, C. y Vaillant, D. (ed.) *Aprendizaje y desarrollo profesional docente*. Madrid: Santillana.

FALABELLA, A. y DE LA VEGA, L. (2016) "Políticas de responsabilización por desempeño escolar: Un debate a partir de la literatura internacional y el caso chileno". *Estudios Pedagógicos* (Valdivia) 42(2), 395-413.

FARDELLA, C. y SISTO, V. (2015) "Nuevas Regulaciones del trabajo docente en Chile. Discurso, subjetividad y resistencia". *Psicologia & Sociedade*, 27(1), 68-79.

FARDELLA, C. (2013) "Resistencias cotidianas en torno a la institucionalización del modelo neoliberal en las políticas educa-

cionales: El caso de la docencia en Chile". *Psicoperspectivas, Individuo y Sociedad,* 12(2), 83-92.

FERNÁNDEZ, M. (2001) "A la busca de un modelo profesional para la docencia ¿liberal, burocrático o democrático?". *Revista Iberoamericana de Educación*, (25), 43-64.

FERNÁNDEZ-TRESGUERRES, A. (2008) "Sobre el respeto. Consideraciones acerca de lo que es y en qué consiste respetar. El Catoblepas", *Revista crítica del presente*, 73(3).

FRAILE, M. (2015) "La cultura escolar y el oficio de maestro". *Educación XXI*, 18(1), 147-166.

FREIRE, P. (1997) *Pedagogía del oprimido*. Madrid: Editorial Siglo XXI.

FREIRE, P. (2003) *El grito manso*. Buenos Aires: Editorial Siglo XXI.

GALAZ, A. (2011) "El profesor y su identidad profesional. ¿Facilitadores u obstáculos del cambio educativo?", *Estudios Pedagógicos* (Valdivia), 37(2), 89-107.

GARCÍA, M. (2003) "La educación emocional: conceptos fundamentales". *Sapiens. Revista Universitaria de Investigación*, 4(2).

GARRITZ, A. (2009) "La afectividad en la enseñanza de la ciencia", *Educación Química, Conferencias plenarias.*

GAVILÁN, M. (1999) "La desvaloración del rol docente". *Revista Iberoamericana de Educación*, (19), 211-228.

GIROUX, H. (1985) "Teorías de la reproducción y la resistencia en la nueva sociología de la Educación: Un análisis crítico". *Cuadernos Políticos*, (44), 36-65.

GIROUX, H. (2005) "El neoliberalismo y la crisis de la democracia". *Revista Anales de la educación común* (1-2), 72-91.

GODOY, M. y CAMPOVERDE, B. (2016) "Análisis comparativo sobre la afectividad como motivadora del proceso enseñanza-aprendizaje. Casos: Argentina, Colombia y Ecuador". *Sophia* 12 (2), 217-231.

GONZÁLEZ, F. (1999) "La Afectividad Desde una Perspectiva de la Subjetividad", *Teor. e Pesq.*, 15 (2), 127-134.

GUERRERO, P. (2017) "Equidad, justicia y reconocimiento en el trabajo de los profesores/as de las escuelas vulnerables chilenas". *Trabalho (En) Cena*, 2(2) 98-113.

HABERMAS, J. (1990) *Conocimiento e Interés*. Madrid: Taurus.

HABERMAS, J. (2003) *Teoría de la acción comunicativa*. Madrid: Taurus.

HONNETH, A. (1998) "Entre Aristóteles y Kant. Esbozo de una moral del reconocimiento". *Anales del Seminario de Metafísica*, 32, 17-38.

HONNETH, A. (2006) "El reconocimiento como ideología". *Isegoría* (35), 129-150.

HUCHIM, D. y REYES, R. (2013) "La investigación biográfico-narrativa, una alternativa para el estudio de los docentes". *Revista Electrónica Actualidades Investigativas en Educación*, 13 (3), 1-27.

LARROSA, F. (2010) "Vocación docente versus profesión docente en las organizaciones educativas". *Revista Electrónica Interuniversitaria de Formación del Profesorado*, 13(4), 43-51.

LEITE, A. (2011) "Preocupaciones epistemológicas y metodológicas en torno a la construcción de historias de vida". En Hernández, F.; Sancho, J. y Rivas, J.I. (coords.). *Historias de vida en Educación. Biografías en contexto*. Barcelona: ESBRINA/RECERCA.

LÓPEZ, G.; ASSÁEL, J. y NEUMANN, E. (1984) *La cultura escolar ¿Responsable del fracaso?* Santiago: PIIE.

LÓPEZ, V. (2014) "Convivencia Escolar. Apuntes. Educación y Desarrollo Post-2015", *UNESCO* 4, 1-18. Disponible en: [http://www.unesco.org/new/fileadmin/MULTIMEDIA/FIELD/Santiago/pdf/APUNTE04-ESP.pdf] (consultado: 5/10/17).

MARCHESI, A. (2009) "Preámbulo". En: Vélaz de Medrano, C. y Vaillant, D. (eds.) *Aprendizaje y desarrollo profesional docente*. Madrid: Santillana.

OCDE [Organización para la Cooperación y el Desarrollo Económico UNESCO] (2017) "Evaluaciones de Políticas Nacionales de Educación: Educación en Chile" (Originalmente publicada por la OCDE en inglés con el título: *Education in Chile, Reviews of National Policies for Education*) Santiago: OCDE.

REYES, T.; VARAS, A. y ZELAYA, V. (2014) "Sobre la construcción de la enfermedad en el discurso del malestar docente", *Revista de Psicología* (Universidad de Chile), 23(2), 88-100.

RUBILAR, G. (2017) "Narrativas y enfoque biográfico. Usos, alcances y desafíos para la investigación interdisciplinaria". *Enfermería* (Montevideo) 6(spe), 69-75.

SALGADO, A. (2007) "Investigación cualitativa: diseños, evaluación del rigor metodológico y retos". *Liberabit*, 13(13), 71-78.

TENTI, E. (2007) "Consideraciones sociológicas sobre Profesionalización Docente". *Educ. Soc.*, Campinas, 28(99), 335-353

TORRES-SANTOMÉ, J. (2002) "El mundo visto desde las instituciones escolares: La lucha contra la exclusión". *Monitor educador*, (90), 15-24.

VERGER, A.; BONAL, X. y ZANCAJO, A. (2016) "Recontextualización de políticas y (cuasi)mercados educativos. Un análisis de las dinámicas de demanda y oferta escolar en Chile". *Education Policy Analysis Archives/Archivos Analíticos de Políticas Educativas*, 24, 1-27.

VILLALOBOS, C. y QUARESMA, M. (2015) "Sistema escolar chileno: características y consecuencias de un modelo orientado al mercado". *Convergencia*, 22(69), 63-84.

VILLALTA, M.; ASSÁEL, J. y MARTINIC, S. (2013) "Conocimiento escolar y procesos cognitivos en la interacción didáctica en la sala de clase". *Perfiles educativos*, 35(141), 84-96.

WALKERDINE, V. (2002) "Psicología crítica y neo-liberalismo. Perspectivas europeas y latinoamericanas en diálogo". En: Pipper, I. (comp.) *Políticas, Sujetos y Resistencias: Debates y Críticas en Psicología Social*. Santiago: ARCIS. Cuadernos de Psicología Social.

Trayectorias sociales y escolares de los estudiantes indígenas en Oaxaca, México

María Mercedes Ruiz Muñoz
Marcia Sandoval Esparza

A manera de introducción

En este trabajo se presentan algunas tramas discursivas de narraciones biográficas que se realizaron con alumnos del Instituto Superior Intercultural Ayuuk (ISIA) en Oaxaca, México, con el propósito de identificar las condiciones que posibilitan el uso o no de esta lengua y los saberes escolares y comunitarios que despliegan los estudiantes.

La investigación se fundamentó en el paradigma de investigación interpretativa, con el apoyo de diferentes estrategias metodológicas. Para este fin se realizaron grupos focales, entrevistas a profundidad y la escritura de un relato por los propios estudiantes. El trabajo de campo inició con un acercamiento a la comunidad de Jaltepec, Oaxaca, en el pleno de una asamblea comunitaria con las autoridades municipales, autoridades educativas y estudiantes del ISIA.

Las narrativas biográficas realizadas dan cuenta de los testimonios de vida, del trayecto de los estudiantes en su paso por la escuela, imbricado con la relación familiar y laboral a lo largo de su vida, lo cual configura una relación íntima entre el investigador y el narrador. Medina (2005) señala que esto posibilita la "reconstitución del sujeto de una manera estructurada, armar la trama narrativa, elaborarla, re-elaborarla hasta llegar al relato final".

En los relatos se da cuenta de los procesos de discriminación, exclusión y racismo por los que atraviesan los estudiantes para el acceso, la permanencia y el logro educativo en el sistema educativo mexicano. En la mayor parte de los casos reportados, la permanencia en la escuela se construye a costa del desdibujamiento de la identidad indígena y de la pérdida del uso de la lengua ayuuk.

Notas de las trayectorias escolares y de vida

De acuerdo con la revisión de la literatura, las trayectorias biográficas tienen que ver con la reconstrucción de la experiencia vivida en la que "el protagonista de la historia, en la medida que la narra, va tomando conciencia de su vida, apropiándose de su trayectoria y ubicándose en sus relaciones con el entorno social" (Sánchez y Hernández, 2012: 134). En este ejercicio aparece una construcción cada vez más consciente y reflexiva de la trama que el propio sujeto erige; de esta manera, se transita "del conocimiento ingenuo que cada uno tiene de sí mismo, a relacionar su vida con los sistemas sociales, políticos y culturales en que ésta se ha generado" (Czarny, 2012: 21). Se posibilita, entonces, la reconstrucción del sujeto en relación con su referente socio-comunitario.

Podemos agrupar en dos rubros la literatura sobre las trayectorias biográficas; una, que corresponde a las biografías realizadas a través de entrevistas hechas por el investigador; dos, las que corresponden a las autobiografías. En el primer caso, encontramos las realizadas por Medina (2005) a profesores indígenas, con el interés de reconstruir sus trayectorias profesionales; Franco (2009) realiza la historia de vida de un indígena migrante, para identificar su proceso formativo e identitario desde las experiencias migratorias entre su pueblo y Estados Unidos, y Gracida (2012) recupera su propia voz y la de otros sujetos para reconocer lo que hace posible la inclusión de los indígenas en la escuela.

En el segundo caso, encontramos las autobiografías que realizan los sujetos a partir de un acompañamiento experto; en este caso identificamos trabajos como el coordinado por Czarny (2012) con estudiantes indígenas de la UPN Ajusco, quienes narran sus trayectorias académicas; Hernández realiza su autobiografía con el acompañamiento de Sánchez (Sánchez y Hernández, 2012), interesados en reconstruir la experiencia migratoria transnacional del primero; Ruiz y Franco (2015 y 2017), a su vez, trabajan con seis estudiantes indígenas de la Universidad Iberoamericana, quienes elaboran sus biografías recuperando su identidad subjetiva, tanto como su identidad comunitaria.

Las trayectorias de estudiantes y maestros se entretejen en su relación pedagógica. La manera en que estos actores viven cotidianamente la experiencia de enseñar y aprender, muchas veces exenta de toda intención explícita, hace que el profesor interiorice, progresivamente, una forma de saber hacer que utiliza y actualiza a lo largo de su experiencia en la tarea docente. Este saber hacer, surgido de la experiencia docente, casi siempre permanece implícito y se convierte en una manera rutinaria de proceder. Se vuelve manifiesto cuando el profesor remira las huellas de su trabajo. Se pone en acción cuando enseña, sin necesidad de la organización sistemática que precisan los saberes disciplinares.

Características de la población indígena mixe, hablantes del ayuuk

Los hablantes del ayuuk, en Oaxaca (familia lingüística mixe-zoque), se encuentran en regiones integradas por 17 municipios y aproximadamente por 240 comunidades distribuidas en una extensión territorial de cerca de 6.000 km. De acuerdo con lo expresado por la comunidad, se advierte que la pérdida de la lengua originaria provoca entre sus hablantes un grave problema de identidad y, como ha señalado Miguel de León-Portilla, "el mundo pierde una parte de la historia de la conciencia del hombre".

Como en otras regiones de habla originaria, persiste la problemática de no contar con maestros que cubran el perfil necesario en todos los casos donde se necesita, principalmente, porque su dominio de la lengua no corresponde con los requerimientos para el logro de una enseñanza pertinente. Los maestros tampoco están formados en un esquema intercultural; por el contrario, reproducen esquemas de enseñanza que no incluyen lo diverso a la cultura urbana-mestiza.

Aunque el sistema de educación indígena-bilingüe aspira a formar estudiantes desde una perspectiva indígena, en los hechos persisten políticas integracionistas y homogeneizadoras, puestas al descubierto en la manera en que se asignan las plazas a maestros, en la escasez y en la calidad de los materiales pedagógicos y de lectura en lengua ayuuk (González, 2014).

La educación intercultural ha sido concebida y propiciada entre contextos indígenas para impulsar las identidades, en un proceso de autorreconocimiento de necesidades, intereses, condiciones y potencialidades de transformación. Sus alcances propugnan por favorecer la disposición a la escucha, el respeto, el diálogo y el aprendizaje de los otros distintos; realiza un reconocimiento crítico de lo propio a partir de referentes que van desde lo local y lo regional, hasta lo nacional y lo global pero, sobre todo, deja de lado el menosprecio de la propia cultura o la idealización de otras y reconoce la interdependencia entre ellas. En el caso de la región mixe, además, la comunalidad es concebida como un principio orientador referido a:

> [...] la forma de vida de las comunidades ayuuk y de los demás pueblos indígenas de Oaxaca, e incluso, de Mesoamérica. Ésta sintetiza la suma de

esfuerzos de todos los miembros de una comunidad determinada para el bien de todos porque, desde esta visión, el individuo es individuo en tanto y en cuanto forma parte de una colectividad, o sea, no sólo es la unión de individuos la que forma la comunidad, sino que es la colectividad la que forma al individuo. La práctica de la comunalidad es obligatoria y no remunerada, en correspondencia con los beneficios que recibimos de la misma comunidad.

En el ámbito de la educación, esta propuesta educativa se integra a la vida comunitaria y al servicio de las comunidades, siendo así un espacio comunal donde cada uno de los actores está obligado a hacer aportes en beneficio de ésta, en tanto que todos se benefician de la misma. (Centro de Estudios Ayuuk–Universidad Indígena Intercultural Ayuuk, 2006: 25)

Este contexto pone a la vista la insuficiencia del tratamiento de la lengua originaria articulada con el uso social, y expresada en los trayectos de los estudiantes indígenas de educación superior en espacios escolares y fuera de ellos. La literatura permitió ubicar artículos de investigaciones sobre trayectorias e historias de vida de los estudiantes indígenas; estas fuentes documentan las distintas estrategias utilizadas por los estudiantes universitarios indígenas para acceder, permanecer y concluir los estudios, tales como encarar problemas de soledad, discriminación, competitividad o bien, para solucionar, entre pares, exigencias académicas orales y escritas de una segunda lengua, en este caso de la lengua española o castellano.

Otras investigaciones coinciden en asegurar que el acceso de la población indígena es resultado de políticas y programas diseñados con enfoque intercultural y puestos en marcha en instituciones públicas de educación superior.

En cuanto al acceso de la población de jóvenes universitarios a la educación superior en el estado de Oaxaca, se ha identificado una matrícula general de 59.552, cifra divida en 29.707 hombres y 29.805 mujeres (SEP, 2011: 146). Gallard y sus colaboradores señalan que el Programa Nacional de Becas de Educación Superior ha apoyado el acceso y la permanencia de estudiantes indígenas en las instituciones públicas de educación superior, particularmente en las entidades federativas con un porcentaje mayor de población indígena. En el caso de Oaxaca, los becarios de origen indígena en el ciclo escolar 2004-2005 se incrementaron a 24%, en contraste con la del ciclo anterior, 2003-2004, con 22.1%, como posible respuesta a la desigualdad de acceso identificada.

Para las instituciones de educación superior interculturales es necesario, de acuerdo con Schmelkes (2010), la adopción de un código ético que enriquezca a las universidades y en el que se ponga en relieve un profundo respeto a la diferencia y a la diversidad. Es prioritario que en estas instituciones la interculturalidad se respire en su atmósfera académica y estudiantil a fin de que forme parte de la vida diaria con efectos sobre la igualdad educativa.

La diversidad en las instituciones de educación superior refiere a políticas educativas implementadas para la población indígena y su acceso a este nivel educativo. La inclusión de indígenas en la educación superior, con ayuda de organismos internacionales, está caracterizada por el ascenso de ideas en las que se promueve el respeto y la valoración de la diversidad cultural y de relaciones interculturales más equitativas (Mato, 2008). Las políticas y acciones surgidas al respecto incluyen a pueblos indígenas en la educación superior, el financiamiento para encuentros internacionales y regionales, y de proyectos de investigación, así como a programas y a publicaciones.

En el caso de los estudiantes indígenas insertos en un proceso de formación profesional en el Instituto Superior Intercultural Ayuuk (ISIA) de Jaltepec de Candayoc, Oaxaca, ellos cuentan con una oferta educativa para población indígena, adscrita a esa propuesta de políticas educativas de acceso a los jóvenes pertenecientes a culturas originarias, con la valorización a la diferencia y la diversidad, a fin de ofrecer una formación en igualdad educativa.

Los estudiantes del ISIA provienen de las regiones alta, media y baja ayuuk (mixe) y de otras culturas ubicadas en distintos estados y regiones de la República mexicana, como las zapoteca, mixteca, ikoots, tseltal, chinanteca, popoluca y náhuatl.

El uso de la lengua originaria entre los estudiantes durante sus trayectorias dentro y fuera de los espacios escolares constituye un elemento de su identidad. Para reconocer qué sucede en esas trayectorias y, particularmente, con la lengua, se plantearon las siguientes preguntas:

- ¿qué condiciones favorecen el aprendizaje de la lengua ayuuk y otras lenguas, y su uso en las trayectorias escolares y comunitarias de los estudiantes del ISIA?;
- ¿cuál es el proceso que siguen en las trayectorias como parte de la vida de estudiante indígena en el ámbito escolar y comunitario?

Las trayectorias escolares de los estudiantes de educación superior en proceso de formación, vinculadas a la lengua originaria, dan cuenta de sus experiencias de vida, de la secuencia de acontecimientos e interacciones con otros o consigo mismos, así como del distanciamiento del contexto o del acercamiento al mismo con su comunidad, con la que cobra significado en el marco de la realización de su profesión, como en el caso del ISIA. Tales experiencias relativizan aquellas categorías sociales con las que se ayuda a definir su relación con el mundo, con los grupos, con las instituciones y consigo mismos. En estas trayectorias, la expresión de las personas se manifiesta a través de diversos lenguajes; en este caso, es de interés cómo se usa la lengua originaria desde su adquisición, hasta en los ámbitos escolares y comunitarios.

Estas categorías se visibilizan como contingentes, históricas y constructivas. Al respecto, de Castro (2011) plantea que es imposible distanciarse de uno mismo, dado que uno se recrea y reconfigura con el otro.

La experiencia o experiencias continuas, discontinuas o con rupturas producidas durante la trayectoria (escolar y comunitaria) son enunciadas por los sujetos y, por tanto, conceptualizadas con una carga de significado (Foucault, 1992). En esta capacidad de enunciación se produce una recomposición narrativa en la que habita la fortaleza y la debilidad del sujeto que narra, quien, al mismo tiempo, es el personaje de las acciones referidas. De Castro (2011) retoma a Ricoeur para señalar que la identidad de la persona emerge con dificultades similares a aquéllas con las que surge la identidad de la historia narrada.

Es indiscutible que los usos que los estudiantes indígenas dan a la lengua originaria, se conectan con procesos de socialización y subjetivación (Dubet, 1998), con la constitución de sus identidades étnicas (Dietz, 2009), y la de las identidades narradas (de Castro, 2001).

Metodología

La indagación sobre las trayectorias escolares y comunitarias y su relación con los usos de la lengua originaria se llevó a cabo con el uso de un método de corte cualitativo, interpretativo, con la revisión doblemente reflexiva: *emic* o interna a partir del discurso del actor y la *etic* o externa, con la interpretación del investigador (Dietz y Mateos, 2011: 155).

Con ayuda de la perspectiva fenomenográfica se realizaron: a) las descripciones y b) las categorías. Éstas se conciben como resultados importantes de la investigación. El proceso de construcción de categorías, como parte del análisis de la descripción del tema/problema investigado, implicó un proceso de comprensión de las voces de los estudiantes, porque "la descripción es el principal resultado de las actividades de investigación" (Marton, 1988: 18).

En este proceso de investigación se previó la identificación de sujetos en la observación participante, grupos focales, entrevistas individuales y narrativa biográfica, bajo los siguientes criterios:
• hablantes de la lengua ayuuk;

- estar cursando la licenciatura en el ISIA, en algunos de los tres programas ofertados;
- tener disposición para formar parte del grupo focal;
- interés por narrar su historia y aprender **cómo hacerlo**.

Las voces permitieron encontrar y describir las diferentes formas en las que los estudiantes indígenas del ISIA piensan algún aspecto de la realidad, con la posibilidad de caracterizar la forma en la que lo construyen por ellos mismos, cómo describen los aspectos de su mundo, su experiencia, no sólo como un retrato de las cosas, tal y como son, porque los hechos y documentos son considerados inseparables de su sentido, de su contexto y de sus antecedentes (Marton, 1988).

La narrativa biográfica, a diferencia de la escritura común, da cuenta de los testimonios de vida; por ello, se constituye como evidencia de las trayectorias biográficas y muestra el interés metodológico de un trabajo colaborativo entre el investigador y el narrador. Medina (2005) señala que esto posibilita la reconstitución del sujeto de una manera estructurada, dado que la trama discursiva es un proceso continuo, de elaboración constante hasta lograr una totalidad narrativa.

Las trayectorias biográficas de los estudiantes del ISIA posibilitaron la reconstrucción de la experiencia vivida por cada protagonista de la historia que, justamente, al narrarla toma conciencia de su vida y se apropia de su trayectoria personal e identifica cómo ha sido su relación con el entorno social (Sánchez y Hernández, 2012: 134).

En la escritura de narrativa biográfica participaron nueve estudiantes del ISIA. Luego de la participación en el grupo focal, se les solicitó que transitaran a la narrativa biográfica. La decisión de procurar el levantamiento de información con diversas técnicas y métodos deviene en otra decisión constituida por la triangulación, no tanto para contar con la opinión de uno o "más investigadores de los resultados obtenidos" sino, como lo refiere Denzin (1989), se trata de contar con información conseguida en diversos momentos y bajo diversas técnicas que permiten contar con un cuerpo de datos, organizados para su análisis e interpretación.

Con esos resultados se construyen los significados y la interpretación del observador situados *hic et nunc* (aquí y ahora), gracias a la recolección de datos mediante la observación participante, los grupos focales, la entrevista a profundidad y la narrativa biográfica. Los actores participantes en esta investigación son once estudiantes indígenas hablantes de la lengua ayuuk y de otras lenguas.

La recolección de datos se realizó de octubre de 2015 a mayo de 2016, en seis sesiones de grupos focales llevadas a cabo en el ISIA, las que se videograbaron y registraron en audio con el consentimiento de los participantes. Colaboraron tres profesores de lengua del ISIA. Los grupos focales se clasificaron en: grupo A, integrado por estudiantes hablantes exclusivamente de la lengua ayuuk; y grupo B, con estudiantes hablantes de las lenguas zapoteca, mixteca, ikoots, tseltal, chinanteca, popoluca y náhuatl. Ambos grupos con estudiantes indígenas de diferentes licenciaturas y diversos semestres. Las sesiones sabatinas se organizaron por la mañana y por la tarde.

Las entrevistas a profundidad se llevaron a cabo a partir de la narrativa biográfica en las primeras versiones de cada uno de los participantes en los grupos focales. De los estudiantes que integraron los grupos focales (A) hablantes de lengua ayuuk (6 integrantes), y (B) hablantes de otras lenguas (6 integrantes), solamente quedaron tres participantes del grupo A y cuatro del grupo B. La decisión que tomaron de no continuar será objeto de exploración con más detalle en otro momento de la investigación.

La secuencia de la entrevista tomó como punto de partida el texto de la narrativa producido, para ser leído por la investigadora, conocerlo y derivar preguntas. La idea de la lectura en voz alta, después de varios días de la escritura, permite un distanciamiento que implica encontrarse con otros y con sus respectivas temporalidades, para su afirmación o para su negación (de Castro, 2011). Durante la lectura, se destinaron momentos específicos para el planteamiento de nuevas preguntas, básicamente orientadas hacia tres intenciones: ampliar la descripción, precisar los acontecimientos y orientar para una comunicación clara de las ideas.

Las entrevistas a profundidad se llevaron a cabo a partir de la narrativa biográfica en sus primeras versiones. La secuencia de la entrevista tomó como punto de partida el texto de la narrativa producido por cada estudiante. Las narrativas biográficas fueron compartidas con el equipo de investigación de este eje, se les dio lectura de manera colectiva y se formularon preguntas para ser planteadas durante la entrevista a profundidad.

La entrevista a profundidad se realizó de manera individual con cada participante. El proceso se construyó con la narrativa biográfica proyectada para ser leída en voz alta por cada estudiante. Se partió de la idea de que la lectura en voz alta, después de varios días de haber realizado la narrativa biográfica, permite un distanciamiento que implica encontrarse con otros y con sus respectivas temporalidades, para su afirmación o para su negación (de Castro, 2001). Sistematización de la información

En este apartado se presenta una sistematización de los resultados obtenidos en las entrevistas a profundidad y los grupos focales. Además, se incluye parte de una narrativa escrita por los estudiantes. La experiencia de la escritura durante la transcripción derivó en las notas del transcriptor para recuperar la fuerza implícita en la voz de los estudiantes, así como palabras clave susceptibles de convertirse en códigos o categorías de análisis.

Esta tarea fue de importancia, porque la escucha de las voces permitió poner en juego el uso de la memoria para recrear el momento en el que se llevó a cabo el grupo focal o la entrevista a profundidad y lograr, con ello, armar tramas argumentativas vinculadas al descubrimiento de esos códigos o términos utilizados en el discurso, que permitieron establecer "nodos articulatorios" y redes de códigos analíticos para estructurar subcategorías, categorías y metacategorías.

De la revisión de las narrativas biográficas emergieron los códigos que a continuación se enlistan:

Narrativa biográfica	Códigos
Estudiante 3. *Con la enseñanza de ellos aprendí a comunicar, a convivir, expresar, respetar a los demás, pero de una manera como ellos lo sabían hacer, una manera a como ellos lo habían aprendido de sus padres, de sus abuelos, era una enseñanza del contexto porque todo era en ayuuk.*	Etapa de vida de infancia temprana Comunicación Convivencia Expresión Respeto
Estudiante 3. *En esta familia no se habla el español, solo nuestra primera lengua, aunque mi papá y mis hermanos saben expresarse en castellano, pero no se permitía hablarlo porque para mi mamá y mis abuelos era una falta de respeto ya que ellos no lo pueden entender.*	Comunicación Respeto
Estudiante 3. *Mi mamá y mi papá fueron mis primeros maestros que me enseñaron en cómo desenvolverme al mundo, ellos fueron quienes me enseñaron a decir las primeras palabras, a identificar cosas u objetos que se encontraban en mi alrededor, realmente fue una enseñanza significativa ya que todo lo que me decían era del contexto y más aun, en la lengua.*	Reflexión sobre la lengua Orgullo por ser hablante de ayuuk Padres como maestros Enseñanza significativa
Estudiante 3. *...el maestro sí enseñaba muy bien, ya que solamente hablaba el español y todos teníamos que hablar el mismo lenguaje...*	Maestro hablante de español Habla en la misma lengua
Estudiante 3. *...los profesores en la escuela "Unión y progreso" era más sencillo, por decirlo de alguna manera, porque nos daba explicaciones en las dos lenguas, tanto en castellano como en Ayuuk.*	Dos lenguas: bilingüismo
Estudiante 3. *...los maestros que trabajan ahí venían de las ciudades, lo cual quiere decir que sólo hablan el español, aunque la institución era bilingüe, pero no nos enseñaba la lengua materna.*	Contexto urbano, habla del español

Narrativa biográfica	Códigos
Estudiante 3. ...y por cierto la lengua ayuuk ya lo había dejado un poco, mismo que en las escuelas había ciertos reglamentos, como no hablar en mixe en el salón de clases, aunque sólo era en el salón.	Reglamento No hablar mixe
Estudiante 3. ...mis padres, junto con mi hermana o a veces con mi tía, íbamos en diferentes comunidades a vender estos productos, ya sea en las vacaciones o en los fines de semana. Todas estas actividades que hacíamos eran enseñadas y comunicadas en ayuuk. En la casa todo el tiempo la comunicación es con esta lengua.	Actividades en familia-casa Enseñanza Actividades de crianza Comunicación
Estudiante 4. ...que tenía en ese momento era de que ellos me estaban hablando en una lengua que yo no entendía, sin embargo, aquellas personas seguían expresándome sus alegrías y emociones a través de esa lengua, mientras tanto yo, por dentro, meditaba e intentaba entender ese lenguaje.	Dificultad de comprensión entre lenguas originarias
Estudiante 4. ...aún me siguen demostrando sus cariños mediante el mismo lenguaje. A estas alturas, como ese lenguaje era rutinario ya no preocupaba entenderlo...	Expresión Emociones
Estudiante 4. ...a esta edad ya lo practicaba también, ya formaba parte de la cultura ayuuk, y en ayuuk escuchaba los cuentos de mi abuelito, como el cuento del Rey Condoy, la virgen robada, la huerfanita que se casó con el trueno, la madrastra, la fundación del pueblo. Hoy en día todos estos cuentos e historias aún permanecen y seguirán permaneciendo en mi memoria como el gran tesoro que me dejó mi abuelito.	Narraciones-cuentos Abuelo Permanencia
Estudiante 4. ...ella fue la que más me enseñó la lengua ayuuk, aunque, lógicamente, en mi contexto todo se hablaba en ayuuk, la diferencia estaba en que ella me enseñaba de una forma muy especial, con cuentos, con consejos, con juegos.	Enseñanza Contexto Cuentos Consejos Juegos
Estudiante 4. ...Como lo mencioné anteriormente, dentro del contexto social donde crecí, todos hablan el ayuuk, todos pensaban en ayuuk, todos jugaban en ayuuk, todos lloraban en ayuuk, todos cantaban en ayuuk, todos reían en ayuuk, todo era ayuuk. En ese tiempo, el castellano era visto como una lengua extraña, difícil, tal vez porque la modernidad todavía no había tocado ese terreno, aún vivíamos lejos del castellano.	Contexto Hablantes ayuuk Castellano (español) Lengua extraña
Estudiante 4. ...sufría con el extraño lenguaje de la maestra, ella hablando en castellano y yo en ayuuk.	Sufrimiento Lengua extraña Convivencia castellano-ayuuk (bilingüismo)

Narrativa biográfica	Códigos
Estudiante 4. ...*todos los profesores nos hablaban en castellano, nosotros, los alumnos, teníamos mucho miedo hablar el castellano por temor a equivocar, porque cada equivocación nos costaba un reglazo. No estaba permitido dentro del salón de clases hablar el ayuuk porque, según los profesores, era una lengua incivilizada que no llevaba al progreso del país; si hablamos el ayuuk, era suficiente motivo para que nos castigaran con varazos, reglazos, lavar el baño, acarrear piedras o, si no, nos reportaban con nuestros padres como alumnos rebeldes o groseros o al menos es lo que le hacían creer y luego ellos nos castigaban.*	Temor Lengua castellana Equivocación Prohibición del ayuuk Lengua incivilizada Castigos físicos y regaños
Estudiante 4. ...*En la escuela nos sentíamos libres, en el salón de clases nos sentíamos como reos pidiendo a gritos expresarse en su lengua o que por lo menos se le respetara.*	Sentimiento de libertad-ayuuk Ambiente escolar-prisión Respeto
Estudiante 4. ...*agradezco a mis abuelitos, a mis padres, a mis amigos, a mis familiares, por haberme enseñado, un lenguaje hermoso y florido, me siento orgulloso hablar el ayuuk.*	Agradecimiento familiares y amistades Enseñanza Orgullo
Estudiante 4. ...*Estoy aquí y seguiré en este mundo hablando del ayuuk, he pasado la prueba de la castellanización y de la escuela tradicional y no dejé vencer, sino al contrario, adquirí una gran fortaleza, estoy aquí como 100% hablante del ayuuk.*	Continuidad hablante ayuuk Fortaleza hablante ayuuk
Estudiante 6. ...*Cuenta mi papá que, de chiquita, él me enseñaba a hablar más en español, seguramente por la necesidad que veía de aprender y poder conversar con mis compañeros en la escuela. Sólo en algunos momentos, cuando ya estábamos en casa, era cuando nos hablaba en ayuuk.*	Padre Enseñanza Hablante castellano-escuela, otros espacios Lengua ayuuk-casa
Estudiante 6. ...*Él me cuenta que, en una ocasión, ya estando en Jaltepec, una persona se reía de él porque no podía hablar bien el español, y por eso él considera que, para que aprendas a hablar una lengua, tendrías que convivir con ella y le parece inconcebible que no hayamos aprendido el ayuuk.*	Burla-hablar bien español Aprendizaje lengua-convivencia
Profesora. *Mi mamá cuenta que, cuando yo era bebé, ella me hablaba en ayuuk, al igual que mi papá; ella dice que, una vez que se pidió en las escuelas que aprendieran el castellano, fue necesario que ella hiciera todo lo posible para que habláramos en castellano, aunque fueran unas cuantas palabras y es entonces donde mi papá también me enseñó a hablar el español.*	Madre-Padre Hablante ayuuk y castellano (bilingüismo)

Narrativa biográfica	Códigos
Profesora. *Ellos dicen que, con sólo repetir las palabras que ellos decían, nosotros aprendimos a hablarlo. Por supuesto que en las escuelas o durante ese periodo de educación hablábamos en castellano, y sobre todo porque en ese entonces nos prohibían hablar en lengua materna. Yo no recuerdo muy bien cómo aprendí en la primaria, pero sí recuerdo que, en las tareas, quien me apoyaba mucho era mi papá, quien sabía hablar castellano y así fue como fui agarrando gusto por el estudio; además, siempre me gustaba estudiar. Yo recuerdo que era muy buena en las matemáticas.*	Aprendizaje por repetición Prohibición Lengua materna Tareas-ámbito escolar-castellano
Profesora. *Yo recuerdo que mi mamá, cuando se dio cuenta que aprendí a hablar el español, me empezó a hablar en ayuuk porque, de alguna manera, entendía lo que me decía. La dinámica que ellos encontraron fue hablarme primero en español, para después hablarnos en ayuuk.*	Madre-giro hacia ayuuk Entendimiento del ayuuk Padres-prioridad del español ante el ayuuk
Profesora. *Mi recuerdo en torno a la lengua es que todos, o más bien la mayoría, hablaba el castellano dentro y fuera del salón, pero ahora me ha llegado el recuerdo de que unas de mis amigas y una prima lejana hablaban castellano, pero a la fecha pueden comunicarse con sus familiares en ayuuk; entonces, deduzco que, como sus familias seguramente les hablaban en ayuuk y ellos para comunicarse tuvieron que hablar en su lengua materna, así que aprendieron a hablar, aunque en la escuela ellas hablaban español.*	Recuerdo-memoria Hablante español fuera y dentro ámbito escolar Comunicación ámbito familiar
Profesora. *...lo cual muy poco aprendí, pero veía y escuchaba cómo las señoras platicaban en su lengua, y sus nietos intentaban, así que igual las señoras hacían el esfuerzo por hablar el español.*	Observación Escucha Práctica en lengua Esfuerzo habla español

A partir de la transcripción y del descubrimiento de códigos emergentes, se procedió al análisis de los datos.

Análisis e interpretación de datos

De la narrativa biográfica, se procedió a descubrir y a agrupar códigos. De ese análisis de la producción narrativa de cada participante (dos estudiantes y una profesora) emergieron códigos que, al agruparlos, devinieron en cuatro metacategorías: influencia de abuelos, enseñanza de padres, intercambio entre pares y presencia de lo escolar.

De estas metacategorías se advirtieron categorías y subcategorías que era factible articular en una trama significativa vinculada a la experiencia, la emoción y la reflexión plasmada en la narrativa biográfica.

Se trata de advertir, en las voces, los nodos articulatorios en el discurso:

Influencia de los abuelos

- Constituye un núcleo detonador para el aprendizaje de la lengua originaria en edades tempranas de los nietos, o bien, a la par de su experiencia en lo escolar.
- Se distinguen dos espacios en los que tiene lugar la influencia de los abuelos. Uno de ellos se refiere a la convivencia familiar cotidiana con los hijos y con los nietos. El otro se emplaza en los espacios de cuidado por la ausencia de los padres debido a diversas razones.
- También se identifica que los abuelos, en ese espacio de cuidado, accionan su influencia en el ámbito familiar. En el ámbito de trabajo, se lleva a cabo cuando ellos realizan tareas relacionadas con la producción, propias de su cultura.
- Las estrategias de que echan mano los abuelos en la influencia de la lengua tienen que ver con la narración de historias, leyendas, cuentos, entre otras, acompañados de cantos y juegos en lengua ayuuk.

Enseñanza de los padres

- Constituye una acción directa en la adquisición de la lengua materna dentro del núcleo familiar hacia los hijos, como parte de las actividades de la vida cotidiana.
- En esta enseñanza desplegada por los padres, se visualizan dos tendencias: por un lado, la de formar alianza con lo escolar, para dar a prioridad al español por encima de la lengua ayuuk. Por otro, la recuperación de la lengua ayuuk, en la vida previa a la escolarización de sus hijos y en relación con el ingreso a lo escolar en instituciones interculturales que marcan el énfasis sobre el habla ayuuk.
- En la narrativa se identifica que el uso de la lengua ayuuk se lleva a cabo, principalmente, en dos tipos de actividades: convivencia familiar, con mayor énfasis, y convivencia social, con la familia amplia o con amistades de la familia, también hablantes del ayuuk.
- Estas convivencias constituyen experiencias en las que entra en juego la interacción afectiva entre padres e hijos. En esta interacción, las relaciones en lengua pueden ser interpretadas como marcas lingüísticas que implican, en la enseñanza y los aprendizajes, una mediación de afectos que imprimen un sentido al aprendizaje de nombre en la lengua ayuuk, de cosas, objetos, situaciones y sentimientos. Este proceso pone en observación la mediación entre padres e hijos para nombrar cosas, repetir palabras hasta sostener conversaciones, como un proceso lingüístico de crianza.[1]

---

1. Para este tema, resulta necesario contar con el apoyo de los lingüistas participantes en el proyecto: José Díaz (ISIA) y Rasheny Lazcano (colaborador externo).

INTERCAMBIO ENTRE PARES

- El intercambio entre pares se caracteriza, principalmente, por el rasgo de la edad de los participantes, los intereses propios de la etapa de vida (lo escolar y las decisiones de proyecto de vida como preocupación central, entre otros).
- Se advierten dos tipos de conversación para comunicar. La conversación informal representa los intercambios en lengua ayuuk para comunicar intereses y temas fuera de lo escolar, relativos a decisiones del proyecto de vida de los estudiantes. La conversación en torno a lo escolar toca aspectos de vivencias en la escuela y encara el dilema del habla en español o en ayuuk en diversos espacios donde se da la convivencia entre pares.
- Las estrategias en el uso de la lengua, ya sea español o ayuuk, devienen en conversaciones con hablantes de otras lenguas y en apoyo a tareas escolares. Con los primeros, la lengua que les posibilita hablar con todos es el español y en la segunda, entra en juego la lengua ayuuk, para la explicación comprensiva.

PRESENCIA DE LO ESCOLAR

- Esta metacategoría implica la fuerte presencia de la escuela y su actitud de imponer el español frente a la lengua ayuuk.
- La primera categoría de actitud sancionadora se advierte en la narrativa biográfica vinculada al uso de términos de prohibición, castigo, regaño, burla y sanción, tanto física como simbólica, que acompaña a la priorización del español por encima de la lengua, a la cual se descalifica y se designa, a quienes la hablan, con términos peyorativos como "incivilizado, gusano", etcétera.
- La segunda categoría actitud hacia el ayuuk deriva hacia una minusvalía lingüística y una ruptura comunicativa.
- La minusvalía cultural podría ser interpretada como la negativa a otorgar o reconocer el valor lingüístico que la lengua ayuuk representa para los mixes, en el sentido examinar la cosmovisión construida por medio de ella, a la vez que las prácticas cotidianas, las tradiciones, los festejos y las formas de comprender su entorno, su participación en él y todo lo que les permite constituir su identidad.
- Se propicia una ruptura comunicativa a la vez que se fuerza el bilingüismo.[2]

---

2. Se concibe ruptura comunicativa con base en la articulación saber-poder (Foucault, 1983), en tanto todo la comunicación en español se sobrepone a la comunicación en lengua, se "obliga" a los estudiantes, en lo escolar, a hacer uso del español, y el pensamiento del es-

A manera de cierre

VIDA AYUUK

Vengo de una comunidad llamada y conocida Tamazulapam (tu'uknëm), desde que tengo memoria solo podía hablar en una lengua, que es el mixe (ëyu'ujk), ahora puedo sentir ese calor de ser mixe, ahora puedo decir que gritaba, susurraba, lloraba, anhelaba siempre en mixe, porque creo que mi familia, en especial mi abuelita, me hablaban todo el tiempo en mixe; a los seis años de edad, yo era una niña risueña, contenta todos los días; recuerdo que todas las mañanas, dos amigas pasaban por mí a la casa, para salir a jugar a la iglesia, a lo que hoy se llama "Catecismo". Ingresé al preescolar, en ese entonces sólo sabía que ya era tiempo para ir a la escuela, hacer amigos, aprender a pintar, a colorear y a jugar, fue entonces que ahí me di cuenta que me estaban enseñando a hablar el o la lengua castellana; aprendí, pero lo impresionante era que salía yo de la escuela, regresaba a mi casa con mi familia y de nuevo la lengua mixe (ëyu'ujk). ËYU'UJK la lengua, el habla es algo que no puedo dejar, algo con la que yo llegué a este mundo, y con la que siempre estaré, me siento orgullosa de ser mixe y de poder hablar mi lengua.

Mi familia está integrada por 5 personas: mi abuelita, mi mamá, yo, mi hermano menor y mi hermana menor. Mi mamá se dedica a vender tamales todos los domingos, a veces entre semana.

Cuando íbamos al rancho, mi abuelita me contaba cosas, como de quién trata el terreno donde mi abuela lo trabaja, cómo se lo repartieron entre los hermanos. Cuando íbamos caminado hacia el rancho de mi abuelita, caminábamos cuatro horas; durante estas horas, mi abuelita me contaba que en poco camino encontraremos una cueva gigantesca que hay; en esa cueva viven salvajes que sus pies son doblados y sólo salen de noche. Íbamos caminando y platicando de cualquier carcajada que yo le hacía a mi abuelita. Del terreno, me decía que algún día se lo iba a dejar a mi mamá para que lo trabaje sembrando maíz; entonces, me enseñaba con qué otros terrenos colindaba el de mi abuelita. Los vecinos que se encontraban cerca del terreno de mi abuelita son: Don Prisciliano, Don Ranulfo y Doña Dolores.

---

tudiante está acostumbrado a hacerlo en ayuuk, lo que pone en juego el uso del poder para contar con efectos de eficacia comunicativa con los estudiantes, por parte del profesor, con respecto al uso del saber, para producir significados, probablemente en ayuuk primero y en español después, para responder al poder pedagógico que el profesor realiza.

Mi abuelita la sentía como mi mamá; por la misma razón que pasaba más tiempo, me cuidaba y me protegía por la lluvia, me alimentaba y me consentía comprándome refrescos para ir con ella al rancho.

El ayuuk lo aprendí escuchando, mi mamá decía algo como –tráeme la cubeta de ahí: yäjk yë'ë cubeta– y yo lo veía y lo traía, pero al mismo tiempo se me quedaba esas palabras dichas en mixe, y me las grababa; es así como fui aprendiendo qué era una cosa con otra. Mi familia siempre habla la lengua mixe (ëyuujk) y de ellos escucho cada palabra y la repito con otra persona –vamos: ntäkëm.

Siempre estoy en mi casa; solo salgo cuando voy a la escuela o cuando mi mamá me encarga a comprar alguna cosa. En la escuela, mis maestros siempre tratan de enseñar a que aprendamos a hablar el español, casi todos los maestros que a mí me han tocado; recuerdo que, en el primer grado de la primaria, me empezaron a enseñar las vocales y los abecedarios, se me dificultaba mucho porque me daba miedo a la maestra y la forma como hablaba la otra lengua (español). Algunos de mis compañeritos lloraban por no entenderle a la maestra o por haber visto otro tipo de persona, me refiero a que la maestra era alta, rubia no hablaba mixe, etcétera.

Los maestros siempre, en todo momento, me hablan en español, la clase lo daba en español. En tercer grado de primaria tuve dos compañeras que venían de México, comencé a llevarme con ellas y de ellas aprendí cómo hablar más fluido el español, una llamada Itzel y la otra Elizandra; juntas nos divertíamos jugando por las tardes, ellas sólo hablan en español, así que yo aprendí de ellas a poder entender y hablar el español.

Los maestros de las escuelas enseñaban las palabras y oraciones repitiéndolos una y otra vez, así como "Buenos días, maestros; Juan está llorando en el patio".

Mi mamá siempre me decía que el estudio era muy importante, más que nada aprender a dialogar en español, ya que en todo trabajo necesitaba del español, de sus consejos de mi mamá seguí preparándome en mis estudios. Pero aun así, lo que me decían, yo no dejaba mi lengua mixe, yo lo seguía hablando con mi mamá, mis primos e incluso siempre, siempre hablo el mixe en la escuela, con mis compañeros.

En tercer grado de la primaria, reprobé una materia debido a que no entendía claro lo que quería decir las instrucciones de la actividad a realizar, nunca hice el trabajo, se me ocurría un montón de cosas viéndolo de manera mixe pero, plasmarlo en español, me costaba mucho, así que no realice el trabajo y reprobé. Nunca le pregunté a la maestra que me ayudara, ya que pensaba que me regañaría, así que entregué el trabajo a limpio, sin escrito. Por esa misma razón, que reprobé, ya no quería seguir yendo a la escuela, porque sentía que era mucha presión. Iba a la escuela sólo a jugar y comprar dulces y compartirlo con mis amiguitas.

Reprobé tercer grado, repetí el año y mi mamá me metió en turno de la mañana, antes estaba en turno de la tarde; una de mis primas estaba en turno de la mañana, así que ella me alcanzó y ya íbamos juntas a clase, en cuarto año seguíamos juntas hasta el sexto grado, pero yo ya podía dialogar bien el español con otras compañeras.

En la secundaria, la mayoría de los alumnos hablaban el mixe, entonces conocí muchos amigos y todo el lenguaje era en mixe, en salón de clases con los compañeros era en mixe; sólo cuando exponíamos algún tema o leer textos lo hacíamos en español.

Cuando ingrese a la Universidad, mi primo Usiel fue quien me comentó de la Universidad ISIA, me gustó la carrera de Comunicación, así que ingresé al ISIA, llegué y nos compartieron el modelo educativo, las materias llevadas desde el primer semestre a octavo semestre, fue cuando me enteré que íbamos a aprender a escribir y hablar la lengua ayuuk, y yo muy emocionada, ahora ya estoy en sexto semestre y puedo escribir mi lengua, es algo muy increíble para mí, aprender algo que no conocía.

Referencias bibliográficas

CENTRO DE ESTUDIOS AYUUK–UNIVERSIDAD INDÍGENA INTERCULTURAL AYUUK (2006) *Hacia dónde vamos. Un diagnóstico de la región mixe*. Oaxaca: Comisión Nacional para el Desarrollo de los Pueblos Indígenas.

CZARNY, G. (coord.) (2012) *Jóvenes indígenas en la UPN Ajusco. Relatos escolares desde la educación superior*. México: UPN-Polvo de gis.

DE CASTRO, C. (2011) "La constitución narrativa de la identidad y la experiencia del tiempo". *Revista Crítica de Ciencias Sociales y Jurídicas*. Disponible en: [http://pendientedemigracion.ucm.es/info/nomadas/30/carlosdecastro.pdf].

DENZIN, N.K. (1989) *Strategies of Multiple Triangulation. The Research Act: A theoretical Introduction to Sociological Methods*. Nueva York: McGraw Hill.

DIETZ, G. (2009) "Los actores indígenas ante la 'interculturalización' de la educación superior en México: ¿empoderamiento o neoindigenismo?". *Revista Latinoamericana de Educación Inclusiva*. 3(2), 55-75.

DIETZ, G. y MATEOS, L. (2011) *Interculturalidad en México. Un análisis de los discursos nacionales e internacionales en su impacto en los modelos educativos mexicanos*. México: CGEIB.

DUBET, F. (1998) *En la escuela: sociología de la experiencia escolar*. Buenos Aires: Losada.

FRANCO, M. (2009) "Formación y cruce de fronteras de jóvenes migrantes" (tesis doctoral). México: Facultad de Filosofía y Letras UNAM.

FOUCAULT, M. (1992) *El orden del discurso*. Buenos Aires. Tousquets editores.

FOUCAULT, M. (1983) *El discurso del poder*. México: Folios.

GALLART NOCETTI, M.A. y HENRÍQUEZ BREMER, C. (2006) "Indígenas y educación superior: algunas reflexiones". *Universidades*, julio-diciembre. Disponible en: [http://www.redalyc.org/articulo.oa?id=37303206].

GONZÁLEZ APODACA, É.E. (2014) "Identidad étno-comunitaria y experiencias escolares de egresados de un bachillerato comunitario ayuujk". *Revista mexicana de investigación educativa*, 19(63), 1141-1173.

GRACIDA, G. (2012) "Nuestras historias, la resilencia en las trayectorias escolares: voces de estudiantes indígenas" (tesis de maestría). México: Departamento de Educación de la Universidad Iberoamericana.

GUARDIÁN, A. (2007) "El dilema de la elección del método". En: Guardián, A., *El paradigma cualitativo de la investigación cualitativa*. Costa Rica: IDER, pp. 133-168.

MARTON, F. (1988) "Phenomenography: Exploring Different Conceptions of Reality". En: Fetterman, D. (ed.) *Qualitative Approaches to Evaluation in Education. The Silent Scientific Revolution*. New York: Praeger, pp. 176-205.

MATO, D. (coord.) (2008) *Diversidad cultural e interculturalidad en Educación Superior. Experiencias en América Latina*. Caracas: UNESCO-IESALC.

MEDINA, P. (2005) "Una propuesta metodológica en la construcción de trayectorias profesionales vinculadas a los relatos de vida. Procesos y momentos de investigación". En: Medina, P. (coord.), *Voces emergentes de la docencia. Horizontes, trayectorias y formación profesional*. México: UPN/Miguel Ángel Porrúa.

OBSERVATORIO LATINOAMERICANO DE POLÍTICAS EDUCATIVAS, "Políticas de acción afirmativa en México". Disponible en: [http://www.lpp-uerj.net/olped/politicas_acao_paises_mexico.asp].

RAGLIANTI, F. (2006) "Comunicación de una Observación de Segundo Orden: ¿Cómo puede seleccionar el investigador sus herramientas?". *Cinta Moebio* 27: 303-313. Disponible en: [www.moebio.uchile.cl/27/raglianti.html].

RUIZ, M. y FRANCO, M. (2017) *Voces de la alteridad. Estudiantes de la Ibero de pueblos originarios*. México: Universidad Iberoamericana, A.C.

RUIZ, M. y FRANCO, M. (2015) "Narrativas biográfica a contracorriente, la otredad y voces de América Latina". En: Medina, P. (coord.). *Pedagogías insumisas, movimientos político pedagógicos y memoria colectiva de educación Otras en América Latina*. México: Juan Pablos Editores.

RUIZ, M. y FRANCO, M. (2014) "La lengua en comunidad: propuesta metodológica para el fortalecimiento de la lengua ayuuk y el empoderamiento de la sociedad mixe, del estado de Oaxaca". México: Universidad Iberoamericana e Instituto Superior Intercultural Ayuuk (ISIA). Manuscrito sin publicar.

SÁNCHEZ, D. y HERNÁNDEZ, L. (2012) *Como las mariposas monarcas. Migración, Identidad y Métodos Biográficos*. México: Universidad Iberoamericana Puebla/Lupus Inquisitor.

SCHMELKES, S. (2010) "Educación Superior Intercultural. El caso de México". México: ANUIES. Disponible en: [http://www.anuies.mx/e_proyectos/pdf/La_educ_sup_indigena.pdf#search=%22Educaci%C3%B3n%20Superior%20Intercultural.%20El%20caso%20de%20M%C3%A9xico%22].

SEP (2011) "Principales cifras. Ciclo escolar 2010-2011". México.

VENTURA, S.L. (2012) "Aportes al debate de jóvenes indígenas y educación superior el caso de los estudiantes de la UNAM". Tesis de Maestría. UPN. Disponible en: [http://200.23.113.59/pdf/29439.pdf].

Respeto y menosprecio. Dos sentimientos estructurantes de la autoestima educativa

Carina V. Kaplan
Verónica Silva

Introducción

El respeto es un bien simbólico altamente demandado en la trama vincular de la cotidianeidad. Sentirse respetado da cuenta de la propia valía social. Su contraparte, el menosprecio, corroe la autoestima. En este escrito exploramos los procesos de distinción y diferenciación en el proceso de *hacerse respetar* desde la perspectiva de estudiantes que habitan en escuelas públicas de sectores populares. Entendiendo que el espacio escolar representa un ámbito de sociabilidad donde conviven grupos heterogéneos de jóvenes que se ven obligados a compartir largas jornadas en compañía (o bajo una sensación de soledad), lo que trae aparejado conflictividades latentes.

Una serie de investigaciones indica que los puntos de conflicto más comunes en la escuela están asociados a problemas de integración social expresados en tratos descalificatorios (burlas e insultos) hacia quienes se tipifican como diferentes (Abramovay, 2006; Kaplan, 2009*b*; Maldonado, 2006; Míguez y Tisnes, 2008; Viscardi y Alonso, 2013) donde prevalecen sentimientos de exclusión (Kaplan, 2013). El requerimiento de respeto emerge como una de las principales fuentes de malestar. Las diversas expresiones de inferiorización pueden generar sentimientos de desamparo e impotencia (Mutchinick, 2016).

Estamos en condiciones de afirmar que los sentimientos de exclusión se vinculan a procesos de inferiorización social donde se construye una distancia simbólica entre incluidos y excluidos; lo que da cuenta de las complejas dinámicas de aceptación/rechazo que se entablan en la trama escolar (Kaplan, 2012).

La búsqueda de respeto cobra así relevancia en tanto que proceso de autoafirmación identitaria. En ocasiones en que las burlas son significadas como faltas de respeto suelen convocar una reacción violenta como modo de defensa (Abramovay, 2006). Lo cierto es que existe una estrecha relación entre el sentimiento de rechazo, descrédito o falta de respeto y los comportamientos asociados a la violencia (Kaplan, 2012).

Los vínculos en la escuela están atravesados por negociaciones acerca de las formas de trato cotidiano (buen trato, mal trato, ser escuchado, ser ignorado, ser rechazado, ser halagado, ser burlado, etc.) donde la necesidad de respeto surge como una dimensión central de los procesos de subjetivación. Consideramos que "la producción de la autoestima social, el sentimiento de identidad y la autovalía de individuos y grupos son unas de las funciones simbólicas con mayor efecto social" (Kaplan, 2013: 56-57).

Luego de presentar brevemente nuestras referencias teóricas sobre el respeto, y de precisar la metodología adoptada en el estudio socioeducativo sobre la construcción social del respeto en la escuela secundaria, nos enfocaremos en el análisis de los modos de construir respeto entre estudiantes bajo la pretensión de una construcción interpretativa de sus emociones y sentimientos.

Algunas notas sobre el respeto

La palabra *"respeto"* proviene del latín *"respectus"*, compuesta por el prefijo *"re"*, que significa *"de nuevo"*, *"nuevamente"* y *"spectus"* proveniente del verbo *"specio"*, que significa *"ver"*, *"mirar a"* (Díez Mateo, s/a). Por lo tanto, hace referencia a *"mirar nuevamente"*, "mirar dos veces". El respeto representaría una visión más profunda que la surgida de las primeras impresiones interpretable en el marco de una relación (real o imaginaria) con el o los otros (individuos y grupos) (Kaplan y Silva, 2014). De acuerdo al diccionario de la Real Academia Española, el respeto está caracterizado a partir de la veneración o el acatamiento que se le hace a alguien. Incluye también: miramiento, consideración y deferencia. En el idioma portugués la palabra *"respeito"* posee la misma raíz latina y una significación similar a la del idioma español, pero además, con una acepción específica en la medida en que es definido como: "sentimiento que impide decir o hacer cosas desagradables al otro" y también como "miedo a lo que los otros puedan pensar de nosotros" (Diccionario Sopena, 2000). Así es que sostenemos que el sentimiento de temor a no ser considerado socialmente constituye una fuente de producción social del respeto (Kaplan y Silva, 2014).

Siguiendo la perspectiva de Elias (1987), entendemos las manifestaciones de respeto como expresiones de un código de comportamiento que una sociedad legitima en determinado momento histórico. Las modalidades de expresión de respeto forman parte de un proceso socio-histórico que genera disposiciones subjetivas para sentir. Dichas disposiciones delinean modos específicos de trato social organizando una configuración emotiva de matriz sociocultural e histórica (Kaplan y Silva, 2016).

En las sociedades capitalistas occidentales el respeto escasea porque se coloca solo a un pequeño número de individuos como objeto de reconocimiento (Sennett, 2003). Las fuentes de respeto en las sociedades modernas se encuentran desigualmente distribuidas y es en esta cuestión que radica la dificultad de poder expresarlo más allá de las fronteras de la desigualdad.

Según Martuccelli (2007), la necesidad de aceptación intersubjetiva es una dimensión central del proceso de individualización, que en la modernidad se presenta de una forma particular a partir del advenimiento radical de la individualidad que apela a nuevos mecanismos de aceptación de sí. Toda individualidad requiere de una actitud confirmatoria por parte de los otros. Son las diferentes modalidades de aceptación de sí por parte de los otros las que se manifiestan a través de las figuras del respeto.

Las demandas de respeto pueden ser leídas como expresiones efectivas del sentimiento de individualidad que en las sociedades de occidente se encuentra atravesado por el ideal de la igualdad. Honneth (2010) argumenta que el protagonismo que ha cobrado el reconocimiento en la esfera social responde a un aumento de la sensibilidad moral producto de las reivindicaciones de los movimientos sociales, tales como el movimiento feminista. Estos movimientos vinculados a los Derecho Humanos exigen el reconocimiento de la dignidad de personas o grupos por su *diferencia*. Estas transformaciones conllevan a una discusión político moral que pone el foco en las cualidades deseables de las relaciones que los sujetos mantienen entre sí y a una transformación sobre la noción de justicia. El autor retoma el programa filosófico de Hegel en referencia a la autoconciencia del hombre que depende de la experiencia de reconocimiento social. "La necesidad de ser reconocido cada vez en nuevas dimensiones de la propia persona abre en cierta manera un conflicto intersubjetivo cuya solución no puede consistir sino en el establecimiento de una esfera cada vez más amplia de reconocimiento" (Honneth, 2010: 22). El desarrollo de una vida satisfactoria se juega en la posibilidad de que las personas puedan experimentar múltiples formas de reconocimiento (en el amor, en el derecho y en la solidaridad). En el plano concreto, el despliegue de una vida satisfactoria es variable y está determinado históricamente. El reconocimiento representa una clave interpretativa que nos permite comprender la complejidad de las luchas sociales contemporáneas.

En definitiva, entendemos al respeto como una práctica de carácter intersubjetivo por medio de la cual las personas se expresan reconocimiento mutuo (Paulín, 2015; Sennett, 2003; Zubillaga, 2007). Un componente que consideramos inherente a las prácticas de respeto es su carácter recíproco. Otro supuesto es que su análisis resulta inseparable de las condiciones sociales, culturales e históricas que organizan modos legítimos de sentir, pensar y actuar.

Las demandas de respeto que solicitan los diferentes actores del espacio escolar pueden ser leídas como la afirmación de cierta sensibilidad de época. Trazamos un vínculo entre las expresiones de respeto o consideración hacia el otro y los procesos de pacificación social de nuestras sociedades (Elias, 1987, 2009). Existe una interrelación entre las percepciones de los sujetos y las transformaciones de los umbrales de sensibilidad social. La sensibilidad ante ciertos comportamientos y conductas es biográfica e histórica y lo es en el entramado de configuraciones particulares donde expande su sentido más hondo (Kaplan, 2011). Los comportamientos individuales necesitan ser abordados en una matriz social donde se van entretejiendo los condicionamientos institucionales y las interacciones cotidianas (Elias, 2009).

Respeto y sociabilidades juveniles

Los análisis que se presentan se refieren a los resultados de una investigación[1] cuyo objetivo general fue comprender los sentidos y las prácticas de jóvenes estudiantes acerca del los procesos de construcción de respeto en la vida escolar. El trabajo de campo se realizó a lo largo de los años 2013 y 2015 en dos escuelas de nivel secundario enclavadas en zonas urbanas periféricas de las ciudades de Posadas (Provincia de Misiones) y La Plata (Provincia de Buenos Aires), Argentina. Ambas escuelas atienden a población estudiantil de sectores populares. Este criterio resulta de relevancia, ya que partimos del supuesto de que los sectores socioeconómicos bajos gozan de menor respeto social (Sennett, 2003; Zubillaga, 2007; Bourgois, 2010; Kaplan 2013).

---

1. Este capítulo presenta los resultados de la tesis doctoral de Verónica Silva, dirigida por la Dra. Carina Kaplan y co-dirigida por el Dr. Pablo Vain. La investigación se enmarca en el Programa de Investigación *Transformaciones sociales, subjetividad y procesos educativos* que dirige la Dra. Carina Kaplan, con sede en el Instituto de Investigaciones de Ciencias de la Educación, Facultad de Filosofía y Letras, Universidad de Buenos Aires.

El enfoque del problema y la estructuración de la indagación se apoyan en un diseño de investigación de tipo interpretativo-cualitativo (Vasilachis de Gialdino, 2006) de carácter exploratorio a través de una aproximación a los fenómenos sociales desde la propia mirada de los/as estudiantes: su vida escolar, la relación con sus pares, las imágenes y autoimágenes que fabrican de sí mismos y de los otros, las significaciones sobre las modalidades para construir respeto en la escuela. Es decir, intentamos comprender los puntos de vista desde la condición estudiantil.

Dado que nos propusimos indagar sobre los sentidos de los estudiantes en torno a los procesos de construcción de respeto, se eligió utilizar la entrevista en profundidad con el propósito de favorecer la producción de un discurso conversacional y con una cierta línea argumental. Para la entrevista se elaboró una guía semi-estructurada con los tópicos a conversar. No se trata de un modelo cerrado con un orden secuencial sino de pautas de exploración abiertas a la posibilidad de indagar sobre aspectos emergentes (Valles, 2002). A modo complementario, se trabajó también con entrevistas informales, o lo que se conoce como entrevista antropológica (Guber, 1991), como una parte indisociable de las actividades que se desarrollaron en el trabajo de campo posibilitando la interacción con los sujetos de manera espontánea.

Nos focalizamos aquí en el análisis de las entrevistas realizadas a estudiantes del ciclo Básico del secundario,[2] que contaron con un total de veintiún alumnos entrevistados, diez pertenecientes a la escuela de La Plata y once a la escuela de Posadas.

En el discurso de las y los jóvenes emergen representaciones vinculadas al *buen trato* entre pares donde priman vínculos de simetría como modos de expresión de respeto. Las faltas de respeto, en cambio, se significan como formas de trato en donde predominan los insultos, formas de discriminación y modos de mirar que son vivenciados como signos de inferioridad. En estas situaciones el vínculo se torna asimétrico, primando el sometimiento y sentimientos de menosprecio.

Para Simmel (2002) la sociabilidad es el impulso que nos lleva a estar con otros sin ninguna finalidad específica donde el *sentido del tacto* y los rasgos de la *personalidad* adquieren jerarquía. La sociabilidad habilita una zona de juego que permite suspender las fuerzas de la realidad. La sociabilidad, por tanto, tiene una capacidad liberadora y aliviadora debido

---

2. En el caso de la provincia de Misiones la escuela secundaria tiene una duración de 5 años como continuación de los siete correspondientes al nivel primario. El Ciclo Básico abarca los dos primeros años del nivel medio. En el caso de la provincia de Buenos Aires la escuela secundaria se estructura en seis años como continuación de los seis correspondientes al nivel primario. Los primeros tres años corresponden al Ciclo Básico.

a que el *estar juntos porque sí* proporciona la suspensión de las exigencias del mundo exterior. Una perspectiva similar aportan Elias y Dunning (1992) en su investigación acerca de la importancia del deporte y el ocio en el proceso de la civilización como espacios donde los afectos fluyan con mayor libertad. La sociabilidad forma parte de las actividades que los individuos realizan en su tiempo libre, "la estimulación agradable que se experimenta al estar en compañía de otros sin compromiso alguno, sin ninguna obligación para con ellos salvo las que uno esté dispuesto a aceptar" (*ibídem*: 151).

Al igual que Simmel (2002), Elias y Dunning (1992) hacen foco en la descarga y bienestar que proporciona el *estar con otros sin un fin particular*. En el caso de las sociabilidades juveniles que tienen su lugar de encuentro en la escuela, podríamos pensar que el juego, la conversación, el coqueteo (Simmel, 2002) y otras maneras de estar con otros, habilitan un espacio para una mayor fluidez emocional donde se suspenden, al menos por un momento, la rutina y las exigencias escolares. Si asumimos que el espacio escolar es un ámbito que requiere de una elevada auto-contención emocional podremos dimensionar la relevancia de las experiencias escolares en lo referente a poner y ponerse a prueba en el *estar juntos por qué sí*.[3]

Relaciones de trato simétrico

Las y los estudiantes entrevistados han puesto en evidencia la importancia del respeto para establecer una convivencia pacífica. Respetar al otro se vincula con el reconocimiento de su propia individualidad, como así también la aceptación de la diferencia. En términos de Elias (1987, 1999) afirmamos que el respeto, cuando es definido por las y los estudiantes desde prácticas que lo confirman, da cuenta de una autocoacción necesaria para poder generar intercambios en donde ambas partes pueden expresarse con libertad tanto en su igualdad como en su diferencia. El respeto implica "tratar bien a los demás" o bien "tratar a los demás como a uno le gustaría que lo traten". El respeto es percibido entonces como una forma de sociabilidad que involucra un intercambio equitativo, "algo que se debe dar para poder recibir". También surge vinculado a guardar las "buenas maneras", como saludar, pedir las cosas de buena forma contraponiéndose con modos de trato en donde la acción del otro se percibe

---

3. Entendemos que si bien asistir a la escuela es una actividad obligatoria con un fin específico donde hay poco margen para una libre elección, la cotidianeidad propone espacios de reunión que, en tanto sujetos juveniles, las y los estudiantes se los apropian.

como avasallante, como por ejemplo, "empujar", "hablar de modo pesado", entre otras. Valeria una estudiante de primer año argumenta:[4]

E[5]: — *¿Cómo te das cuenta cuando un compañero te respeta?*

V: — Por cómo te habla, tranquilo así, no te habla pesado, no te dice eh vo!! pasame esto, sino que te dice ¿pasame por favor esto? Así te hablan bien amigable, como amigo, ¿viste? y después cuando te das cuenta que no te respeta es cuando viene y te empuja y te dice vo pasame esto si no querés cobrar, eso ya no es respeto, eso ya es otra cosa.
(Valeria, 1er año, Escuela Posadas)

Estas representaciones sobre el respeto podrían estar expresando las demandas por un trato simétrico donde la escuela es percibida como un espacio de expectativas de vínculos de respeto.

Relaciones en tensión: bromas, burlas y juegos corporales

Cabe destacar que no toda burla o "cargada" es considerada por las y los estudiantes como una falta de respeto. En la cotidianeidad escolar diversas situaciones adquieren un límite difuso, y la significación de esa práctica como una falta de respeto está mediatizada por el tipo de vínculo construido, la intencionalidad, la confianza, y en muchos casos por el humor que se tiene ese día, donde a veces hay más predisposición para tolerar una broma o juego y a veces no.

B: — En realidad, todos son pesados y todos son insultones.

M: — Pero es como, o sea, así su amistad, es así, pero yo también, el año pasado, cuando tenía mis amigas nos tratábamos así como re mal, ¿viste? Pero era todo común. Como nosotros nos empezamos juntar, dijimos que todo los que nos decimos va con amor. [Risas]

M: — O sea, como que nos insultamos, pero siempre, no hacíamos nada, porque ya sabíamos que no era verdad, que estábamos jodiendo, que somos todos amigos, y así... ¿viste?
(Blanca y Mora 1er año, Escuela Posadas)

El grado de conocimiento hace que sea más o menos sencillo prever cuál va a ser la reacción del otro, o cuál es la intencionalidad de la acción. Inclusive los y las jóvenes pueden bromear sobre algún atributo físico de

---

4. Los nombres de los estudiantes fueron modificados por cuestiones de confidencialidad. En cada testimonio se especifica el nombre ficticio, el curso, el turno y la escuela de pertenencia.

5. La inicial E, hace referencia a la entrevistadora.

sus compañeros/as sin que esto necesariamente sea experimentado por el sujeto destinatario como menosprecio.

E: – *Claro. ¿Cuáles son por ahí las burlas, las cargadas más comunes que se hacen entre ustedes? ¿Se cargan, así, o no?*

G: – No, no tanto. Capaz que le decimos, eh, yo por ejemplo no le digo, pero mi amiga, o sea se conocen, y le dicen gorda o tetona a Loli. Por eso le dicen Loli, pero se llama S. Y le dicen Loli porque tiene mucho...

E: – *¿Mucho busto?*

G: – [Ríe] Sí. Y entonces se cargan así, pero ya se sabe que es chiste, así que se llevan bien.

E: – *¿No es que ninguna se enoja, se ofende?*

G: – No, no.
(Gala 3er año, Escuela La Plata)

Las interacciones cotidianas están también atravesadas por juegos corporales que pueden resultar excesivos. Se genera un límite vago entre lo lúdico y lo que después puede expresarse como malestar.

E: – *Ustedes me han contado que juegan y se pegan, ¿eso no sería una falta de respeto?*

A: – No, si vos le conoces no.

C: – A mí me gustó lo que dijo él. Es verdad si vos le conoces a esa persona, o sea ya es común que venga y juguemos así.

A: – Pero si el otro viene así y le pegás...

C: – O sea porque si es un desconocido y viene y ¡pá! Te encaja una vos te vas a... o sea le vas a querer pegar [...] Pero no, es un caso que venga y que te pegue fuerte. O sea nosotros jugamos así a los tapes así. Pero a veces ya se van y vienen y te pegan fuerte porque nosotros a veces jugamos así, pero hay algunos que vienen y te encajan piñas y patadas y eso [...] pero a mí no me gusta que me peguen fuerte así [...] o sea estamos jugando no es para que empecemos a pelear y esas cosas.
(Cami y Alejo, 1er año, Escuela Posadas)

Para las y los jóvenes que entrevistamos es natural relacionarse a través de apodos, insultos y rivalidades mientras la interacción es simétrica. Otro elemento que marca la diferencia entre algo que puede ser tomado en broma, o resultar excesivo, está delimitado por la repetición de la acción. Si el destinatario de la burla es siempre el/la mismo/a, la broma resulta "pesada" o "cansa" y deja de ser "gracioso".

L: – Si te joden una vez, que se caguen de risa todos, todo bien.

Eli: – Pero si todos los días te están diciendo, te joden por lo mismo a veces eso te cansa.
(Elisa y Lourdes 2⁰ᵈᵒ año, Escuela Posadas)

Que un insulto o burla sea percibido como una falta de respeto depende del nivel de confianza, la intencionalidad de la acción y el estado de ánimo de los implicados. La convivencia estudiantil está regulada por el principio de reciprocidad, donde los estudiantes demandan ser tratados con la misma actitud que creen dispensan a los demás. Los juegos corporales son significados como formas de "estar" con otros y hacer la convivencia más llevadera.

En otras ocasiones hemos observado que no sólo se trata de palmadas en la cabeza, sino que se evidencian golpes a puño cerrado que son visualizados como un juego.

Después del recreo me quedo en el pasillo, los alumnos de 1ᵉʳ año que se encuentran en hora libre se sientan en la mesa junto a mí, arman una ronda juegan a pasarle el golpe al otro en el brazo. Una de las chicas, Luisa, se dirige a Pedro (estudiante de contextura grande) y le dice: "Vení que te pego, gordo, a ver si te desinflo" [risas]. Luego un alumno le pega una cachetada a Luisa, ella le devuelve una patada en el pecho y le grita "Chupame el orto". Otra compañera le pega con el puño cerrado en el torso a otro de sus compañeros varones, él le devuelve el golpe. Luisa y otro compañero quedan trenzados agarrados del cuello, él le dobla el brazo por la espalda ella le grita "¡Ay!, la concha de tu madre" él la suelta, ella le devuelve un sopapo, él le pega una patada fuerte en el trasero, me pareció ver un gesto de dolor, pero después sale corriendo como si nada. [Se ríen].
(Nota de campo: observación en el pasillo durante una hora libre alumnos de 1ᵉʳ año)

Si bien en el fragmento anterior se pueden observar prácticas de juegos corporales de mayor intensidad, no hubo de parte de las y los implicados ninguna referencia explícita de sentimiento de dolor o malestar. Los y las jóvenes estudiantes establecen contactos de orden lúdico que vuelven porosa la frontera entre lo que realmente es un "juego" y lo que "molesta en serio". En otras ocasiones, se producen interacciones que ubican a un compañero/a o grupo en una posición desvalorizada. A veces estos intercambios están vinculados a expresiones de menosprecio como insultos o discriminaciones que recaen sobre la condición personal del estudiante (su aspecto físico, su forma de vestir, su forma de hablar); su condición socio-económica; o su reputación personal o familiar; en otras ocasiones se trata solamente de gestos y formas de mirar que son percibidos como inferiorizantes. A diferencia de las formas de trato lúdicas, estos intercambios producen malestar, "enojan", "hacen sentir mal" al otro.

Relaciones de trato asimétrico

A continuación nos detendremos en una de las modalidades de menosprecio que cobró mayor pregnancia en los relatos de los y las estudiantes: el "insulto a la madre", el cual fue catalogado como uno de los intercambios que más molestan, enojan o incluso justifican el uso de la violencia física. El insulto es una de las formas de humillación más frecuentes en las interacciones escolares (Kaplan, 2009a).

Ante la pregunta por cuál era el peor insulto o agravio que podían recibir los y las jóvenes respondieron que el insulto a la madre era una de las prácticas que más enfurecía y fue considerada una de las faltas de respeto más graves. Tanto el agravio a la madre como a otros miembros de la familia (el padre y hermanos/as) fue destacado como un motivo suficiente para recurrir a la violencia física.

> [...] si insultan a mi madre o le dicen una grosería a mis hermanas. Si tengo que dar la vida por mi madre la voy a dar y si tengo que dar la vida por mis hermanas, por mi padre también.
> (Jonas, 2do año, Escuela Posadas)

Como señala Bourdieu (2001), el lenguaje posee eficacia simbólica en tanto construye realidad y estructura la percepción de los agentes; los nombres cualitativos por tanto:

> [...] tienen una intención que podría llamarse performativa o, más simplemente, mágica: el insulto, como la nominación, pertenecen a la clase de actos de institución y destitución más o menos fundados socialmente por medio de los cuales un individuo, actuando en su propio nombre o en nombre de un grupo más o menos importante numérica y socialmente, manifiesta a alguien que tiene tal o cual propiedad haciéndole saber, al tiempo, que se comporta de acuerdo con la esencia social que le es así asignada. (Bourdieu, 2001: 66)

Entre las formas de nominación más usuales para insultar a la madre los/as jóvenes mencionaron: "hijo de perra", "hijo de puta", "la concha de tu madre", "tu mamá es una puta".

E: *— ¿Y qué tendría que hacer la persona para que ustedes se enojen, digamos?*

M: — Pasarse del límite. Y que toques el tema de mi mamá ya no... [...].

E: *— ¿Cómo?*

B: — A la mamá. Si jodemos así no tenés que tocar nunca el tema de la mamá. La mamá es lo más sagrado.

E: — *¿Cómo sería tocar el tema de la mamá?*

M: — Digamos.

B: — Insultarle a la mamá.

M: — Sí.

B: — O decirle algo de la mamá. Ni tenés que tocarle el tema de la mamá.

E: — *Claro.*

B: — La mamá es lo más sagrado que uno tiene, si dicen así. Nunca tenés que hablar de la mamá porque uno ahí se enoja.

M: — Nos curtimos entre los del curso. Yo le jodo a él pero no le jodo a la mamá, yo no le curto a la mamá de él.

B: — Le está diciendo a él las cosas, no a la mamá [...] ni con la familia tenés que decir. O empezar a pasarse del límite. Joder así "brutos, brutos" pero nunca insultarle, decir algo así feo, o malas palabras o esas cosas. [...] insultarle así al límite, así, cosas simples, no malas palabras [...].

E: — *¿Si, por ejemplo, yo me meto con tu mamá, entonces vos te podés enojar, digamos?*

B: — Ahí te va a querer pegar seguro.

M: — Que sé yo, si está alguien y uno le habla directamente y a la salida sí.

B: — Porque si la insultó a tu mamá y vos ya le mirás feo, cuando te mira feo vos ya te das cuenta. Pero hay gente que vos le insultás a la mamá enfrente de cualquiera te va a pegar, se hace el pesado. Pero hay gente que no, que se va a cuidar. Pero a la salida o por la calle sí o sí te va a agarrar o algún día te va a pegar. Porque nunca le tenés que insultar a la mamá del otro. O a la familia.

E: — *¿Si yo te insulto a tu papá también te enoja igual o es peor a la madre?*

B: — No a la madre es peor.

M: — A la madre.

B: — Porque la madre te tuvo, te crió, te dio de comer y esas cosas.

E: — *¿Y el papá no?*

B: — Y el papá también, pero la mamá es más sagrado porque te tuvo un montón de tiempo [se señala el vientre].
(Braulio y Matías, 1er año, Escuela Posadas)

El agravio a la madre implica una ofensa al honor y la respetabilidad del joven y su familia y una situación que no puede dejarse pasar por alto.

E: — *Y si alguien por ejemplo te insultara, o te dijera algo feo, ¿eso para vos también sería violencia?*

A: — Mientras que no me digan nada de mi mamá, por mí... Y si dijiste algo de mi mamá sí, te voy a tener que romper la boca.

E: — *¿Por qué es tan importante la madre?*

A: — Porque es sagrada.
(Alejandro, 2do año, Escuela La Plata)

El insulto a la madre fue reconocido tanto por los muchachos y las muchachas como una razón suficiente para "agarrarse", o como una invitación a "pelear".

E: — *¿Y qué sería lo peor que le pueden decir a ustedes? ¿Qué sería lo que más las enoje en el mundo?*

R: — Una vez la insultaron a mi mamá. Y ahí justamente esa vez me enojé mucho. Y ahí fui y lo agarré a mi compañero y me pusieron la amonestación y llamaron a mi mamá. Pero le dije a mi mamá por qué motivo y me dijo que no vuelva a pasar.

E: — *¿Qué paso? ¿Le pegaste?*

R: — Sí. Soy de reaccionar bastante fuerte.

E: — *¿Y qué hiciste?*

R: — Sí. Le pegue una piña así fuerte. Y mi mamá me dijo que me iba a sacar de taekwondo y entonces me dijo que no vuelva a pelear o me iba a sacar.

E: — *Ah. Vos hacías taekwondo.*

R: — Sí, por eso le pegué.
(Brenda y Romi, 2do año, Escuela Posadas)

Otra estudiante comenta que a ella le pueden decir "cualquier cosa" pero que meterse con alguien de su familia representa una ofensa grave.

R: — Yo estaba con una amiga. Yo estaba, [...] y me empezó a insultar... Y a mí no me importa que me insulten ni nada., pero mi abuelo se estaba muriendo y ahí insultaban a mi abuelo, ¡Ay, para qué! [gesto de exclamación].

E: — *¿Y te insultaban metiéndose con tu abuelo?*

B: — Y con mi mamá.

E: — *¿Y qué te decían?*

R: — La concha de tu madre, cosas así. Y yo me cansé, y le decía, a los profesores no les decía nada. Me cansé y lo cagué a piñas (ríe levemente) un día. Y era más grande que yo.
(Entrevista, Bárbara y Renata, 3ᵉʳ año, Escuela La Plata)

Esta *sensibilidad* ante el agravio a sus madres da cuenta de que la mirada de los otros tiene un peso muy fuerte y no puede ser escindida de la imagen que esta ofensa genera sobre sus propia autoimagen. La imagen de sí mismo es extensiva a la reputación de sus familias. Las ofensas a la reputación sexual de sus madres son vivenciadas como ofensas a sí mismos. Este tipo de agravio pone en marcha lo que Bourdieu (1968) denomina en sus estudios sobre la sociedad de Cabilia como "*dialéctica del desafío y la respuesta*", en donde la respetabilidad debe ser conquistada y definida delante de todos. De allí que los jóvenes se vean compelidos a recurrir a la violencia física para salvaguardar el honor de sus madres. Es esencialmente la presión de la opinión social lo que funda la dinámica de los tratos de honor. "El que ha perdido el honor *ya no es*. Deja de existir para los otros y por lo tanto, para sí mismo" (*ibídem*: 191).

Actuaciones ante situaciones significadas como faltas de respeto

Hemos identificado modalidades propias de los y las jóvenes para afrontar situaciones que son significadas como menosprecio: marcar un límite; ignorar la ofensa y el recurso de la violencia física.

1. Marcar un límite

Fue recurrente que los y las jóvenes señalaran que una manera de hacerse respetar es la construcción de cierta "fachada" a partir del lenguaje corporal y verbal en donde se dejaba bien claro al compañero la capacidad de reacción si éste no logra "ubicarse" en la interacción. Como señala Goffman (2003), la forma en que uno se presenta ante los demás, asume una *fachada*, "la dotación expresiva de tipo coherente empleada intencional o inconscientemente por el individuo durante su actuación (*ibídem*: 34).

Los y las jóvenes refirieron al código local "argel"[6] para remitirse al tipo de persona adquiere una postura "seria", hasta incluso "malhumorada" ante el otro. De esta manera, con dicha disposición actitudinal dejan en claro a sus compañeros cuál es el límite que no se debe transgredir.

---

6. Modismo utilizado entre los y las estudiantes de Posadas para referirse a aquellos/as compañeros/as que se muestran hacia los demás irascibles y tiesos.

E: — *¿Por qué será? ¿En el curso les dicen eso que son como los que peor se portan?*

S: — Porque en el curso hay varios argeles.

E: — *¿Qué palabra es?*

M: — Argeles.

E: — *¿Y qué quiere decir?*

M: — O sea el que no quiere nada, que es super cara de... [Seña como de cara seria] [...] no quiere que lo miren mal, o quieren que le respondan mal, el que se cree más que el otro.

E: — *¿Creerse el malo?*

S: — Sí, superior.

M: — No quiere nada, no le gusta nada.

E: — *¿Y el Argel con los compañeros se lleva bien o...?*

M: — Yo soy un poco Argel.

S: — Yo también soy Argel, pero... nos llevamos bien sí, solo si se pasan nomás. (Mili y Sabrina, 2do año, Escuela Posadas)

Puede observarse que los y las jóvenes buscan restablecer el equilibrio de la relación marcando su posición frente al compañero que transgrede el límite y demostrando mediante palabras y gestos de que no se permitirá un avasallamiento de su persona. La eficacia de marcar un límite al otro está dada por el lugar que se ocupa en las configuraciones grupales. Así, habrá algunos/as compañeros/as a quienes esta práctica no les resulta eficaz, porque aunque intenten poner un freno a la intrusión del otro/a, no lo logran por la desigual posición que ocupan en la red de relaciones de poder.

2. Ignorar la ofensa

En la cotidianeidad escolar, se da una diversidad de situaciones en donde la posibilidad de "parar el carro" al/la compañero/a no se consigue de modo sencillo. Hemos encontrado que la posibilidad de ignorar la ofensa se da en tres tipos de situaciones:

• cuando se ocupa una posición devaluada en la configuración escolar, y por tanto, se está en desigualdad de condiciones para poder marcar un límite eficaz;

- cuando se ignora la afrenta para evitar represalias mayores (sanciones escolares), es decir, se evita la afrenta por una heterocoacción;
- y, por último, la distancia emocional, gracias a la propia biografía y experiencia acumulada, los/as jóvenes ya no se sienten ofendidos por las provocaciones de los/as demás y reconocen que en otros momentos sí les hubiera molestado esa actitud.

3. La violencia física como recurso

Aquí hemos reunido situaciones donde los y las estudiantes recurren a la violencia física para hacerse respetar. Identificamos dos modalidades: pegar como reacción ante el maltrato o abuso sostenido en el tiempo y pegar para construir una imagen de temeridad ante los demás.

- *Pegar como reacción ante el maltrato o abuso sostenido en el tiempo*

En el cotidiano escolar emergen diversas situaciones en donde los y las estudiantes se cansan de ser maltratados y recurren a la violencia física como última táctica. Cabe destacar que en estas situaciones los y las alumnos/as mencionan haber solicitado ayuda a los/as preceptores y/o docentes pero ante la ineficacia o negligencia de las intervenciones adultas, deciden resolver por sí mismos el conflicto.

M: — Una sola vez, una sola vez me peleé dentro de la escuela, porque yo era la chica del fondo cero, no hablaba con nadie.

E: — *Sí.*

M: — Y me molestaba todo el tiempo, yo ya estaba cansada, me molestaban por eso. Hasta que me cansé, le dije que me deje de molestar. Había hablado con los profesores, había hablado con los preceptores, he hablado con la directora.

E: — *¿Y... qué hacían?*

M: — Con los chicos no pasaba nada.

E: — *¿Pero ellos hablaban con el pibe o no hablaban?*

M: — No, no.

E: — *Ni idea.*

M: — Que yo haya visto no. Y dicen que. Era todo el día. Yo me cansé y dije "dejá de molestar porque te voy a pegar en serio en serio". Y me dijo "andá a la concha de...". Bueno, esa fue la respuesta. Eh... Ahí me puse ciega, lo que sea, ciega [enfatiza en ciega]. Lo agarré del cuello y prácticamente casi lo mato [...] fue una cosa de agarrarlo del cuello y levantarlo. Y cuando me di cuenta que había blanqueado los ojos, lo que hice, le quise dejar de pegar porque él me pegaba también. Le quise dejar de pegar porque lo empujé para atrás.

E: – *¡Uh! Qué lío.*

M: – Sí bastante grande [muy leve risa]. Pero no me hicieron nada, porque yo ya había avisado. Y yo dije que si me seguía molestando le iba a pegar. Y me había escuchado la profesora, por eso se lo dije.
(Mora, 2do año, Escuela La Plata)

La reacción violenta emerge como respuesta luego de una acumulación de malos tratos y reiteración de situaciones desprecio. La violencia se expresa cuando se han agotado las otras formas de marcar un límite al otro. Representa entonces una respuesta defensiva frente a una situación de humillación y malestar constante.

- *Pegar para construir una imagen de temeridad ante los demás*

En otras ocasiones, la posibilidad de dirimir la afrenta por medio de la violencia física se ofrece como un dispositivo para la demostración de que se es merecedor/a de respetabilidad y honor, las invitaciones a pelear, si son desestimadas, tiñen de una imagen desvalorizada a quien esquiva el enfrentamiento físico.

V: – Y vos no querés pelear, ahí te dicen maricona, cagona.[7]

E: – *¿Y ahí cómo se hace para no quedar como una cagona?*

V: – Hay que pelear para demostrar que uno no es cagona, o si no...

E: – *¿Y qué pasa si no?*

V: – Te dicen arrugada, todos te dicen así.

M: – O si no te dicen, te empiezan a gritar arrugada, arrugada, cagona, maricona.

V: – Te cagas todo así.

M: – No te animás a pelear conmigo. Una vez que le decís cagona, cagona a esa persona la agarrás y al final la otra se caga.
(Violeta y Melina, 1er año, Escuela Posadas)

---

7. "Maricona" o "cagona" hace referencia a quedar como cobarde o miedoso ante los demás

La estudiante menciona que si se niega a pelear es calificada como "maricona", "cagona", "arrugada", cuando ella le "hace frente" finalmente la que siente miedo es la otra.

Conclusiones

En este artículo intentamos ofrecer una posible interpretación acerca de los vínculos de respeto que se tejen en el cotidiano escolar.

Analizamos las diferentes modalidades de trato que involucran los vínculos de respeto o de falta de respeto entre los y las jóvenes. Distinguimos distintas formas de relación en las sociabilidades juveniles.

- El predominio de intercambios simétricos como modalidades de trato que expresan respeto entre las partes. Como bien afirma Sennett (2003), lo que se pone en juego en este tipo de vínculo es la reciprocidad, la misma requiere sostener un intercambio mutuo y genuino que evite caer en la *compasión denigrante*[8] o en la indiferencia. Para el autor, el respeto es más abarcativo que la noción de prestigio, honor o estatus porque subraya la necesidad de un intercambio mutuo y recíproco para ser confirmado.
- La otra modalidad refiere a los modos de relación que involucran tensiones y conflictos en los intercambios de respeto. Hemos observado cómo en las sociabilidades juveniles estas formas de vincularse generan situaciones ambiguas acerca de aquello que puede ser tomado como juego u ofensa. En estos casos lo que delimita la frontera está definido por el tipo de vínculo entre las partes, la intencionalidad, la repetición de la acción y el humor de ese momento. Uno de los principios sobre los que se asienta la sociabilidad, según Simmel (2002), es el intercambio democrático entre las partes. Ello está dado en vistas de que cada participante "ha de conceder al otro aquel máximo de valores sociables (de alegría, descarga, vivacidad) que es compatible con el máximo de valores recibidos por uno mismo" (*ibídem*: 87).

---

8. A partir del empleo de su madre como trabajadora social en un suburbio de viviendas sociales, Sennett se pregunta por el trato distante y frío que ésta mantiene con los habitantes del barrio. Interpreta este gesto de "frialdad" como un modo de evitar un trato que pueda ser recibido como menosprecio: "[...] la caridad misma tiene poder para herir; la piedad puede engendrar menosprecio; la compasión puede estar íntimamente ligada a la desigualdad. Para que la compasión sea operativa, tal vez haya que atenuar el sentimiento, tratar a los otros con frialdad. El hecho de cruzar la frontera de la desigualdad tal vez requiera reserva de parte de la persona más fuerte que traspone la frontera; la reserva reconocería la dificultad, la distancia podría ser una señal de respeto..." (Sennett, 2003: 33).

- En tercer lugar, distinguimos aquellos vínculos entre los/as jóvenes donde predomina la búsqueda de imposición, imperando así una lógica asimétrica. En este tipo de prácticas emergen un abanico de significaciones por parte de los/as que son catalogados como modos de menosprecio o falta de respeto. Se trata de discursos y prácticas que recaen sobre las identidades de los jóvenes e implican la devaluación de la imagen de sí ante los demás. La pertenencia o exclusión a los grupos, las clasificaciones, las burlas o cargadas dirigidas hacia algún compañero o grupo particular, constituyen prácticas que implican también una búsqueda constante de autoafirmación y valía. En otros términos, la búsqueda de respeto representa un eje central de las formas de sociabilidad juvenil en la escuela. Aquí hemos analizado el insulto a la madre como figura paradigmática que expresa este tipo de menosprecio.
- En cuarto lugar, identificamos las diversas modalidades de accionar de los y las jóvenes ante las faltas de respeto. Encontramos que los y las estudiantes apelan al cultivo de cierta disposición corporal y actitudinal, una "fachada" que les ayuda a marcar un límite cuando el comportamiento del otro se percibe como invasivo. Por otro lado, hallamos la modalidad de "ignorar la ofensa", ya sea para evitar sanciones escolares mayores o porque no hay diponibles otros capitales para hacerse respetar. Por último, emerge como una modalidad válida para ganar respeto entre los y las jóvenes el recurso de la violencia ya sea como reacción frente a una situación sistemática de maltrato, o como recurso válido para construir una imagen de temor y miedo frente a los demás.

Como puede observarse la búsqueda de respeto es una dimensión que organiza y modula las relaciones interpersonales de los/as jóvenes. Los resultados nos invitan a reflexionar sobre la idea de que nuestras sensibilidades y expectativas acerca de cómo deben ser los vínculos interpersonales se encuentran en pleno proceso de transformación. El presente escrito constituye un aporte en esta línea de indagación.

Referencias bibliográficas

ABRAMOVAY, M. (2006) *Cotidiano das escolas: entre violências.* Brasilia: UNESCO, Observatório de Violência, Ministério da Educação.

BOURDIEU, P. (2001) *¿Qué significa hablar?* Madrid: Ediciones Akal.

BOURDIEU, P. (1968) "El sentimiento del Honor en la sociedad de Cabilia". En: *El concepto de honor en la sociedad mediterránea.* Barcelona: Labor.

BOURGOIS, P. (2010) *En busca de respeto. Vendiendo crack en Harlem.* Buenos Aires: Editorial Siglo XXI.

DICCIONARIO SOPENA (2000) *Diccionario Portugués-Español.* España: Editorial Sopena.

DÍEZ MATEO, F. (s/a) *Diccionario español etimológico del siglo XX.* Academo.

ELIAS, N. (2009) *Los alemanes.* Bueno Aires: Nueva Trilce.

ELIAS, N. (2003) "Ensayo acerca de las relaciones entre establecidos y forasteros". *REIS. Revista Española de Investigaciones Sociológicas.*, *104*(3), 219-251.

ELIAS, N. (1987) *El proceso de la civilización.* Madrid: Fondo de Cultura Económica.

ELIAS, N. y DUNNING, E. (1992). *Deporte y ocio. En el proceso de la civilización.* Madrid: Fondo de Cultura Económica.

GARCÍA, M. y MADRIAZA, P. (2005) "Sentido y propósito de la violencia escolar. Análisis estructural del discurso de estudiantes agresivos del nivel socioeconómico alto". *Revista de Psicología*, *14*(1), 41-60.

GOFFMAN, E. (2003) *La representación de la persona en la vida cotidiana.* Buenos Aires: Amorrortu.

GUBER, R. (1991) *El salvaje metropolitano.* Buenos Aires: Legasa.

HONNETH, A. (2010) *Reconocimiento y menosprecio. Sobre la fundamentación normativa de una teoría social.* Madrid: Katz.

KAPLAN, C.V. (2013). *Culturas estudiantiles. Sociología de los vínculos en la escuela.* Buenos Aires: Miño y Dávila editores.

KAPLAN, C.V. (2012) "Mirada social, exclusión simbólica y auto-estigmatización. Experiencias subjetivas de jóvenes de educación secundaria Carina". En: Kaplan, C.V.; Krotsch, L. y Orce, V. (eds.) *Con ojos de joven Relaciones entre desigualdad, violencia y condición estudiantil.* Buenos Aires: Editorial F. Disponible en: [http://iice.institutos.filo.uba.ar/sites/iice.institutos.filo.uba.ar/files/Con_ojos_de_joven_ebook.pdf].

KAPLAN, C.V. (2011) "Jóvenes en turbulencia. Miradas críticas contra la criminalización de los estudiantes". *Revista Propuesta Educativa*, N° 35, pp. 95-103. Disponible en: [http://www.propuestaeducativa.flacso.org.ar/archivos/articulos/26.pdf].

KAPLAN, C.V. (2009*a*) "La humillación como emoción en la experiencia escolar.Una lectura desde la perspectiva de Norbert Elias". En: Kaplan, C.V. y Orce, V. (eds.), *Poder prácticas sociales y procesos civilizador. Los usos de Norbert Elías.* Buenos Aires: Noveduc.

KAPLAN, C.V. (2009*b*). *Violencia escolar bajo sospecha.* Buenos Aires: Miño y Dávila editores.

KAPLAN, C.V. y SILVA, V. (2016) "Respeto y procesos civilizatorios. Imbricación socio-psíquica de las emociones". *PRAXIS educativa, 20* (1), 28-36.

KAPLAN, C.V. y SILVA, V. (2014) "O respeito como categoria socioeducativa. Uma desconstrução para a pesquisa". En: Kaplan, C.V. y Sarat, M. (eds.). *Educacaco, Subjetividade e diversidade: pesquisas no Brasil e na Argentina.* Londrina: Universidad Estadual de Londrina.

MALDONADO, M.M. (2006) *Una escuela dentro de una escuela.* Buenos Aires: Eudeba.

MARTUCCELLI, D. (2007) *Gramáticas del individuo.* Buenos Aires: Losada.

MÍGUEZ, D. y TISNES, A. (2008) "Midiendo la violencia en las escuelas argentinas". En: Míguez, D. (ed.), *Violencias y conflictos en las escuelas.* Buenos Aires: Paidós.

MUTCHINICK, A. (2016) "Atributos que humillan. Un enfoque relacional sobre las humillaciones entre estudiantes de educación secundaria". *Revista Educación y Ciudad, 31* (Julio-Diciembre), 15-26.

OBSERVATORIO ARGENTINO DE VIOLENCIAS EN LAS ESCUELAS (2009) *Violencias en las escuelas. Investigaciones, resultados y políticas de abordaje y prevención.* Simposio Francia-Argentina. Ministerio de Educación de la Nación: Ciudad Autónoma de Buenos Aires.

OBSERVATORIO ARGENTINO DE VIOLENCIAS EN LAS ESCUELAS (2008) *La violencia en las escuelas: un relevamiento desde la mirada de los alumnos.* Ministerio de Educación de la Nación: Buenos Aires.

PAULÍN, H. (2015) "Ganarse el respeto". *Revista Mexicana de Investigación Educativa*, 20, N° 6, 1105-1130.

SENNETT, R. (2003) *El respeto. Sobre la desigualdad del hombre en un mundo de desigualdad.* Barcelona: Anagrama.

SIMMEL, G. (2002) *Cuestiones Fundamentales de Sociología.* Barcelona: Gedisa.

VALLES, M.S. (2002) "Cuadernos metodológicos. Entrevistas cualitativas". Disponible en: [http://doi.org/004020239].

VASILACHIS DE GIALDINO, I. (2006) *Estrategias de investigación cualitativa.* Barcelona: Gedisa.

VISCARDI, N. y ALONSO, N. (2013) *Gramáticas de la convivencia. Un examen a la cotidianidad escolar y la cultura política en la Educación Primaria y Media en Uruguay.* Montevideo: Ed. A. Pública Nacional.

ZUBILLAGA, V. (2007) "Los varones y sus clamores: los sentidos de la demanda de respeto y las lógicas de la violencia entre jóvenes de vida violenta de barrios en Caracas". *Espacio Abierto. Cuaderno Venezolano de Sociología*, 16, 577-608.

Juventudes y estructura emotiva.

Reflexiones preliminares sobre el suicidio como dolor social

Carina V. Kaplan
Natalia C. Cerullo

L a estructura emotiva que se teje ante el sentimiento de vacío existencial puede dar lugar a comportamientos de autodestrucción.
Bajo el supuesto de que la violencia constituye subjetividades,
podemos interpretar que las prácticas de suicidio juvenil revelan, a través de actos de violencia contra sí mismo, una subjetividad que
ha sido negada. Este escrito es una invitación a pensar, a partir de una
serie de relatos de jóvenes escolarizados,[1] acerca de cómo se vislumbra un
dolor social que se canaliza mediante experiencias de roce con la muerte.
Estos acercamientos expresan intentos de autoafirmación y la necesidad de
probar una valía social que no parecen percibir en los ojos de los demás.
De allí la significación de explorar las imbricaciones entre la construcción
social del suicidio juvenil y las experiencias emocionales de estudiantes
de educación secundaria o media.

Presentaremos aproximaciones teóricas preliminares sobre el suicidio
para luego recuperar voces juveniles que recogimos en nuestro proceso de
investigación. Quizás, a modo de hipótesis de carácter general, podemos
afirmar que el roce con la muerte es un grito desesperado por el reconocimiento y una búsqueda existencial por el sentido de vivir.

---

1. La cuestión del suicidio juvenil emerge como un interrogante en el marco de entrevistas
realizadas por el equipo de investigación que dirige Carina Kaplan a jóvenes, profesores
y directores de escuelas secundarias de la Ciudad de La Plata (proyectos UBACyT, PIP
CONICET y PID UNLP). Estas entrevistas se inscriben en una línea de investigación que
indaga sobre la problemática de las violencias en el espacio escolar desde una perspectiva
socioeducativa.

Esbozos teóricos acerca del suicidio

La Organización Mundial de la Salud define en 1976 el suicidio como "todo acto por el que un individuo se causa a sí mismo una lesión o daño, con un grado variable de la intención de morir, cualquiera sea el grado de la intención letal o de conocimiento del verdadero móvil" (OMS, 1976).

Ahora bien, comencemos haciendo un poco de historia. En el año 1737 el abate (eclesiástico) Desfontaines utilizó por primera vez el término "suicidio". Aunque, fue recién en el siglo XIX que se desarrollan estudios sobre este fenómeno social. De acuerdo con su etimología, proviene de las raíces latinas «sui», que significa de sí mismo, y «caedere», matar (matarse a sí mismo). El vocablo hace referencia literalmente al «acto a través del cual la persona se provoca voluntariamente la muerte a sí misma». Desde su génesis cabe entonces el interrogante acerca de la denominada voluntariedad del acto.

Émile Durkheim (2014), define al suicidio[2] como un hecho social que no puede ser interpretado exclusivamente a través de causas individuales sino primordialmente considerando las formas de cohesión propias de cada sociedad. Este enfoque elaborado en 1897 contribuyó a disputar la hegemonía que tenía cierto paradigma de la psicología y la medicina que reducía al acto suicida a patologías individuales, y más particularmente ligándolo directamente a la "locura".

Si bien las experiencias de suicidio pueden rastrearse a lo largo de la historia y en distintas sociedades, las significaciones que asume están ancladas en el lugar simbólico que ocupa la vida y la muerte. En las sociedades modernas occidentales, el suicidio trae aparejado un doble tabú. La muerte como fenómeno se intenta ocultar detrás de *las bambalinas de la vida social* (Elias, 1987) y la muerte autoinfligida recibe una condena social fundada en la doctrina de la Iglesia de Roma (la cual sostiene que la vida es un bien dado al hombre por su creador, y siendo este último quien la concede, también es el único que tiene la potestad de quitarla). Esta condena de los actos de suicidio trascendió los círculos religiosos y tuvo

---

2. Existen para Durkheim cuatro tipos de suicidio que darían cuenta del malestar social: egoísta, altruista, anómico y fatalista. El suicidio egoísta es el tipo de suicidio motivado por un aislamiento demasiado grande del individuo con respecto a la sociedad. Es el suicidio de los marginados, de los solitarios, de los que no tienen lazos fuertes de solidaridad social. El suicidio altruista corresponde al otro extremo; cuando está demasiado ligado a ella, por ejemplo, en el ejército. El suicidio anómico es el de aquel que no ha sabido aceptar los límites que la sociedad impone; aquel que aspira a más de lo que puede y cae, por lo tanto, en la desesperación. El suicidio fatalista, escasamente desarrollado, da cuenta de sociedades de reglas rígidas en las cuales los individuos quieren escapar de la situación en la que se hallan (por ejemplo, un esclavo de una situación esclavista).

consecuencias que se expresaron posteriormente en la elaboración de leyes que regulaban y castigaban este tipo de conductas (Cohen Agrest, 2007).

Lo cierto es que el vínculo con la muerte está connotado por sentidos y emotividades particulares que refieren a los miedos y sentimientos de época. Asimismo, mencionemos que la categoría de juventud ha estado históricamente ligada con la de muerte. En particular, la juventud del medioevo era una "juventud para la muerte". La muerte joven aparecía vinculada con las guerras, era aceptada y en ocasiones, anhelada (Levi y Schmitt, 1995).

En nuestros contextos se trata de muertes violentas. Según el informe "Situación de salud de las y los adolescentes en Argentina",[3] para el año 2016 el 61,5% de las muertes adolescentes se producen por causas violentas o externas. De estos casos, los accidentes de tránsito, el ahogamiento por inmersión y ahorcamientos accidentales constituyen el 30% de los casos. A ello le siguen los suicidios (13%) y los homicidios (8,9%). Florencia Saintout, frente a esta muerte joven, señala que es

[...] aquella que no tiene nada que ver con la calma de la vejez, con los procesos naturales de culminación de la vida (Elias, 1987), ni con la moratoria vital, en tanto supuesta lejanía con respecto a la muerte que caracterizaría lo juvenil (Margulis, 1996). Esta ligazón es construida por los discursos hegemónicos como un dato sin historia, que habla de la irracionalidad de las prácticas y del deterioro de la juventud. (2014: 314)

La juventud se encuentra expuesta a la exclusión económica y también simbólica, la que es posible de percibir en las miradas negativizadas y criminalizantes que suelen hacer suyas (Kaplan, 2011). En ocasiones, la violencia de las y los jóvenes no es más que uno de los efectos más trágicos que provoca la exposición temprana y continua de dichos jóvenes a un mundo violento. Siendo que la juventud está signada por cambios subjetivos y vinculares intensos a través de los cuales se busca constituir la propia identidad, la mirada generacional adulta es un aspecto fundamental en estos procesos.

[...] Les tenemos miedo precisamente, a ellos que se perciben y sienten minimizados. Transformamos en amenaza a quienes se sienten despreciados en su valía social. Tal vez, ese sentimiento de inferioridad esté en la génesis de comportamientos sociales que condenamos luego, responsabilizando a los mismos jóvenes que hemos negado y excluido. (Kaplan, 2013: 59)

---

3. Elaborado por el Ministerio de Salud de la Nación y Unicef en el año 2016. Disponible en: [https://www.unicef.org/argentina/sites/unicef.org.argentina/files/2018-03/Salud-linea-base-adolescencia-2016-MSAL.pdf].

Wieviorka (2006) afirma que el sujeto no puede de modo alguno constituirse si no es a través del reconocimiento del otro, en una relación interpersonal e intersubjetiva, en el vínculo intercultural y social. La construcción cultural de sentimientos y emociones vinculadas a la valía social nos constituye en nuestro proceso de subjetivación (Kaplan, 2013). La estructura social y la estructura psíquica de los individuos están íntimamente imbricados (Kaplan, 2008). Es decir, individuo y sociedad son dos aspectos distintos, pero a la vez inseparables de la constitución subjetiva de los seres humanos. En sociedades desiguales y polarizadas las y los estudiantes denuncian un profundo sentimiento de exclusión que suele estar en la base de los comportamientos de violencia hacia los demás y autodestructivos (Kaplan, 2009). Auyero y Berti (2013) argumentan que existen diversas formas de agresiones que se entrelazan formando "cadenas de violencia", principalmente presentes en espacios urbanos marginados donde la acción estatal es intermitente y contradictoria.

En ciertas tramas escolares las prácticas de violencia de las y los jóvenes operan como una señal para ser miradas/os, identificadas/os, visibilizadas/os o, en la misma dirección, como búsqueda del reconocimiento y respeto de las/os otras/os; en particular por parte de las/os pares, como un modo de reafirmar su estima social. Si bien la violencia pareciera expresar la ausencia de sentido de los actos sociales, en realidad podría interpretarse que traduce la dificultad de poder ver realizadas estas esperanzas y expectativas personales, es decir, poder llevarlas a cabo (Kaplan, 2011).

Así es que entendemos que los roces con la muerte y las violencias autoinfligidas están profundamente ligadas a sentimientos de ausencia o pérdida de reconocimiento social. Al mismo tiempo,

> La posibilidad o imposibilidad de representarse un proyecto futuro que le otorgue sentido a la propia existencia individual y colectiva pareciera ser una vía para interpretar este tipo de comportamientos asociados a las violencias, que tienden a ser condenados desconociendo o desacreditando su génesis social. (Kaplan, 2013: 60)

Adquiere entonces relevancia la pregunta por las experiencias emotivas que construyen las y los jóvenes en la vida escolar y su vinculación con las violencias y, particularmente, con las prácticas ligadas al suicidio.

El suicidio juvenil como dolor social

Podemos inferir muy inicialmente que las experiencias de suicidio se enmarcan en una problemática más amplia que tiene que ver con las violencias como forma de expresar un dolor social. En particular, las violencias autoinfligidas se vinculan a sentimientos de ausencia o pérdida del reconocimiento, lo cual estaría en la base de las heridas sociales que las y los estudiantes relatan. Las emociones no son sensaciones o percepciones en estado puro; implican siempre actos de sentido que se encuentran mediados por una instancia de pensamiento y configuradas social e históricamente (Sennett, 2000, 2003).

Retomando una serie de supuestos que expone Elias en *Civilización y violencia* (1994), es preciso considerar el hecho que la juventud necesita construir horizontes de futuro, sentirse parte de un grupo de personas de la misma edad con quienes identificarse, percibir valía social y fabricar un ideal o meta que le otorgue sentido a su vida que trascienda lo individual y transmute en colectivo.

Se trataría de "ser alguien" en la vida social para dejar de formar parte de "los nadies". Las experiencias ligadas al suicidio son actos de violencia contra sí mismo. Frente a la imposibilidad de percibirse visibilizados, inician una búsqueda por su propia auto-afirmación. La juventud suele canalizar el dolor social a través de comportamientos que en ocasiones involucran un compromiso socio-emocional y corporal (intentos de suicidio, juegos de peligro al límite, trastornos alimenticios, toxicomanía, autolesiones, etc.). Este tipo de conductas no suelen tener la finalidad de producir la muerte sino que buscan poner a prueba las capacidades físicas y/o psíquicas del individuo aun corriendo el riesgo de perder la vida.

Es el sentido de existir el que se pone en juego. Las experiencias de suicidio pueden ser interpretadas como vía de escape frente a una realidad que angustia. Las estrategias frente al malestar socio-psíquico, producido por un presente y un futuro desesperanzado, pueden envolver "conductas de riesgo" (Le Breton, 2011).

En este tipo de prácticas el cuerpo es depositario de comportamientos autodestructivos (cortes, juegos de asfixia, entre otros) oficiando como un espacio transicional que posibilita atravesar la dureza de las propias circunstancias de vida (Le Breton, 2002, 2017). Es decir, el cuerpo encarna el locus de la conflictividad sociocultural. Representa el espacio por donde se transitan y tejen múltiples subjetividades y donde lo social se hace cuerpo (Scribano y Fígari, 2009). Funcionando como un refugio para aferrarse a lo real y no hundirse. La violencia contra el propio cuerpo podría ser pensada como una respuesta defensiva a las significaciones sociales estigmatizantes (Goffman, 2006).

Las tentativas de suicidio nos alertan sobre experiencias desubjetivantes que expresan un malestar sociopsíquico. Es preciso distinguir aquí el suicidio propiamente dicho, en tanto pasaje al acto, de las tentativas de suicidio concebidas como actos de pasaje.

Uno de los estudiantes entrevistados sostiene que producirse autolesiones

[...] te deja salir el dolor. Es como me dijo mi primo una vez: si te duele algo andá a correr, porque ahí después te va a doler todo y te vas a olvidar del primer dolor, te la tenés que aguantar. Para ellos es cortarse las venas para expresar un dolor... (Estudiante, 5to año)

El dolor físico se imbrica con el dolor psíquico. Frente al silenciamiento o a la ausencia de palabras es el cuerpo el que funciona como depositario del sufrimiento social y se expresa para poder restaurar el lazo con el mundo exterior. Las marcas corporales son metáforas sociales que simbolizan o cristalizan procesos y sentimientos de exclusión (Kaplan, 2013).

Podemos inferir muy preliminarmente que, en ocasiones, el sufrimiento que atraviesan estos jóvenes que hemos entrevistado a lo largo del proceso de investigación es tan profundo que incluso las palabras quedan pequeñas como para poder enunciar o apaciguar de algún modo la vivencia íntima de padecimiento. Las marcas que dejan en su cuerpo tienen un valor de acto de pasaje ya que parecen operar bajo la creencia de que les posibilitarían superar la tensión.

Una de las estudiantes, haciendo referencia a los intentos de suicidio de una compañera, argumenta que *"como ya el dolor lo tiene por dentro, eso no le dolía"* (Estudiante, 5to año). El dolor físico se percibe incluso como menor que el daño psíquico que lo fundamenta.

El lenguaje de la piel nos permite distinguir y percibir dolor y placer. Es aquello que nos une y nos separa de los otros. Espacio de intersección entre el adentro y el afuera. Nos desnuda ante los otros, dejando a flor de piel sensaciones personales y olores, incluso aquello que preferiríamos resguardar (Kaplan, 2016). Le Breton sostiene que "la piel es siempre doble, el individuo sólo controla una parte de ella; si bien esconde, a veces, en el mismo acto muestra" (2017: 49)

Al reflexionar a partir de los relatos estudiantiles, pareciera que la piel funciona como frontera simbólica estableciendo límites móviles en las relaciones interpersonales (Kaplan, 2016). El espacio simbólico donde se cristaliza el vínculo social es a la vez el lugar donde se disputan e intenta resolver la conflictividad entre el individuo y el mundo, entre el yo y el nosotros.

Ante el relato de los estudiantes referido a intentos de suicidio de jóvenes de su escuela, nos encontramos con los siguientes testimonios que, desde su perspectiva, conducen a estos actos:

[...] por soledad, por no sentir afecto, por sentirse como que nadie la escucha [...] Sufre de soledad. (Estudiante, 5to año)

[...] creo que no le deben encontrar un sentido a la vida. En esta edad nos afecta mucho todo. (Estudiante, 5to año)

[...] ya no aguantaba más vivir. (Estudiante, 5to año)

El universo de las y los jóvenes al que nos acercamos no está aislado sino que es parte del entramado social, donde la mirada de las y los otros, ya sean pares o adultos, tiene un impacto en la conformación de las estructuras emotivas.

La mirada tiene una fuerza simbólica cuya intensidad es difícil de suprimir. Los ojos del Otro están dotados del privilegio de otorgar o quitar significaciones esenciales. (Le Breton, 2010: 134)

Las experiencias de suicidio juvenil parecen simbolizar luchas contra un sufrimiento que se vive como situación límite. De modo que, podemos inferir que en las experiencias subjetivas de suicidio y de roce con la muerte se hace manifiesto un enfrentamiento con el mundo en el cual lo que se pondría en juego tal vez no es la muerte en sí sino el encontrarle un sentido a la propia existencia. Siendo la piel el espacio físico y simbólico donde se disputan sentidos en torno a la existencia social e individual. Atacar al propio cuerpo se vuelve una manera de poner en movimiento el sentido, una prueba de existencia, una búsqueda de valor personal.

Para seguir pensando

El suicidio es una forma de muerte violenta y una de las causas de fallecimiento más importantes de la juventud. De acuerdo con la Organización Mundial de la Salud, en el año 2015 ha sido la segunda causa de muerte de entre las y los jóvenes de 15 a 29 años en todo el mundo.[4] Se estima que a nivel mundial el suicidio supuso el 1,8% de la carga global de morbilidad en 1998, y que en 2020 representará el 2,4%. Aunque tradicionalmente las mayores tasas de suicidio se han registrado entre los varones de edad avanzada, las tasas entre los jóvenes han ido en aumento hasta el punto de que representan el grupo de mayor riesgo en un tercio de los países, tanto en el mundo desarrollado como en el mundo en desarrollo.

En Argentina, se ha producido un incremento de los casos en jóvenes de entre 15-24 y 25-34 años, y constituye la segunda causa de defunción en jóvenes de 10-19 años. La cantidad de varones fallecidos entre los 15-44 años desde 2005 supera al valor registrado en 2001 y se incrementó

---

4. [http://www.who.int/].

un 13 % en los últimos cinco años. El grupo etario más afectado fue el de 20-24 años y luego los grupos de 25-29 y 15-19 años.

El Programa Nacional de Salud Integral en la Adolescencia (PNSIA) y el Programa Nacional de Patologías Mentales Severas y Prevalentes, identifican el intento de suicidio como una de las problemáticas de mayor importancia en la situación de salud de las y los jóvenes, junto al consumo episódico excesivo de alcohol y el embarazo no planificado, y se han definido como ejes prioritarios para su abordaje sociosanitario.[5]

El sufrimiento y la muerte joven nos conmueve y compromete como generación adulta en nuestra función de educar. A través del relato de las y los estudiantes a quienes fuimos entrevistando, hemos observado que las prácticas de suicidio constituyen una escena de trauma escolar que merece ser pensada y abordada. La ley del silencio no permite ayudar a reparar la herida.

Referencias bibliográficas

AUYERO, J. y BERTI, M.F. (2013) *La violencia en los márgenes Una maestra y un sociólogo en el conurbano bonaerense.* Buenos Aires: Katz.

BOURDIEU, P. (dir.) (1999) *La miseria del mundo.* Buenos Aires: Fondo de Cultura Económica.

BOURDIEU, P. (1991) *La distinción. Criterio y bases sociales del gusto.* Madrid: Taurus Humanidades.

COHEN AGREST, D. (2007) *Por mano propia. Estudio sobre las prácticas suicidas.* Buenos Aires: Fondo de Cultura Económica.

DURKHEIM, E. (2014 [1987]) *El suicidio. Estudio de Sociología y otros textos complementarios.* Buenos Aires: Miño y Dávila editores, 2da. ed.

DURKHEIM, E. (2004 [1987]) *El suicidio.* Buenos Aires: Losada.

ELIAS, N. (1994). "Civilización y violencia". *Revista Española de Investigaciones Sociológicas*, N° 65, pág. 141-151.

ELIAS, N. (1987) *El proceso de la civilización. Investigaciones sociogenéticas y psicogenéticas.* Madrid: Fondo de Cultura Económica.

GOFFMAN, E. (2006) *Estigma: la identidad deteriorada.* Buenos Aires: Amorrortu.

KAPLAN, C.V. (2016) "El lenguaje es una piel. Género, violencia y procesos civilizatorios". En: *Género es más que una palabra.* Buenos Aires: Miño y Dávila editores.

KAPLAN, C.V. (2013) "El miedo a morir joven. Meditaciones de los estudiantes sobre la condición humana". En: Kaplan, C.V. (dir.) *Culturas estudiantiles. Sociología de los vínculos en la escuela.* Buenos Aires: Miño y Dávila editores.

KAPLAN, C.V. (2011) "Jóvenes en turbulencia. Miradas críticas contra la criminalización de los estudiantes". *Revista Propuesta Educativa* N° 35, FLACSO. pp. 95-103.

KAPLAN, C.V. (dir.) (2009) *Violencia escolar bajo sospecha.* Buenos Aires: Miño y Dávila editores.

---

1. [http://www.msal.gob.ar/images/stories/bes/graficos/0000000879cnt-2018-lineamientos-atencion-intento-suicidio-adolescentes.pdf].

KAPLAN, C.V. (coord.) (2008) *La civilización en cuestión. Escritos inspirados en la obra de Norbert Elias*. Buenos Aires: Miño y Dávila editores.

KAPLAN, C.V. y SZAPU, E. (en prensa) "El racismo del cuerpo. Procesos psicosociológicos de discriminación escolar". *Revista Pensamientos Psicológicos*.

LE BRETON, D. (2017) *El cuerpo herido. Identidades estaladas contemporâneas*. Buenos Aires: Topia.

LE BRETON, D. (2014) *Una breve historia de la Adolescencia*. Buenos Aires: Nueva Visión.

LE BRETON, D. (2012) "Por una antropología de las emociones". *Latinoamericana de Estudios sobre Cuerpos, Emociones y Sociedad*, N° 10, Año 4, diciembre, pp. 69-79.

LE BRETON, D. (2011) *Conductas de Riesgo. De los juegos de la muerte a los juegos del vivir*. Buenos Aires: Topia.

LE BRETON, D. (2010) *Rostros. Ensayo de antropología*. Buenos Aires: Nueva Visión.

LE BRETON, D. (2002) *Antropología del cuerpo y modernidad*. Buenos Aires: Nueva Visión.

LEVI, G. y SCHMITT, J. (1995) *Historia de los Jóvenes*. Madrid: Taurus.

MINISTERIO DE SALUD DE LA NACIÓN (2011) "Situación de salud de los adolescentes en la Argentina". Programa Nacional de Salud Integral en la Adolescencia.

MINISTERIO DE SALUD DE LA NACIÓN. Informe. Disponible en: [http://www.msal.gob.ar/saludmental/images/stories/info-equipos/pdf/2014-12-18_mortalidad-por-suicidio-en-argentina-1997-2012.pdf]

MINISTERIO DE SALUD DE LA NACIÓN. Informe. Disponible en: [http://www.msal.gob.ar/images/stories/bes/graficos/0000000879cnt-2018-lineamientos-atencion-intento-suicidio-adolescentes.pdf].

MINISTERIO DE SALUD DE LA NACIÓN. Informe. Disponible en: [https://www.argentina.gob.ar/salud/glosario/suicidio].

OMS, Organización Mundial de la Salud, (1976) Disponible en: [http://apps.who.int/].

SAINTOUT, F.J. (2014) "La juventud y el daño en la Argentina". *Andamios. Revista de Investigación Social* [en línea] 2014, 11 (enero-abril): Disponible en: [http://www.redalyc.org/articulo.oa?id=62832750015] (consultado: 4/5/18).

SCRIBANO, A. y FIGARI, C. (comps.) (2009) *Cuerpo(s), Subjetividad(es) y Conflicto(os). Hacia una sociología de los cuerpos y las emociones desde Latinoamerica*. Buenos Aires: CLACSO/CICCUS.

SENNETT, R. (2003) *El respeto. Sobre la dignidad del hombre en un mundo de desigualdad*. Barcelona: Anagrama.

SENNETT, R. (2000) *La corrosión del carácter*. Barcelona: Anagrama.

UNICEF. Informe. Disponible en: [https://www.unicef.org/argentina/informes/situaci%C3%B3n-de-salud-de-los-y-las-adolescentes-en-la-argentina]

WIEVIORKA, M. (2006) "La violencia: Destrucción y constitución del sujeto". *Espacio abierto*, Vol. 15, N° 1 y 2, enero-junio. Asociación Venezolana de Sociología Maracaibo, pp. 239-248.

WORLD HEALTH ORGANIZATION. (2018) Informe. Disponible en: [http://www.who.int/mediacentre/factsheets/fs398/en/].

Acerca de las autoras y autores

ALFREDO FURLÁN. Doctor en Ciencias de la educación por la Universidad René Descartes, París V (Francia, 1986). Actualmente es profesor titular C de tiempo completo en la Unidad Interdisciplinaria de Investigación en Ciencias de la Salud y la Educación (UIICSE) en la Facultad de Estudios Superiores Iztacala (FESI) de la Universidad Nacional Autónoma de México (UNAM), donde desarrolla la línea de investigación *La gestión pedagógica en la escuela: los problemas de la convivencia y la disciplina.* Además es tutor del doctorado en los programas posgrado de Psicología de la FESI y de Pedagogía de la Facultad de Filosofía y Letras (FFyL) de la UNAM. Dicta clases en la licenciatura y el posgrado en Pedagogía en la FFyL. Ha publicado artículos y libros sobre teoría pedagógica, didáctica, currículum, gestión, disciplina y violencia escolar. Es miembro del Sistema Nacional de Investigadores Nivel 2.

NILDA ALVES. Profesora titular de La Universidad del Estado de Río de Janeiro (UERJ), jubilada; Beca de Investigador Visitante Emérito, de la Fundação de Amparo a Pesquisa (Faperj), con ejercicio en el Programa de Posgrado en Educación (ProPEd-UERJ/Facultad de Educación/Maracanã) y en el Programa de Posgrado en Educación –Procesos Formativos y Desigualdades sociales (UERJ/Facultad de Formación de Profesores/S.Gonçalo); Beca de investigador/CNPq –categoría 1 A; ex-presidente: de la Associação de Pós-graduação e Pesquisa em Educação (ANPEd); de la Associação Nacional pela Formação dos Profissionais da Educação (ANFOPE); de la Associação Brasileira de Currículo (AbdC); de la Associação de Docentes da UERJ (ASDUERJ); creadora del Laboratório Educação e Imagem/UERJ. Líder del GRPesq/CNPq "Currículos, redes educativas e imágenes".

HILDA MAR RODRÍGUEZ GÓMEZ. Profesora de la Facultad de Educación de la Universidad de Antioquia (Medellín-Colombia). Miembro de grupo de Investigación Diverser. Interesada en temas referidos a la formación de maestros y maestras y la diversidad cultural.

MIRIAM CARLOTA ORDÓÑEZ ORDÓÑEZ. Psicóloga Educativa. Magíster en Psicoterapia del Niño y la Familia. Docente de la Facultad de Psicología de la Universidad de Cuenca, Ecuador. Investigadora en la línea de violencia escolar desde el 2010 hasta la actualidad. Ha participado en calidad de investigadora en los proyectos "Estudio de la ViolenciaEscolar-Bullying entre Pares en las Escuelas Urbanas de la ciudad De Cuenca (2010-2012), "Impacto de un Plan de Prevención de Estrategias Psicosociales en la Disminución del Acoso Escolar – Bullying (2012-2014), actualmente se encuentra dirigiendo el proyecto denominado "Estrategias de Afrontamiento de los Niños Víctimas frente a Situaciones de Acoso Escolar y Cyberbullying". Cuenta con publicaciones en el área del acoso escolar.

LUIS PORTA. Docente e Investigador del Departamento de Ciencias de la Educación de la Facultad de Humanidades (UNMdP) e Investigador Independiente de CONICET. Profesor Titular en la Cátedra Problemática Educativa y Director del Centro de Investigaciones Multidisciplinarias en Educación (CIMEd) y del Grupo de Investigaciones en Educación y Estudios Culturales (GIEEC) de Facultad de Humanidades, UNMDP. Doctor en Pedagogía (Universidad de Granada), dirige la carrera de posgrado de Especialización en Docencia Universitaria (UNMdP).

MARÍA MERCEDES RUIZ MUÑOZ. Académica de tiempo completo de la Universidad Iberoamericana, Ciudad de México. Doctora en Ciencias con la Especialidad en Investigaciones Educativas por el Departamento de Investigaciones Educativas por el Departamento de Investigaciones Educativas del CINVESTAV. Integrante del Sistema Nacional de Investigadores, nivel III.

MIGUEL ALBERTO GONZÁLEZ GONZÁLEZ. PhD en Ciencias de la educación y PhD en conocimiento y cultura en América Latina. Posee libros sobre ensayos educativos, filosóficos. Tiene artículos en revistas nacionales e internacionales. Ha participado con ponencias en eventos académicos y docente invitado en Argentina, Brasil, Colombia, Costa Rica, Chile, Dinamarca, España, Francia, India, Italia, Haití, México y Turquía.

CLAUDIA CARRASCO AGUILAR. Psicóloga y Licenciada en Psicología. Ha estudiado un Master en Psicología Social por la Universidad ARCIS –Chile– y por la Universität Autònoma de Barcelona –España–, un Diploma de Estudios Avanzados en Didáctica de las Ciencias Sociales en la Universidad de Valladolid, y un Postítulo en Teorías de género, desarrollo y políticas públicas para la equidad de género en la Universidad de Chile. Recientemente ha finalizado el Doctorado en Ciencias de la Educación en la Universidad de Granada. Se desempeña como académica e investigadora de tiempo completo en el Departamento de Psicología de la Universidad de Playa Ancha, en Valparaíso-Chile, y se especializa en temáticas de convivencia escolar, políticas educativas y metodologías de investigación cualitativas.

GISELA UNTOIGLICH. Doctora en Psicología, Universidad de Buenos Aires. Codirectora académica del Curso de Posgrado "Despatologizando diferencias en la clínica y las aulas. Organizado por Forum Infancias y FLACSO. Modalidad virtual. Codirectora del Programa de Actualización: "Problemáticas Clínicas Actuales en la Infancia" Posgrado de la Facultad de Psicología UBA (2006-2015). Profesora invitada por diferentes instituciones y universidades nacionales y extranjeras de México, España, Uruguay, Brasil y Chile. Ganadora del Premio Facultad de Psicología 2005: "Aportes de la Psicología a la problemática de la niñez". Miembro fundador del Forum Infancias. Supervisora de los equipos de concurrentes y residentes de psicopedagogía del Hospital de Niños R. Gutierrez, del Hospital Durand y del C.E.S.A.C. N° 15 de la Ciudad de Buenos Aires. Supervisora del Equipo Interdisciplinario del Centro de Desarrollo Infantil y de Estimulación Temprana "El Nido" de San Isidro.

DANIEL KORINFELD. Licenciado en Psicología por la Universidad Complutense de Madrid (UCM). Magíster en Salud Mental Comunitaria por la Universidad Nacional de Lanús (UNLa). Psicoanalista. Junto a su actividad clínica asistencial con adolescentes y adultos se ha desempeñado en el ámbito de las instituciones educativas, los equipos técnicos y de orientación en torno a las problemáticas de la infancia y la adolescencia. Realiza tareas de acompañamiento y asesoramiento en instituciones educativas, equipos de salud mental y servicios locales de protección de derechos de niños, niñas y adolescentes. Profesor de la Maestría y del Doctorado en Salud Mental Comunitaria (UNLa). Profesor invitado de posgrado en diversas universidades e instituciones de formación e investigación. Coordina con Graciela Frigerio los Ateneos de Pensamiento Clínico. Fundador del Grupo Rioplatense de Psicoanálisis y Educación. Miembro fundador y director de Punto Seguido-Espacio de intercambio y formación en Salud y Educación. Integrante del Grupo de Psicoanálisis Zona de Frontera.

JORGE EDUARDO CATELLI. Licenciado en Psicología por la Universidad de Buenos Aires. Profesor en Psicología por la Universidad de Buenos Aires. Doctorando en Psicología en la Universidad de Buenos Aires. Miembro de la Asociación Psicoanalítica Argentina, de la International Psychoanalytical Association y de la Federación Psicoanalítica para América Latina. Jefe de Trabajos Prácticos Regular de las Cátedras de Teorías Psicológicas de la Subjetividad y Psicoanálisis y Educación, Ciencias de la Educación de la Facultad de Filosofía y Letras de la Universidad de Buenos Aires. Ex Jefe de Trabajos Prácticos de Psicología General y Psicología Psicoanalítica de la Carrera de Ciencias de la Educación de la FFyL de la UBA, Co-fundador del Capítulo "Psicoanálisis y Educación" y de las "Jornadas de Psicoanálisis y Educación APA - UBA" junto a Jorge Canteros, en la Universidad de Buenos Aires y la Asociación Psicoanalítica Argentina. Participa desde hace más de diez años en investigaciones UBACyT sobre la las temáticas de tutorías, adolescencias y construcción de representaciones de violencia en grupos sociales vulnerables. Cuenta con numerosas publicaciones en revistas de difusión científica en Psicoanálisis y Educación así como múltiples participaciones en congresos internacionales en estas áreas. Desde hace más de veinticinco años se desempeña como formador en capacitaciones docentes y asesor en educación y trabajo psico-educativo de escuelas de gestión pública y privada, en nivel inicial, primario y secundario, en nuestro país y coordinando intercambios con Gymnasien de la República Federal de Alemania. Desde hace más de trece años dicta seminarios psicoanalíticos y de articulación de Psicoanálisis y Educación en la Asociación Psicoanalítica Argentina y en Gea - Centro de Supervisiones Clínicas, donde ha fundado hace dieciocho años el Departamento de Psicoanálisis y Educación. Actualmente es miembro de la Comisión Directiva de la Asociación Psicoanalítica Argentina.

NIDIA ELI OCHOA REYES. Licenciada en Pedagogía por la Facultad de Filosofía y Letras (FFyL) de la Universidad Nacional Autónoma de México (UNAM). Ha sido editora y asesora pedagógica de distintos programas educativos e instituciones empresariales. Actualmente estudia la maestría en Pedagogía en la FFyL de la UNAM, imparte las asignaturas "Taller de Evaluación" y "Taller de adaptación de resultados de investigación de la línea de didáctica de la historia" en el Instituto José María Luis Mora y es ayudante de investigación.

ALESSANDRA NUNES CALDAS. Investigadora Junior/CNPq (2018-2021) con actuación en el ProPEd/UERJ; ex-Posdoctora en el Programa de Posgrado en Educación de la Universidad del Estado de Río de Janeiro (ProPEd/UERJ), becaria FAPERJ/CAPES en la modalidad PNPD (2015-2018); integrante del Laboratorio Educación e Imagen. Doctora (2015) y Máster (2010) por El ProPEd/UERJ Investigadora en El GRPesq "Currículos, redes educativas e imágenes".

ANTONIO LUZÓN TRUJILLO. Profesor de filosofía y letras, Profesor de Educación Básica y Licenciado en filosofía y letras. Posee un Doctorado en Filosofía y Ciencias de la Educación por la Universidad de Granada. Se desempeña como académico de tiempo completo en el Departamento de Pedagogía de la Facultad de Educación en la Universidad de Granada, donde lidera el Master en Investigación, desarrollo social e intervención socioeducativa. Ha dirigido y formado equipos de investigación en diferentes proyectos europeos sobre educación, además de participar en iniciativas de investigación, cooperación y desarrollo con países latinoamericanos como México y Chile. Sus áreas de especialización son las políticas educativas, pedagogía social, educación comparada y las metodologías de investigación cualitativas.

VERÓNICA SILVA. Es Licenciada en Psicología por Universidad Nacional de Córdoba. Doctoranda del Doctorado en Educación, Facultad de Humanidades y Ciencias de la Educación de la Universidad Nacional de La Plata. Fue Becaria doctoral del CONICET. Miembro del Programa Transformaciones sociales, Subjetividad y Procesos educativos, Instituto de Investigaciones en Ciencias de la Educación de la UBA. Adscripta a la cátedra de Teorías Sociológicas, Departamento de Ciencias de la Educación, Facultad de Filosofía y Letras de la UBA. Se desempeña actualmente como docente de la materia "Instituciones Educativas" en el Instituto Superior de Profesorado de Educación Inicial Sara C. de Eccleston (CABA).

JANETH CATALINA MORA OLEAS. Educadora. Licenciada en Ciencias de la Educación. Doctora en Ciencias de la Educación mención Planificación e Investigación Educativa. Magister en Docencia y Currículo para la Educación Superior. Docente de la Universidad Nacional de Educación, Azogues, Ecuador. Experiencia docente en los niveles: de educación básica, bachillerato, superior y maestría. Docencia en el área de las Matemáticas y en La Enseñanza y Aprendizaje de las Matemáticas en carreras de formación docente. En el ámbito de la investigación, vinculada a proyectos relacionados con la Educación y la Psicología: Acoso escolar, Familia, Inclusión Educativa, Enseñanza y aprendizaje de las Matemáticas, brindando apoyo en procesos metodológicos, recolección de información, procesamiento y análisis estadístico.

MARCIA SANDOVAL ESPARZA. Académica de tiempo completo de la Universidad Pedagógica Nacional, México. Maestrante de Programa de Maestría en Investigación y Desarrollo de la Educación, Universidad Iberoamericana, Ciudad de México.

FRANCISCO RAMALLO. Docente e investigador del Departamento de Ciencias de la Educación de la Facultad de Humanidades (UNMdP), miembro del Grupo de Investigadores en Educación y Estudios Culturales del Centro de Investigaciones Multidisciplinares en Educación (CIMED). Jefe de Trabajos Prácticos la Cátedra Problemática Educativa. Doctor en Humanidades y Artes con mención en Ciencias de la Educación (UNR), actualmente es Becario de CONICET.

NATALIA C. CERULLO. Es Licenciada en Ciencias de la Educación por la Universidad de Buenos Aires. Actualmente cursando el profesorado en Ciencias de la Educación para la educación media y superior y la Maestría en Educación. Pedagogías críticas y problemáticas socioeducativas en la Facultad de Filosofía y Letras de la UBA. Miembro del Programa Transformaciones sociales, Subjetividad y Procesos educativos del Instituto de Investigaciones en Ciencias de la Educación de la UBA. Adscripta a la Cátedra de Teorías Sociológicas del Departamento de Ciencias de la Educación de la Facultad de Filosofía y Letras de la UBA.

CARINA V. KAPLAN. Es Doctora en Educación por la Universidad de Buenos Aires, Magíster en Ciencias Sociales y Educación por la Facultad Latinoamericana de Ciencias Sociales y con postdoctorado en la Universidad Estadual de Rio de Janeiro. Es Investigadora Independiente del Consejo Nacional de Investigaciones Científicas y Técnicas (CONICET) y Directora del Programa de Investigación sobre Transformaciones Sociales, Subjetividad y Procesos Educativos del Instituto de Investigaciones en Ciencias de la Educación de la UBA. Se desempeña como Profesora Titular Ordinaria de la cátedra de Sociología de la Educación en la Facultad de Humanidades y Ciencias de la Educación de la Universidad Nacional de La Plata. En la Facultad de Filosofía y Letras de la UBA es Profesora Adjunta Regular de Sociología de la Educación y tiene a su cargo la cátedra de Teorías Sociológicas. Dicta posgrados y cursos en universidades nacionales y extranjeras. Es consultora y asesora en organismos públicos a nivel nacional e internacional. Correo electrónico: [kaplancarina@gmail.com]-

www.ingramcontent.com/pod-product-compliance
Lightning Source LLC
Chambersburg PA
CBHW022004090426
42741CB00007B/886